ライフステージ
社会福祉法

いまの福祉を批判的に考える

大曽根 寛 編

法律文化社

はしがき

　本書は，社会福祉に関する法律や制度を勉強したいと考えている初学者の方に読んでいただくことを目的として作られた。したがって，憲法や民法などの法律の基礎知識も説明しながら，法律学の知識をもっていなくてもわかるような入門的な学習の教材となるよう心がけた。社会福祉学部や看護学部で新たに社会福祉の法制度を学習しようとする方々に活用していただくことを念頭においてはいるが，さらに法学部，政治経済学部，総合政策学部，社会学部の学生でも使用に耐えるものとすることとした。

　実は，2007年に，「社会福祉士及び介護福祉士法」が改定され，専門職となるためのコースの科目編成が，大幅に変更された。本書は，資格試験の受験勉強用といった目的をもつものではないが，資格取得を目指す方たちにとっても，これから始まる専門的な職業に不可欠の知識や考え方を提供することができる。また，上記の資格を取得し，キャリアをもっている方々にも，ご自身の職業を法的に再検討してみるよい機会を提供することができると思う。

　編集上，資格試験対策用の教材作成を意図したわけではないのだが，2007年改正法による，新しい社会福祉士養成課程における「現代社会と福祉」の教材としても活用できるし，また新法上の介護福祉士養成課程における「社会の理解」という領域の学習もできるようになっている。これらの資格をすでに有する方たちにとっても，学びなおしのチャンスとなるであろう。

　そして，さらには，必ずしも社会福祉の専門職ではなくても，現代社会に生きる市民が知っておかなければならない社会福祉の制度を，わかりやすく解きほぐす書であるとともに，市民の側からの「批判的視点」が盛り込まれており，社会福祉法政策に対するクリティカルな検討の素材と考えていただいてもよい。

　ただ，「わかりやすく」と言っても，社会福祉法制を単純化して説明するのではなく，本書は，社会福祉に関する法制が「なぜ，複雑化しているのか」，

「本当に複雑化しているのか」,「複雑に見えるとすれば,そうさせている原因は何か」といった疑問に応えるような叙述を目指しており,クリティカル（批判的に）に考えるプロセスを大切にしている。また,人生の各段階（ライフステージ——まさに揺りかごから墓場まで）に応じた生活実態の分析や変貌し続ける混沌とした福祉現場の問題状況の把握をし,隣接する法領域との整理もしながら,関係する法の構造を解析しようとする。児童福祉法や老人福祉法といった,与えられた法律の解説をして,既存の法の構造から現実を分析しているのではない。

　このために,各章の内容は,3節に分かれており,第Ⅰ節は,統計・事例などを用いて,テーマに関する実態を明らかにしている。それによって,制度,政策からもれていたり,排除されている問題群が描き出されている。また,第Ⅱ節おいては,既存の教科書にあるような単なる法律の羅列と解説ではなく,Ⅰ節で述べた現実をふまえ,社会・経済の構造と法の関連を論じている。これまでの定説にとらわれず,各章担当の執筆者の思いや学説に基づいて分析されている。さらに,第Ⅲ節では,テーマに関する今後の展望,方向性などが記述されており,学習にあたっての応用編となっている。

　ときには,裁判所の判例を使用することで現実を把握し,法の構造分析につながるような意味あいをもたせたり,コラムの囲み記事で,アクセントを出している。それでも,社会福祉や法律に関する難解な概念が登場するかもしれない。たとえば,「自立」「自己決定」「契約」といった概念には,最初戸惑いを覚えることだろう。しかし,本書から,統一的な概念規定を探し出し記憶するのではなく,各章のなかで何が問題として論じられているのかを,自ら考えるよすがにしていただければ幸いである。資格取得のためのマニュアルではなく,生活の実態や政策について,考え考え考え抜いて,根底から批判すること,それが本書の狙いだからである。

　2008年3月

執筆者を代表して
大曽根　寛

目　次

はしがき
プロローグ——社会福祉法制へのいざない ……………………………………… 1

第 I 部　ライフステージからみる社会福祉法制
——人生で何が問題となるか——

第 1 章　人の誕生と社会福祉法制 ……………………………………… 9
　I　法との遭遇 ………………………………………………………………… 10
　　　1　出生の確定——胎児は人か？（10）　**2**　親子関係の確定——認知・嫡出推定（11）
　II　人の誕生・育成にかかわる社会福祉の法律たち ……………………… 13
　　　1　児童福祉法（13）　**2**　母子保健法（14）　**3**　母体保護法（16）
　III　応用への道標——少子化対策 ………………………………………… 19
　　　1　少子化対策・次世代育成支援対策の動向（19）　**2**　自治体も企業も——行動計画（20）　さらにその先へ〜少子化対策と両立支援の「危うい」結婚（21）

第 2 章　児童期と社会福祉法制 ……………………………………… 24
　I　児童とは ………………………………………………………………… 24
　　　1　児童の概念（24）　**2**　児童を対象とする関係機関（25）　**3**　児童福祉の施設（25）
　II　児童にかかわる法律たち ……………………………………………… 28
　　　1　沿　革（28）　**2**　国際条約（28）　**3**　児童福祉法（30）　**4**　児童の手当に関する法（2007年9月現在）（33）
　III　応用への道標——児童虐待防止 ……………………………………… 34
　　　1　民法による児童虐待への対応と課題（34）　**2**　児童福祉法による

児童虐待への対応と課題（36）　**3**　児童虐待の防止等に関する法律による対応と課題（36）　さらにその先へ～児童虐待防止への展望（37）

第3章　青少年期と社会福祉法制 ……………………………… 39

I　青少年を取り巻く社会情勢 ……………………………… 39
　1　「青少年」とは？（39）　**2**　フリーター・ニートの「増加」──なぜ，それが問題なのか？（40）

II　青少年にかかわる法律たち ……………………………… 43
　1　青少年の就学と法（43）　**2**　青少年の生活と法との接点（47）

III　応用への道標──青少年の「生きづらさ」と法 ……… 50
　1　不登校（50）　**2**　青少年とメンタルヘルス（51）　さらにその先へ～問いは続く（53）

第4章　成人期と社会福祉法制 ………………………………… 54

I　人と社会生活と法 ………………………………………… 54
　1　人が権利を主張できること（54）　**2**　人が義務を課せられること（55）

II　社会生活にかかわる法律たち …………………………… 57
　1　雇用保険法（59）　**2**　労災保険（62）　**3**　所得保障法──厚生年金保険法，国民年金法，企業年金関連法（63）　**4**　確定給付型企業年金，確定拠出型の企業年金（67）　**5**　医療保障法（68）

III　応用への道標──社会保障における自立と連帯 ……… 71
　1　今問われる「連帯」の具体的な内容（71）　**2**　社会保障と個人の自立（72）　さらにその先へ～国が福祉を豊かにし，福祉が国を豊かにする（73）

第5章　高齢期と社会福祉法制 ………………………………… 77

I　幸福な老いを求めて ……………………………………… 77
　1　老いは悲劇なのか？（77）　**2**　高齢期にかかわる社会保障の法制度と支え方・担い方（78）

Ⅱ　高齢期にかかわる法律たち ……………………………………… 79
　　　　1　高齢社会対策基本法(79)　　2　所得保障法(80)　　3　雇用保障法(高齢者雇用安定法)(81)　　4　医療保障法(82)　　5　老人福祉法・介護保障法(84)　　6　住宅保障法(86)　　7　その他の法律(88)
　　Ⅲ　応用への道標——高齢期と法律の新たな関係 ………………… 89
　　　　1　高齢者の社会参加・生活にかかわる法的側面(89)　　2　高齢者の生活保障に向けて(91)　　さらにその先へ～権利性と制度の行方(91)

第6章　人の「死亡」と「福祉」………………………………………… 92
　　Ⅰ　「死亡」と法の関係 ………………………………………………… 92
　　　　1　「死亡」とは何か(93)　　2　死亡の結果生じること(94)
　　Ⅱ　「死亡」と「社会保障関係制度」との関係 ……………………… 94
　　　　1　一般的考え方(94)　　2　死亡と社会保険関係法(96)　　3　死亡と社会福祉関係法(100)
　　Ⅲ　応用への道標——派生する現代的課題 ………………………… 103
　　　　1　臓器の移植(103)　　2　孤　独　死(104)　　3　お　　墓(104)　　4　各種の手続きの煩雑さ(104)　　さらにその先へ～「死亡」と公共性・社会連帯(105)

第Ⅱ部　当事者をめぐる社会福祉法制
　　　　——現代社会におけるニーズ——

第7章　地域社会の変貌と社会福祉法制 ……………………………… 109
　　Ⅰ　「高齢者虐待」問題へのかかわり ………………………………… 110
　　　　1　「高齢者虐待」問題等困難事例に対する「介入」の実践的課題(110)
　　　　2　相談者の身分保全と組織的対応(111)
　　Ⅱ　地域包括支援センターをめぐる法律たち ……………………… 112
　　　　1　地域包括支援センターの理念と目的(112)　　2　介護保険法における規定(112)　　3　介護保険法施行令・介護保険法施行規則の規定

　　　　　　（113）　**4**　児童福祉法における児童福祉司の職務規程（114）
　　　　　　5　介護保険法における「契約」の意味（115）　**6**　高齢者虐待防止法と地域包括支援センター（116）　**7**　高齢者虐待防止における行政と地域包括支援センターの役割分担（117）

　Ⅲ　応用への道標──地域包括支援センターの事例からみえてきたもの
　　　　　　　　　　　　　　　　　　　　　　　　　　　　　　　　　　118
　　　　　　1　A市B地域包括支援センターの概要（118）　**2**　事例──「孫の暴力に合い怪我をした祖母」への支援（119）　**3**　現場従事者の「声」（120）　さらにその先へ〜「孤立無援」にならないために（121）

第8章　障害のある人と社会福祉法制　124

　Ⅰ　障害のある人の福祉法制と障害者の権利条約　124
　　　　　　1　障害の社会モデル（124）　**2**　障害者の権利条約（125）
　　　　　　3　合理的配慮と自立生活（126）
　Ⅱ　障害のある人の福祉法制の現在について　128
　　　　　　1　障害福祉の給付制度化および利用制度化（128）　**2**　障害者自立支援法の給付調整システムの問題点（129）
　Ⅲ　応用への道標──障害のある人の福祉法制のこれからのために　132
　　　　　　1　障害認定と障害者の定義（132）　**2**　必要な受給確保のメカニズム（133）　**3**　普遍的な所得保障（134）　さらにその先へ〜障害学の視点から障害程度区分について考える（136）

第9章　「貧しさ」と社会福祉法制　139

　Ⅰ　「貧しさ」について　140
　　　　　　1　「貧しさ」を再考する（140）　**2**　氾濫する「自立支援」（141）
　　　　　　3　「ワーキング・プア」の顕在化（142）
　Ⅱ　「貧しさ」にかかわる法律　143
　　　　　　1　現行生活保護法（143）　**2**　不服があるとき（146）
　Ⅲ　応用への道標──再生，それとも衰退？「貧しさ」政策の今後　146
　　　　　　1　生活保護制度の再設計──専門委員会が目指すものとは（146）
　　　　　　2　「自立支援プログラム」とは（147）　**3**　まとめ（148）　さらにその先へ〜ホームレスと「自立」について（149）

第10章　外国籍住民と社会福祉法制　……… 154

Ⅰ　日本のなかの「外国人」……… 154
　　1　「外国人」とは (154)　　2　日本で生きる外国人 (155)

Ⅱ　法政策のなかの外国人——社会福祉・社会保障分野において … 157
　　1　総　論 (157)　　2　各　論 (159)

Ⅲ　応用への道標——「管理」そして「促進」……… 164
　　1　「管理」のための法制度——改正入管法・改正雇用対策法 (164)
　　2　「促進」に向けた動き (165)　　3　まとめ——外国人・自国人の間の「フェアネス」とは (165)　　さらにその先へ～隣にいる難民 (166)

第Ⅲ部　変貌する社会福祉法制
——福祉政策のこれから——

第11章　「家族」と社会福祉法制　……… 171

Ⅰ　法からみえる「家族」とその変化 ……… 171
　　1　家族概念 (171)　　2　法からみる「家族」の描かれ方 (172)
　　3　法は家庭に入らず (174)

Ⅱ　家族にかかわる社会福祉の法律たち ……… 175
　　1　家族を支援する社会福祉の法律たち (175)　　2　ひとり親家庭をとりまく社会福祉の法律たち (177)　　3　家族のトラブルに介入する社会福祉の法律たち (179)

Ⅲ　応用への道標——変化する家族 ……… 180
　　1　パラサイト・シングル——成年子と親の関係 (180)　　2　「婚姻届を提出しない」選択と家族 (181)　　3　介護と家族——日本型福祉社会といわれたもの (182)　　さらにその先へ～疑似家族は可能か (183)

第12章　社会福祉における行政責任　……… 186

Ⅰ　行政責任と民営化 ……… 186
　　1　措置制度から利用契約制度へ (186)　　2　民営化の類型 (188)

3　公私役割分担の理論の変遷（*190*）　　**4**　社会福祉サービスの性質と行政の役割（*192*）

　Ⅱ　行政手続きと行政訴訟について──保育所民営化と裁判 ……… *194*
         1　保育所民営化の行政手続き（*194*）　　**2**　保育所民営化の司法での判断（*195*）　　**3**　利用契約と義務付け訴訟（*198*）

　Ⅲ　応用への道標──社会福祉における行政責任と社会福祉の理念 … *199*
         さらにその先へ～問われる社会福祉の理念とは（*199*）

第13章　「契約化」と事業所の責任 …………………………………… *201*

　Ⅰ　社会福祉の契約化 …………………………………………………… *201*
         1　「措置」から「契約」へ──このスローガンから得られるもの（*202*）
         2　福祉契約論について（*203*）　　**3**　権利擁護のための制度と契約について（*205*）

　Ⅱ　「契約化」にかかわる法律たち …………………………………… *208*
         1　民　　法（*208*）　　**2**　福祉サービスと契約（*210*）

　Ⅲ　応用への道標──これからの福祉サービス契約とは …………… *213*
         1　全国的な身元保証人に関する動向──株式会社による身元保証人斡旋事業を例として（*213*）　　**2**　福祉サービス契約は誰のためにあるのか（*214*）　　さらにその先へ～福祉サービス利用契約書の新たな形とは（*215*）

第14章　犯罪と社会福祉制度 …………………………………………… *216*

　Ⅰ　犯罪者処遇と社会福祉の現状 ……………………………………… *216*
         1　犯罪者処遇の課題（*216*）　　**2**　転換期を迎えた犯罪者の処遇──大きな流れをとらえる（*217*）

　Ⅱ　犯罪者の処遇にかかわる法律たち ………………………………… *219*
         1　少　年　法（*220*）　　**2**　児童福祉法（*220*）　　**3**　刑事施設及び受刑者の処遇等に関する法律（*222*）　　**4**　更生保護法（*223*）　　**5**　医療観察法（*224*）

　Ⅲ　応用への道標──「受刑者」から「市民」へ …………………… *225*
         1　「犯罪者」から「市民」へ（*225*）　　**2**　罪を犯した者の社会保障制

度（*226*）　さらにその先へ〜地域が支える社会復帰（*228*）

エピローグ——社会のなかで生きる権利 ………………………………………… *231*

　事項索引 ……………………………………………………………………… *237*

プロローグ：社会福祉法制へのいざない

I 本書の目的

　本書の目的は，激変する日本社会において，社会福祉が求められるわけを，個人の生活実態から描き出し，現行の制度・政策を，そして制度・政策の根拠となる法律を批判的に検討することである。この目的を達するために，われわれは，2つの問題意識をもって，この本の作成にあたった。1つめは，現代社会の状況を分析して，社会福祉が必要とされる理由を明らかにすることである。2つめは，いま最もシビアな問題であるにもかかわらず，これまで私的な事柄とされていた子育てや介護の実践などを真に社会化していくための基盤となる政策と法をどのようにして作り出していくか，問題提起することである。

　第1の狙いは，現代社会における福祉制度の意義や理念について，事例を通して学び，福祉政策と福祉関連の法律との関係についても理解していただくことである。

　このために，第I部において，福祉政策は，どのようなニーズから出発し，いかなる資源を用意してきたのか，人生の歩みの各段階（ステージ）ごとに，あらましを知ることができるようにしている。また，第II部において，政府の役割，市場の役割，家族の役割，そのなかにおける個人の位置など，福祉政策の構成要素を見出せるよう配慮されている。さらに，第III部では，福祉政策と関連する領域との関係についても論じている。また政策を活かしながら，相談援助活動をどのように展開していくかも，地域包括支援センターなどを軸に語られている。

　そして，各章では，福祉政策の現状と課題について論じている。したがって，制度の発達過程と現代社会における福祉へのニーズ，活用できる資源，そして

福祉政策の課題は，各章において，テーマごとに書かれていると考えてよい。

　さらに第 2 の狙いは，生活と福祉を構造的にとらえるために，個人のライフステージを軸にしながら，各ステージにおける生活実態を把握し，問題点を鮮明にすることである。本書では，繰り返し現在の日本が直面している「子育て」や「介護」という課題が登場する。しかし，どの章においても，家族に育児責任や介護責任を一方的に押し付けるといった論調はない。また，市場のなかで買い取ったサービスによって，すべての問題が解決するという論説もない。さらには，国や自治体の公的責任が万能であるとも言っていない。個人のライフスタイルとライフステージを両軸にしながら，家族と市場と国，そして社会がどのようなバランスでかかわっていけばよいのかを論じている。行政職員や専門家，家族，そして社会福祉の利用主体である人々にとっても，このようなバランスの議論を本格的にしていただきたいという願いをもって本書は作られている。

II　本書の構成

　いま，編者の手元に，"Social Welfare Law" というイギリスで出版された英文のテキスト（著者は，David Pearl と Kevin Gray で，発行所は，CROOM HELM，1981年，LONDON）がある。

　まさに，「社会福祉法」と訳すことのできる図書なのであるが，この本の目次を見ると，第 1 部：家族法と児童（婚姻と離婚，ドメスティック・バイオレンス，子どもの保護，養子制度を含む），第 2 部：社会保障（児童手当など無拠出の社会手当と拠出制のいわゆる社会保険を含む），第 3 部：雇用（雇用契約とその終了，失業給付を含む），第 4 部：居住保障（賃貸住宅のことからホームレスの方への住居法までを含む）の 4 部構成からなっている。イギリス（主としてEnglandの法律を扱っている）においても，社会福祉法は，かなり広い範囲を扱っているのだという印象を受ける。

　イギリスのテキストでは，約30年前から上記のような内容がもりこまれてい

たのであり，日本においても，現代社会と福祉制度の関係をとらえ，また今の社会を理解するためには，生活が困難の状況にある人々に対する多様な法律・制度・政策を学んでおく必要があるのである。

このような先例にならいつつ，社会福祉法・福祉政策という言葉を広くとらえ，本書では，いわゆる「……福祉法」と名付けられた法律だけでなく，貧困，ホームレス，社会保険や雇用に関する事柄までを扱っている。

かような視点から，第Ⅰ部「ライフステージからみる社会福祉法制」で，人生で何が問題となるかを考えよう。少子高齢化といった，しばしばもてはやされる言葉に翻弄される必要はない。人が生きるとき通過するであろう諸問題，つまり，人の誕生（1章），児童期（2章），青少年期（3章），成人期（4章），高齢期（5章），人の死（6章）など人間の誕生から死亡までの生活問題と社会福祉制度の関係が語られる。成人期では，働く者のための社会保障システムの概要が説明されるし，高齢期では，介護保険の最近の動向が述べられる。さらに，本書では，あえて胎児の段階を議論の対象としているし，人が死亡してから埋葬されるまでを扱っている。ここに，人間の全体性を視野に入れようとする本書の特徴がある。

第Ⅱ部「当事者をめぐる社会福祉法制」は，いわゆる構造改革を経て大きく変動していく経済・社会のなかで問題となってきた領域を，現代社会におけるニーズとして取り上げている。地域社会の変貌と社会福祉（7章），障害のある人と社会福祉（8章），低所得者と社会福祉（9章），外国人と社会福祉（10章），いずれのテーマも，21世紀の日本が抱える（あるいは世界各地で生じているグローバルな問題でもあるだろう）困難な課題であり，貧困や失業，偏見と差別，社会的排除とも関係しており，新たな社会資源と相談援助の方法が用意されなければならないところである。

第Ⅲ部「変貌する社会福祉法制」では，関連する制度と変容する社会福祉法制を扱い，広く社会問題となっている事象と福祉政策の課題が論じられる。「家族」と社会福祉（11章），社会福祉における行政責任（12章），「契約化」と事業所の責任（13章），犯罪と社会福祉（14章）などがテーマとなっており，2000

図　社会福祉の権利と責任をめぐる要素

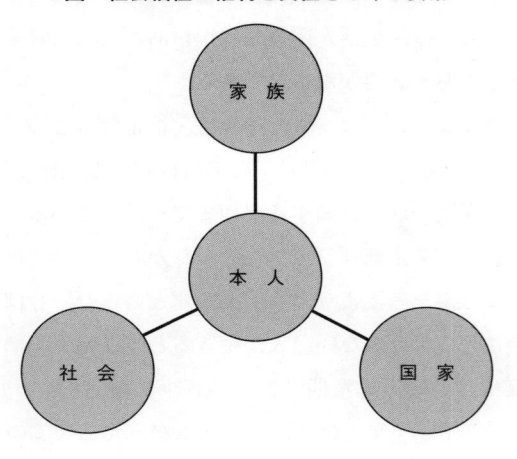

```
        家　族
          │
        本　人
        ╱   ╲
    社　会   国　家
```

年以降に現れた，関連制度の変革を，社会福祉法制の議論に取り込もうとする意欲的な論考である。これらから，家庭生活の基本機能の変化，家族という概念の必要性，地域社会を再生する基盤の整備，行政責任のあり方の変化と育児・介護産業の成長，あるいは都市化・過疎化の流れのなかにおいても安心して暮らせる仕組みの創出などが求められていることがわかる。

Ⅲ　本書の課題

　これまで述べてきたような課題に応えるために，本書では，できる限り現代社会で生じている諸問題と社会福祉関連法制のリンクを考えながら，論点を提示し，読者に考えていただく素材を提供していくこととした。このとき，常に念頭においていただきたいのが，上の図（**社会福祉の権利と責任をめぐる要素**）である。現代社会においては，家族と社会と国家が，絡み合いながら，個人の生活を支えているのが現実だからである。

　図の中心に，個人本人をおいた。家族は，個人を産み出し育て，場合によっては介護する存在であり，相互的である。これを従来は，「自助」と呼んできた。

しかし，近代社会の進行と資本主義経済の展開は，家族共同体による自己完結的な暮らしを解体した。それに代わって国が登場することとなり，福祉国家の体制も作られた。だが，国家の公的責任（公助という言葉が使われることもある）で人間の生活をすべて保障できるものではないし，公的な介入が人権侵害とされることもありうる。そこで，社会という概念が登場する。たとえば，共済組合などから始まった社会保険は，社会という言葉と保険という言葉（これを共助ということがある）を結び付けたものである。

もちろん，図中の要素は，ばらばらに機能しているのではなく，関連しながら個人の暮らしを支えている。たとえば，福祉的な給付は，国家による無料のものもあれば，社会システムとして給付の一定割合（1割，2割，3割のように）の利用料を徴収しながら行われるものもある（応益負担という）し，本人ないし家族の所得・資産に応じて対価を求められる場合（応能負担という）もある。本人ないし家族が高所得で資産のある場合は，全額自己負担のサービスもありうる。さて読者は，国家，社会，家族とのリンクをしながら社会福祉を考えるとき，どのような関連性をお望みだろうか。本書をとおして考えを深めていただければ幸いである。

【大曽根　寛】

第 I 部
ライフステージからみる社会福祉法制
―― 人生で何が問題となるか ――

第1章 人の誕生と社会福祉法制

Introduction

子どもの父親・母親をめぐる混乱

　最近，「子どもの父親・母親は誰か」をめぐって2つの事件がマスコミ報道された。以下，そのあらましをみてみよう。
　事例1：離婚後300日以内出産→前夫の子──民法改正求め，母ら訴え──
「離婚から300日以内に誕生した子は前夫の子」とする民法772条のため，現夫の子と証明できても子どもを戸籍に入れられないでいる両親らが2007年1月25日，法務省や各政党に法改正を求める会見を開いた。
　会見したのはAさんら約10人。Aさんは離婚成立から265日目の02年11月，現夫との子を出産。ところが市役所に前夫を父とする出生届を提出するように言われ驚いた。別居から何年もたつ前夫がなぜ父親になるのか。結局，現夫を相手にした「強制認知」の裁判を経て03年11月，やっと子どもの戸籍を登録した。
　離婚後343日目の出産のはずが292日目に切迫流産したため，現夫の子としての出生届を認められず，無戸籍で集中治療室での治療を続けている赤ちゃんの母親は「戸籍がないため，子どもの健康不安に加え医療費の不安も強い」と話した。
　　　　　　　　　　　　　　　　　　　　　　　　（朝日新聞2007年1月26日付朝刊より）
　事例2：代理出産，実子と認めず──最高裁，法整備促す──
　タレントのBさん夫妻が米国の女性に代理出産を依頼して生まれた双子の男児について，最高裁第二小法廷は23日，夫妻との親子関係を認めない決定を出した。第二小法廷は「自分の卵子を提供した場合でも，今の民法では母子関係の成立は認められない」との一般判断を初めて示した。　　　　　　　　（最二小決平19・3・23，最高裁HPより）

　読者はこの2つの事例をみてどんなことを考えただろうか。「離婚後300日規定って何？」「代理出産の母と卵子の母，どちらが母なの？」，さまざまなことが頭に浮かんだことだろう。だが，この記事から読み取って欲しいこと，それは，実は私たちは産まれ落ちた瞬間からすでに法と無縁でいられないということだ。当事者の気持ちはともかく，法は社会の安定という趣旨から子の父親・母親は誰かを残酷にも切り分け，からめとらざるをえない。それは子どもにとってどのように影響するのだろう？　本章ではその点に注目していこう。

第Ⅰ部　ライフステージからみる社会福祉法制

Ⅰ　法との遭遇

1　出生の確定──胎児は人か？

(1) 出　　生

では「この子は○○と△△の子です」と決定する，その始まりはいつからか。すなわち人は法律上，どの時点から人と認識されるのだろう？

実はこれを決めること自体難しい。諸外国では中絶を固く禁じている国もあり，これはその国の人々の心のなかでは「体内に宿ったときから命」との思いがあるからだ（→本章のⅡ参照）。他方，日本は中絶に比較的寛容な国であり，さらに「7歳までは神のうち」という諺もある。子ども自体を生命として認識しておらず，その年齢まで育たなかったとしても仕方ない，そのような意識でみていたのかもしれない。

だが，各人の判断により「出生」の概念に差が出ては社会的に混乱するとの思いが，法に「出生」の区切りをつけさせている。人の出生については日本では「民法」という法律がその内容を定めている。民法3条では「私権の享有は，出生に始まる」とし，生まれたばかりの赤子には大人のような判断能力も人格も形成されていないが，私権（ある主体が私法上有する権利であり，財産と身分に関する法律関係において認められる権利のこと）を取得する資格はあると考えられている（この資格を**権利能力**という）[1]。

この3条でいう「出生」とはいつのことを指すのだろう。一般には，出生とは胎児の身体が母体から全部露出することとされる（これを全部露出説という）。

(2) 胎児の権利

私権が出生から始まるとすれば，その前の胎児の段階では人は権利をもたない？　法は必ずしもそう考えてはいない。たとえば，以下の例を考えてみよう。

夫Aが死亡したとき父Cと妊娠中の妻Bがいた場合，もし胎児Dに相続に関して何の権利も発生しないということであればどうなる？　仮に夫の死亡する

第1章 人の誕生と社会福祉法制

図表1-1 胎児の権利

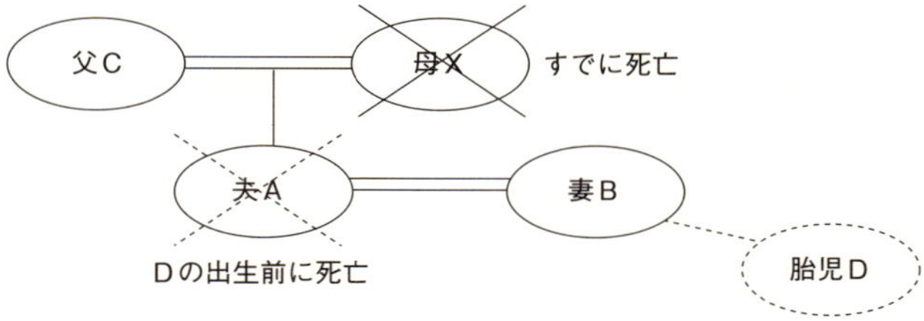

父C ── 母X すでに死亡
  │
夫A ══ 妻B
Dの出生前に死亡   胎児D

数日前にDが生まれていれば相続の権利があったはずなのに，わずかな日数の違いで相続の可否に差が生じてしまう。民法はこの点を考慮し，胎児Dが生きて生まれれば，妻Bと胎児Dが各2分の1ずつAの財産を相続するとした。このように民法は胎児の相続に関してすでに生まれたものとみなし（民法886条），不法行為に基づく損害賠償請求権（民法721条）と遺贈（民法965条）に関しても同様に取り扱う。不法行為に基づく損害賠償請求権とは，たとえば**図表1-1**で夫Aの死亡した原因が自動車のひき逃げ事故であったとする。その場合，胎児Dは運転手の違法な行為により父を奪われたのだから，慰謝料や父が生存していれば得たはずの仕事での賃金分を請求することができる。

　胎児が無事生まれればよいが，死産もありうる。このときは上記の「既に生まれたものとみなす」規定は適用されない（民法886条2項）。だが，生きて生まれるか死んで生まれるかは出産まで確定しないので，この間の法律関係をどのように考えるかという問題が生じる。裁判例では，胎児はそのままでは権利能力を取得できず，生きて生まれたときにはじめて権利を行使できるとしている。

2　親子関係の確定――認知・嫡出推定

　人の誕生をも法は切り分けていく，法学とはある意味そうせざるをえない学問であることが理解いただけただろうか？「切り分け」作業はさらに続く。つぎは「生まれた子の父と母は誰か（親子関係の確定）」を切り分ける作業である。

（1）嫡出子・非嫡出子

　民法が親子関係とするのは，①自然血縁による実親子関係と，②自然血縁が

11

ない者の間に法律上の親子関係を定める養親子関係である。②については第11章で述べることとし，ここでは①についてみていく。

実親子関係では，日本の民法は，原則として「婚姻中の妻が産んだ子は夫婦の子（嫡出子）」との考えをとる。民法772条によれば，妻が婚姻中に妊娠した子は夫の子と推定し，さらに婚姻成立の日から200日後または婚姻の解消・取消しの日から300日以内に生まれた子は婚姻中に妊娠したと推定する[2]。

だが，この場合，婚姻後200日以内に生まれた子を夫婦の子としなくていいのかが問題となる。戦前では男女が夫婦として同居を始めても婚姻届はずっと後で提出する事例が少なからずあり，現在では「できちゃった婚」に該当する子がある程度存在する（厚生労働省の統計では第1子出生数の26.7％）[3]。仮に772条を厳格に適用すればこれらは正式な夫婦の子でなくなってしまう。これでは実情に合わないため，この場合は嫡出子として届けることができ，戸籍にもそのように記載される（これを「推定されない嫡出子」という）[4]。

逆に，離婚後300日より前に生まれた子が，実際には前夫の子でなかった場合はどうだろう。イントロダクションの事例1はこの問題である。民法772条を条文どおり解釈すれば，292日目に生まれた子は現夫の子にもかかわらず，前夫の子と推定される。そのまま届け出れば前夫の戸籍に子どもが記載されるためそれを不服とし出生届を出さない結果，子どもが無戸籍のままになるという問題も起こっている（戸籍については→第11章参照）。

これが社会問題となり，2007年5月7日の法務省民事局通達では，離婚後妊娠に限り「前夫の子」以外の出生届を認めるとの扱いが認められた。この制度は07年5月21日から運用され，離婚後の妊娠であることを示す医師の証明書を添付することにより申請を受け付ける。法務省によると，07年8月24日現在で208件の届けがあった（178件受理，7件不受理，残りは審査中）[5]。

なお民法では，婚姻届を提出していない男女間の子を「嫡出でない子（非嫡出子）」という。非嫡出子については，出生届に「嫡出でない子」と記載されることを拒否したため出生届が受理されず，結果，子の住民票が交付されないことを争った裁判もある（この点については→第11章のⅢ－**2**参照）。

(2) 生殖医療の発達——代理母は母か？

このように親子関係は，かつては「父」の確定問題だった。母については子どもを分娩したことで当然，「母」とされていたからだ。だがそれも生殖医療の発達で断言できなくなりつつある。イントロダクションの事例2がそれだ。

このタレントの代理出産の場合，子どもにとっては代理出産の母と卵子（遺伝）の母が2人いることになる。そして今回，卵子の母が裁判で親子関係を認めてほしいと訴えた。はたしてどちらが本当の母なのか？ 最高裁はこれに対し「自分の卵子を提供した場合でも，今の民法では母子関係の成立は認められない（筆者注：現行民法では母子関係の成立は分娩をもって行うため）」とし，卵子の母の訴えを退けた。この判断には世論の賛否両論があった[6]。先ほどの300日規定や代理出産の問題は，変化する社会と生殖医療技術が，民法の想定する親子関係をはるかに超えたところで進展してきていることを示している。このような変化に法がいかに対応するかの再考を迫られているといえる[7]。

Ⅱ 人の誕生・育成にかかわる社会福祉の法律たち

Ⅰでは，誕生をめぐる法の切り分けについて，民法を中心に述べてきた。だが，人の誕生にかかわる法は民法ばかりではない。社会福祉の法律にも人の誕生に関係するものはある。ここでは，児童福祉法，母子保健法，母体保護法などの人の誕生とその育成にかかわる社会福祉の法律についてみていこう。

ここで読者に注意していただきたいのは，人が生まれ育つということ，それはすなわち日本の国力に直結するものだったため，政治的または社会情勢的な風当たりを受け，国から左右されてきた傾向が非常に強いということだ。その結果，当初と比べ，法と現実が奇妙にねじ曲がっていたり，法で救いきれない現実が出てきている。ここではそんな現状を冷静に眺めてみてほしい。

1 児童福祉法

子どもに関する福祉の基本となる法律が，児童福祉法である。1947（昭和22）

年に成立以来，数十回の改正を経て現在に至る。児童福祉法は，もともと敗戦により戦災孤児や引揚孤児等多くの浮浪児が出現したので，これらの子どもを保護する児童保護の観点から出発した。だが，時代を経て児童福祉の対象範囲は広がり，現代ではすべての子どもを対象とする児童福祉施策へと発展している[8]。

だが，法ができた契機が児童「保護」であるため，児童を保護・愛護される存在（**保護の客体としての子ども**）ととらえる向きが強く，国連の「子どもの権利条約」と比べて具体的・積極的に「**権利の主体としての子ども**」を位置付けているとはいいがたい。児童福祉法にも1条2項により子どもの権利が定められているが，いまだそれらは抽象的・消極的なものにとどまっており，この点が課題といえる[9]。

児童福祉法については詳しくは第2章を参照いただきたい。

2　母子保健法

(1) 沿革

母子保健法は1965（昭和40）年成立，1966（昭和41）年施行の法律である。児童福祉法から遅れること約20年，児童福祉法に規定している母子保健に関する事柄を同法から独立させて，単独の法律とするという発想で，本法は成立した[10]。これは児童福祉法に規定できることがあくまで児童の健全な出生と育成を図るための法律事項に限られており，母性一般について規定することが無理であるということ，またこの時代においても妊産婦死亡率に依然として地域格差があり，また乳幼児死亡率もこの当時の先進諸国に比べて依然として高いという実態があったためだ。ちなみに，乳児死亡率は1965年には出生1000対18.5であったが，2004年には出生1000対1.5と世界で最も低くなり，妊産婦死亡率も出生10万対87.6から出生10万対4.3と着実に改善している。

母子保健法は，母性の尊重ならびに乳幼児の健康の保持増進を図ることを目的とし，母性および保護者の努力，国および地方公共団体の責務，母子保健の向上に関する措置などを定めている。具体的には，母子保健に関する知識の普

及，保健指導，妊産婦・新生児・未熟児の訪問指導，妊産婦・乳児・幼児への健康診査，妊娠の届出，母子健康手帳の交付，未熟児養育医療の給付，母子保健施設の設置などの規定がある。

(2) 1歳6ヵ月児健診と3歳児健診

母子保健事業でしばしば論議になるのが，子どもへの定期的な**健診事業**である。母子保健法では12条に「満1歳6か月を超え満2歳に達しない幼児」と「満3歳を超え満4歳に達しない幼児」に対し，市町村が健康診査を行う義務があると規定している（1歳6ヵ月健診，3歳児健診）。これは発育状態，栄養の良否，疾病の有無などの健康診断にとどまらず，歯科および精神発達などの検査，各種心身障害の早期発見に役立たせるものとされており，健康診査の結果により必要に応じて適当な指導，または異常と認めた場合には専門機関で受診するよう説明するなどの措置をとることとされる。なお1歳6ヵ月児健診は，先天的な原因等による神経的障害の早期発見に大きな効果があるのに対し，3歳児健診は主として視聴覚や社会的発達（対人関係等）の障害の早期発見が期待されている。

健診については以前から，実施することで子どもの心身の異常を早期発見し適切な措置がとれるという主張と，やみくもな健診作業に伴う「正常と異常」の振り分けによる悪影響を指摘する主張がみられた[11]。また，健康診断の精度や事後処置などの地域間の格差が大きいことや，心身障害児や慢性疾患児のQOL（Quality of Life：生活の質）向上のためのこれまでの対応が十分とはいえず，ともすると個々の機関や施設・個人の努力に委ねられてきたという課題も残されている[12]。

(3) 母子健康手帳

母子保健法15条には，妊娠した者は速やかに市区町村に妊娠の届出をする旨が，16条には，妊娠の届出をした者に対して**母子健康手帳**を交付する旨が規定されている。実は日本の母子健康手帳は，インドネシアなど海外に紹介され現地で導入されたほどであり，妊産婦の健康管理という点で大きな役割を果たしている。しかし，この手帳システム自体が始まったのは母子保健法が公布され

る以前，戦間期に「**妊産婦手帳**」として実施されていた制度からなのである。

前身の妊産婦手帳は，1942年，世界初の，国による妊婦の登録制度として誕生した[13]。手帳発案者（産科医）は，手帳の意義を以下のように述べる。

「普通は医者とか助産婦のところに記録は残るけど，自分では持ち運びませんわね。すると妊娠中は助産婦のところへ行き，お産は医者のところへ行くと続かなくなっちゃうんですね。医学的には前の記録が大切なんです。妊娠3ヶ月の時の血圧がどうだったということが，8ヶ月の診察の際に必要なんですね。前から血圧が高いのか，急に高くなったのかということがね[14]。」

多くの妊婦が妊娠後期にはじめて助産婦の診察を受け，出産の9割が自宅や妻の実家で出産する当時の実状では，医療サイドからの十分な働きかけは期待できないし，妊婦自らが妊娠中の身体を気遣い健康管理を自ら行うという意識も低かった。発案者は，妊婦の意識向上の契機として妊産婦手帳の役割を考えていたようにみえる。

だが社会情勢は，手帳を単に妊婦の意識向上や健康管理のみとはみなさなかった。妊産婦手帳を報道する当時の新聞には「立派な子を産んで，お國のために尽くせ」という見出しが掲載されているし，当時，妊産婦手帳をみせると出産用の脱脂綿や腹帯用の木綿の配給が受けられ，物資の優先配給も保証された。この意味で妊産婦手帳は富国強兵的な側面にも一定の役割を果たした。健康管理という人々の意識と国策としての人口政策は奇妙に入り混じりながら，妊産婦手帳制度として結実し，1947（昭和22）年の児童福祉法では「母子手帳」，1965（昭和40）年の母子保健法では「母子健康手帳」と改称し，現在に至っているのである。

3　母体保護法

(1) 沿　革

母体保護法は1948（昭和23）年に成立した**優生保護法**を前身とする法律である。不妊手術および人工妊娠中絶に関する事項を定めることにより，母性の生命健康を保護することを目的とする。

前身である優生保護法は，1940（昭和15）年に成立した国民優生法の考えを

> ◆コラム◆　父子手帳──パパも子育ての第一歩
>
> 　手帳をもらえるのは女性ばかり……男性はカヤの外,とお嘆きの読者に朗報をお届けしよう。最近,父親向けに育児の心構えなどをまとめた「父子手帳」を配布する自治体が増えている。妊娠時に女性に配られる「母子健康手帳」の男性版で,例えば栃木県内の市町村では2005年4月から,「父子手帳」を母子健康手帳とセットにして窓口で渡している。妊娠から出産,育児という時系列で構成され,「パパの子育て基礎知識」のコーナーでは「妊婦には無理をさせない」「パパも育児休業が取れます」といった子育てのノウハウが書かれ,誕生時や1歳を迎えた時など,節目ごとの写真を張るページもある。
>
> 　子育てのコツだけでなく,地元情報を盛り込む手帳もある。東京都豊島区は2006年2月から「パパマニュアル in TOSHIMA」を区内の保健所や保育所などで配り始めた。区内の駅やデパートの男性トイレを調査し,オムツ替えができる設備の有無などを示したり,父親だけで子どもの面倒をみる場合を想定した解説を記載したりして,父親の子育て参加を促している。　　　　　　（読売新聞2006年3月6日より）

　ひきつぎ,「不良な子孫の出生を防止するとともに,母性の生命,健康を保護すること」を基本的目的とする**優生思想**をとった[15]。この考えは遺伝性疾患などをもつ障害者などへの**不妊手術**や**人工妊娠中絶**を認めるものとして,障害者団体から激しく批判されてきた。また,優生保護法のもつ「女性の身体の国家管理」という面につき,女性団体からの批判も大きかった。1993（平成5）年の障害者基本法の成立に伴い,障害者に対する差別や偏見を助長する法律の見直しが求められたことや,1994年の国際人口開発会議（通称カイロ会議）で,生殖の自己決定を原則とする**リプロダクティブ・ヘルス／ライツ**（性と生殖に関する健康／権利）が公認されたことを契機に,1996（平成8）年,優生保護法は母体保護法に名称変更し,新たに「母体の生命健康を保護すること」を目的とし内容も大幅に改正・削除された。

　現行の母体保護法は,不妊手術および人工妊娠中絶の実施要件,受胎調節,不妊手術や人工妊娠中絶を実施した際の届出を定める。1996（平成8）年の改正により優生学的な条文は削除され,削除された分量は全体の6割にのぼった。

第Ⅰ部　ライフステージからみる社会福祉法制

◆コラム◆　プロ・ライフとプロ・チョイス

　1973年1月，アメリカの連邦最高裁判所はロウ判決という判決を下した。これは女性が中絶を選ぶ権利を憲法に保証されたプライヴァシー権として認めるという画期的な判決であったが，この判決以来，アメリカでは中絶反対派（プロ・ライフ：pro-life）と中絶擁護派（プロ・チョイス：pro-choice）による激しい対立が繰り広げられてきた（「プロ」は「支持・賛成」の意味であり，プロ・ライフは胎児の生命維持＝中絶反対派，プロ・チョイスは女性の中絶の権利支持＝中絶擁護派）。
　言論のみならず，反対派による中絶クリニックへのテロ，中絶を求める女性に対する嫌がらせ，中絶を行う医師の殺害といった暴力行為も起こった。大統領選挙をはじめとする政治の場面でも，中絶はしばしば重要な争点である。アメリカでこんなにも中絶が争点となるのは，根底に「生命」の価値を重視する宗教観（とくにカソリックにおいて）が大きく影響している。この点については，荻野美穂『中絶論争とアメリカ社会――身体をめぐる戦争』（岩波書店，2001年）が詳しい。

(2)　法と現実の乖離

　人工妊娠中絶とかかわっている法律に刑法がある。刑法212条では「堕胎の罪」が定められ，この規定により日本では原則として堕胎が禁じられている。だが，母体保護法に定める中絶の要件を満たしている場合に限り，中絶が認められている（これを**違法性阻却**という）。日本の法構造では堕胎は違法であるが，国や医師や配偶者の許容のもと，はじめて中絶を行えるのであり，中絶はあくまで例外的に許された事項との切り分け方をする。
　だが，日本国内の中絶件数は年間28万9127件（2005年度）であり，これは同年度の出生数（106万2530人）の27％にあたる[16]。また中絶の是非が激しい論争になる欧米（→コラム◆プロライフとプロチョイス参照）と違い，日本は妊婦が1人でクリニックを訪れ容易に中絶することが可能である。このような現実を例外とみなすことができるだろうか。法の理念が現実に反映されていないと憂うのか，法が社会の実態に即していないと考えるのか，法が現実と異なることも1つの社会のあり方と認識するのか，とらえ方はさまざまだろう。いずれにしても中絶をめぐる法と現実が奇妙にねじれ存在していることが読み取れる[17]。

第1章 人の誕生と社会福祉法制

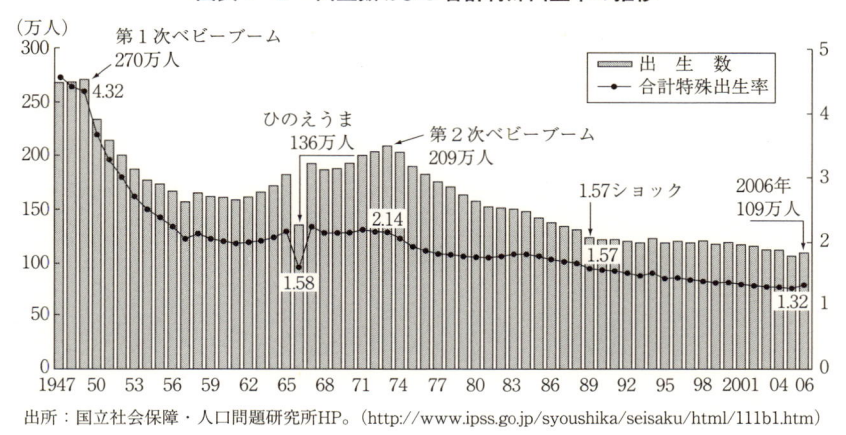

図表1-2　出生数および合計特殊出生率の推移

(万人)
- 1947年　第1次ベビーブーム　270万人　4.32
- ひのえうま　136万人　1.58
- 第2次ベビーブーム　209万人　2.14
- 1.57ショック　1.57
- 2006年　109万人　1.32

出所：国立社会保障・人口問題研究所HP。(http://www.ipss.go.jp/syoushika/seisaku/html/111b1.htm)

Ⅲ　応用への道標——少子化対策

　この章の締めくくりとして少子化対策についてふれておこう。少子化はマスコミでも多く取り上げられているが，現在どのような対策がとられ，どのような方向性に進んでいるのだろうか？

1　少子化対策・次世代育成支援対策の動向

　一般に**少子化**とは「合計特殊出生率が人口置換水準を相当期間下回っている状況」を指し，日本では1970年代以降この状況が続いている（**図表1-2参照**）[18]。
　少子化が本格的に問題となったのは，1989年の「1.57ショック」以降である。「ひのえうま」の出生率（1.58）を下回ってしまったことに，政府は慌てた[19]。「このままでは出生率低下に歯止めがかからない」との掛声のもと，1990年代より**少子化対策や次世代育成支援**に対する一連の法律の制定や計画策定がはじまった（**図表1-3参照**）。現在は2004年に制定された「**少子化社会対策基本法**」「**次世代育成支援対策推進法**」をもとに，「**子ども・子育て応援プラン**」「**新しい少子化対策**」の2計画が少子化対策を具体化したものとして機能している。

図表1-3　少子化対策の経緯

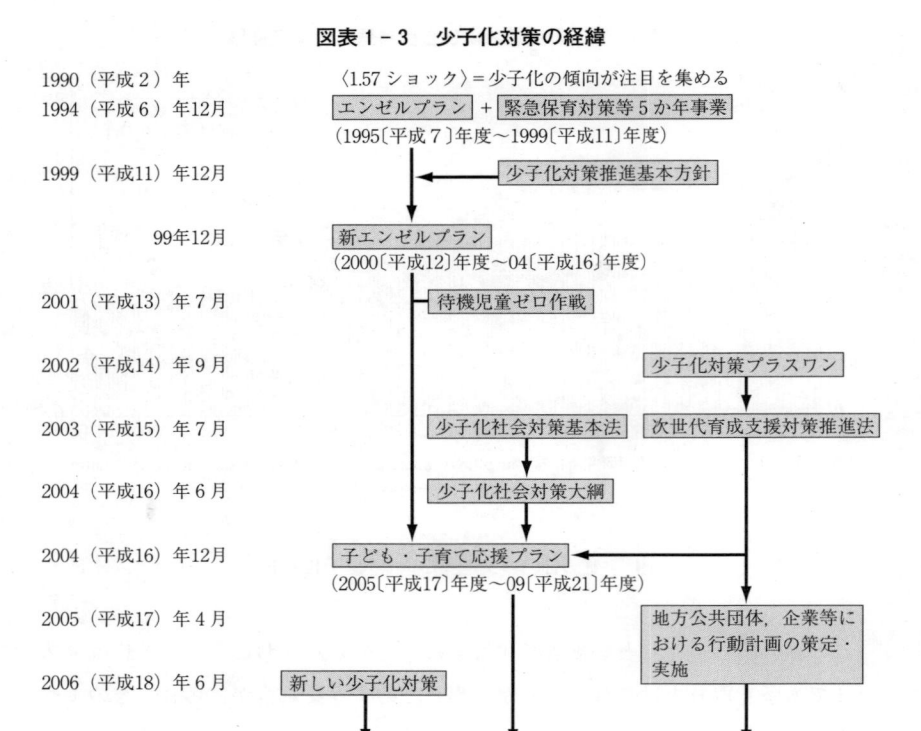

1990（平成2）年	〈1.57ショック〉＝少子化の傾向が注目を集める
1994（平成6）年12月	エンゼルプラン ＋ 緊急保育対策等5か年事業（1995〔平成7〕年度～1999〔平成11〕年度）
1999（平成11）年12月	少子化対策推進基本方針
99年12月	新エンゼルプラン（2000〔平成12〕年度～04〔平成16〕年度）
2001（平成13）年7月	待機児童ゼロ作戦
2002（平成14）年9月	少子化対策プラスワン
2003（平成15）年7月	少子化社会対策基本法／次世代育成支援対策推進法
2004（平成16）年6月	少子化社会対策大綱
2004（平成16）年12月	子ども・子育て応援プラン（2005〔平成17〕年度～09〔平成21〕年度）
2005（平成17）年4月	地方公共団体，企業等における行動計画の策定・実施
2006（平成18）年6月	新しい少子化対策

出所：内閣府『平成19年版少子化社会白書』25頁。(http://www8.cao.go.jp/shoushi/whitepaper/w-2006/18webhonpen/html/i1211100.html)

2　自治体も企業も──行動計画

　最近の特徴として，国が地方公共団体や企業等に，次世代育成の行動計画を策定するよう積極的に働きかけている点を指摘しておく。もはや少子化対策や次世代育成支援は国のみに責任があるわけでなく，自治体や企業もこぞって協力せねばならないと認識されている。次世代育成支援対策推進法に基づく自治体行動計画は「**市町村行動計画**」，企業が策定する行動計画は「**一般事業主行動計画**」と呼ばれる。市町村行動計画は全市町村に策定が義務付けられ，一般事業主行動計画は，301人以上の労働者を雇用する事業主については策定・届出義務があり，300人以下の労働者を雇用する事業所については努力義務とされ

る。

2006年3月末現在の一般事業主行動計画策定届の届出状況は、301人以上企業が1万2726社（届出率99.1％）、300人以下企業は459社（届出率27.7％）であり、各企業が労働者の仕事と子育ての両立を図るための雇用環境整備や、子育てをしていない労働者をも含めた多様な労働条件の整備を図るための計画期間、目標、その達成のための対策と実施時期を定めるものとなってい

図表1-4
一般事業主行動計画認定マーク
（愛称：くるみん）

る。なお、行動計画の実施結果が一定の要件を満たす場合、厚生労働大臣の認定を受けることができ、認定を受けた事業主は認定マーク（**図表1-4**）を商品等につけることができる。企業イメージアップに政府も応援しますといったところだろう。

さらにその先へ ～少子化対策と両立支援の「危うい」結婚

一般事業主行動計画の概要からもわかるとおり、少子化対策や次世代育成支援は、（女性）労働者の仕事と家庭の**両立支援**と関連し語られてきた。研究者も「女性の労働力率が高い国ほど（＝両立支援の進んでいる国ほど）出生率は高い」と述べ、少子化対策に両立支援が効果的であると主張してきた[20]。

男女労働者が仕事と家庭を両立し働くための両立支援はもちろん必要であり、筆者もそれを推進すべきと考える。だが、少子化と関連して語られることによる「危うさ」もまた意識されねばならない。参考文献で挙げた赤川学氏の著作では「『少子化対策として有効だから、○×という政策が必要だ』という形式の主張は、○×という政策が少子化対策として有効でないことがいったん判明すればその正当性を喪失し」「『少子化対策として有効でないのだから、○×という政策は必要ない』という反論に対抗できない」（後掲参考文献〔赤川〕92頁）と指摘する。この○×に両立支援をあてはめてみるならば、少子化対策と両立支援が関連して語られる「危うさ」に気づくだろうと赤川氏は指摘する

(実際，日本の出生率は依然として向上していない)。

　少子化対策は，しばしば戦前の「産めよ殖やせよ」政策につながる，としてその方向性を危惧されるが，むしろ現代の少子化対策がもつ危うさは上記の点にこそある。では，両立支援の存在意義をどのように考えるか。赤川氏はこの点につき「両立支援が本当に必要なら，それが出生率を上げようと上げまいと必要と主張すべきだ」と主張しており，筆者も同感である。この点につき，読者はどのように考えるだろう？

《参考文献》
* 赤川学『子どもが減って何が悪いか！』（ちくま新書，2004年）
…… 少子化という現象について，データをふまえ客観的にそのあり方を分析する良書。
* 岩渕勝好『次世代育成支援の現状と展望』（中央法規，2004年）
…… 次世代育成支援における国・自治体・企業の動きをわかりやすく解説。

《注》
1) 民法では意思能力・行為能力についても定めている。意思能力とは法律関係を発生させる意思を形成し，それを行為の形で外部に発表して，結果を判断・予測できる知的能力をいう。一般に，乳幼児，重度の知的障害者，泥酔者などは意思能力がないとされる。行為能力とは法律行為を単独で行うことができる法律上の資格をいう。未成年者，成年被後見人，被保佐人，被補助人は行為能力を制限される。
2)「推定する」とは，法律上，一応はそのようなものとして取り扱うことをいい，反対の証拠が挙げられるとその推定は覆される。推定された親子関係を覆す「嫡出否認」という制度がある。ただし，その条件は厳格で，嫡出の推定を否認するためには嫡出否認の訴えという特別の訴訟を行わねばならず，この訴えを起こせるのは夫だけであり，しかも子の出生を知ったときから1年以内とされている（民法774〜777条）。このように厳格な条件があるのは，家庭の平和を守り，子どもの地位を早く安定させるためとされる。
3) 厚生労働省「平成17年度出生に関する統計の概況」http://www.mhlw.go.jp/toukei/saikin/hw/jinkou/tokusyu/syussyo05/index.html　本統計でいわゆる「できちゃった婚」は「結婚期間が妊娠期間より短い出生」と分類される。
4) この場合，父子関係を覆すためには嫡出否認の訴えではなく，「親子関係不存在確認訴訟」を起こす必要がある。親子関係不存在確認訴訟は，嫡出否認の訴えと異なり，訴える者が夫に限定されておらず，訴える期間も限定されていない。
5) 毎日新聞2007年8月31日。ただしこの通達では離婚後妊娠のみの適用であり，件数が多い離婚前妊娠の場合は認められていない。
6) もともと日本は家のための養子縁組を認めており，親子関係を血（遺伝子）のつながりの

みで考えていなかった。だが近年のDNA検査の発達により親子関係が遺伝により確定されることが可能になり，親子を血統（遺伝）により認めていくべきという考え方が強くなっていることがこの問題を難しくしている。詳しくは，大村敦志『もうひとつの基本民法Ⅰ』（有斐閣，2005年），UNIT14を参照。
7）離婚後300日規定や生殖補助医療については，1996年に法制審議会から出された民法改正案要綱でも言及されているが，法案として国会に提出されないまま現在に至る。
8）桑原洋子 編『実務注釈 児童福祉法』（信山社，1998年）21－25頁。
9）許斐有『子どもの権利と児童福祉法〔増補版〕』（信山社，2001年）53頁。
10）母子保健推進研究会監修『母子保健法の解釈と運用〔5訂〕』（中央法規，2003年）3－4頁。
11）山田真『子どもの健康診断を考える――だれのためのからだの管理か』（筑摩書房，1986年）92頁。
12）厚生労働省「健やか親子21検討会報告書」第2章第3節（http://www1.mhlw.go.jp/topics/sukoyaka/tp1117-1_c_18.html）
13）1942年7月13日，厚生省令第35号。
14）西内正彦『日本の母子保健と森山豊』（日本家族計画協会，1988年）50頁。
15）なお，関係法律としての「国民優生法」はこの優生保護法の成立によって廃止された。
16）厚生労働省「平成17年度 衛生行政報告例」http://www.mhlw.go.jp/toukei/saikin/hw/eisei/05/index.html
17）詳しくは，斉藤有紀子 編『母体保護法とわたしたち』（明石書店，2002年），序章を参照。
18）合計特殊出生率とは，15～49歳までの女子の年齢別出生率を合計したもので，1人の女子が仮にその年次の年齢別出生率で一生の間に産むとしたときの子供の数に相当する。人口置換水準とは，合計特殊出生率がこの水準以下になると人口が減少することになるという水準のこと。一般に2.08前後の数値が該当する。
19）丙午（ひのえうま）とは，干支（えと）の1つで，60年に1回まわってくる。ひのえうまの年に生まれた女性は気性が激しいという迷信から，この年に子どもをもうけるのを避けた夫婦が多いと考えられている。
20）たとえば，阿藤誠『現代人口学』（日本評論社，2000年）202頁。

【金川　めぐみ】

第2章 児童期と社会福祉法制

Introduction

虐待された5人の子どもたち

1999年から2006年にかけて起きた児童虐待事件を紹介する。

事件当時2歳の長男が父親に暴行されて負傷した。父は罰金刑を科され、A県児童相談所は長男を児童養護施設への入所措置とした。

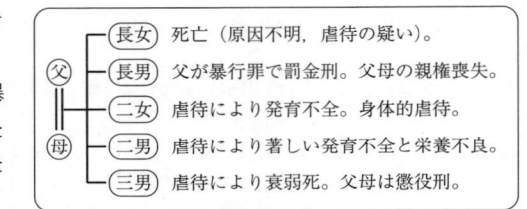

```
       ┌─ 長女  死亡（原因不明，虐待の疑い）。
   父 ─┼─ 長男  父が暴行罪で罰金刑。父母の親権喪失。
   ‖  ├─ 二女  虐待により発育不全。身体的虐待。
   母 ├─ 二男  虐待により著しい発育不全と栄養不良。
       └─ 三男  虐待により衰弱死。父母は懲役刑。
```

しかし，1年後に突然両親が現れ，入所中の長男を遠く離れたB県に強制的に連れ去った。A県児童相談所は立入調査を実施したが，両親は家に施錠して立入を強く拒否。A県児童相談所は，裁判所に親権喪失宣告および仮処分の申立て（→本章のⅢ参照）と人身保護請求（人身保護法に基づく被拘束者の自由回復請求）を行って長男を保護し，父母の親権喪失も確定した。ところが5年後，父母は，B県で生まれた三男を衰弱死させ，再び逮捕・起訴された。B県児童相談所は，児童の危険な状態を知りながら，強制介入を行わなかった。

長女も含め5人全員が，実父母の虐待のために死亡したり心身に重い後遺障害を負うことになったのである。小さな命がかくも非道な扱いを受けながら，なぜ社会は救えなかったのか。児童期における社会福祉法制の問題点を浮き彫りにした事件である。

Ⅰ　児童とは

1　児童の概念

児童福祉法では，満18歳未満を児童といい，うち満1歳未満の児童を乳児，満1歳から小学校就学前の児童を幼児，小学校就学後から満18歳に達するまでの児童を少年という。「児童の権利に関する条約」（→本章のⅡ参照）でも，満18

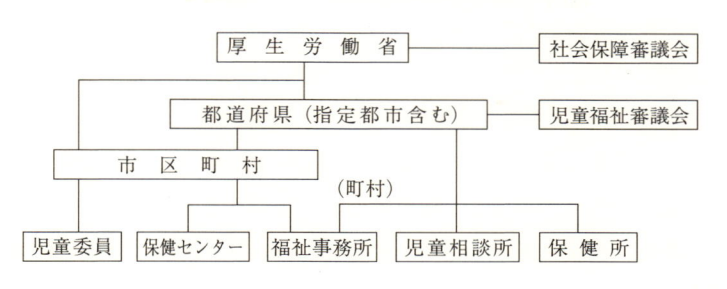

図表2-1　児童福祉の関係機関

```
厚 生 労 働 省 ─────── 社会保障審議会
    │
    都道府県（指定都市含む）─── 児童福祉審議会
        │
        市 区 町 村
                （町村）
    ┌────┬──────┬──────┬──────┬──────┐
  児童委員 保健センター 福祉事務所 児童相談所 保 健 所
```

歳未満の者すべてを児童と呼ぶ。

2　児童を対象とする関係機関

(1)　行政機関としては厚生労働省，都道府県，指定都市，市区町村がある。具体的なサービスを提供する実施機関は，都道府県，指定都市，市区町村，児童相談所，福祉事務所，保健所等であり，行政側の諮問に答申を行う審議機関として，国に社会保障審議会と都道府県に児童福祉審議会が設置されている[1]。

(2)　直接サービス機関として，**児童委員**は厚生労働大臣に委嘱され，民生委員が兼ねている。また，児童福祉専任の主任児童委員も設置されている[2]。市町村保健センターは，児童の1歳6ヵ月健康診査，3歳児健康診査，母子健康手帳の交付などを行う。福祉事務所は，児童に関して，保育の実施など児童福祉機関としての役割も担う。保健所は，都道府県，指定都市など一定の市区に設置され，市町村保健センターよりも専門的で広域的な業務を担当する。

冒頭のような児童虐待ケースは，通常これらの児童福祉の関係機関（**図表2-1**）によって発見され，通告され，介入と援助が行われるのである。

3　児童福祉の施設

保育所や児童養護施設など，児童福祉の施設は，**図表2-2**のとおりである。

(1)　保 育 所

市区町村は，保育に欠ける（両親の就労等により，日々特定の時間帯に子育てがで

きない）乳児・幼児を，保護者の申込みに基づいて**保育所**において保育しなければならず，保育所の選択等に資するために情報の提供を行う（児童福祉法24条）。これを市区町村による保育の実施といい，この「選択入所方式」は，1997（平成9）年の児童福祉法改正で従来の措置方式（行政処分）に代わり採用された。

最近は，少子化で子どもの人口は減少しているものの，母親の就労の常勤化と共働き家庭の増加によって，低年齢児中心に保育所入所の待機児童が増えている[3]。また，両親の就労形態の多様化などにより，夜間保育，延長保育，一時保育など様々な形態の保育サービスも求められている。

2007年4月現在で，全国の保育所数は2万2848施設，定員は210万5434人である。いずれも前年度に比べ149施設，2万6028人増加した。都市部では，0歳児保育重視・長時間開所・園との直接契約など独自の基準に基づいて公的助成対象とする保育所が増設されている（例：東京都の認証保育所）。しかし，保育需要がさらに増加したこともあり，待機児童の解消には至っていない。

2006年10月施行の「**認定子ども園**」は，幼稚園の「教育」と保育所の「保育」を総合的に提供する施設であり，親の就労の有無に関係なく，親と園との利用契約で入所できる。2007年8月現在，全国で105園が認定されている。

(2) 児童養護施設，里親

児童の権利に関する条約（→本章のⅡ-**2**で後述）20条は，家庭環境を奪われた児童が，国の特別な保護や援助を受けることは「権利」であると規定している。

児童福祉法41条は，社会的養護が必要な児童として，① 保護者のない児童，② 虐待されている児童，③ その他環境上養護を要する児童と定めている。たとえば，冒頭の虐待事例のような子どもが「措置」により入所するのである。

ところが，現実の**児童養護施設**は，職員配置が少なく，児童1人あたり面積が3.3㎡など非常に厳しい生活環境にある。現行の児童福祉施設最低基準（厚生労働省令）を，先進国にふさわしい水準に引き上げるべきであろう。

「児童養護施設入所児童等調査」（厚生労働省2004年）によると，虐待に分類できる原因により施設入所した児童の割合は27.4％にのぼり，知的障害など障害のある児童が20.2％を占めている。父母の入院や死亡を原因とする入所は10％

図表 2-2　児童福祉の施設（2007年9月現在）

① 在宅児童の施設

保育所 （児童福祉法39条）	日々保護者の委託を受けて，保育に欠けるその乳児又は幼児を保育する。
児童厚生施設 （同40条）	児童遊園と児童館がある。児童に健全な遊びを与えて，その健康を増進し，又は情操を豊かにする。

② 入所施設

児童養護施設 （同41条）	保護者のない児童，虐待されている児童その他環境上養護を要する児童を入所させて養護し，退所した者の相談・援助を行う。特に必要のある場合には，乳児も含む。
乳児院 （同37条）	乳児を入院させて養育し，あわせて退院した者の相談・援助を行う。特に必要のある場合には幼児を含む。
児童自立支援施設 （同44条）	不良行為をなし又はなすおそれのある児童及び家庭環境等の理由により生活指導等を要する児童を入所させ，又は通わせて必要な指導を行い，その自立を支援する。退所した者の相談・援助を行う。国立武蔵野学院，国立きぬ川学院等がある。

③ 障害児の施設

知的障害児施設 （同42条）	知的障害のある児童を入所させて，これを保護し，又は治療するとともに，独立自活に必要な知識技能を与える。（自閉症児施設を含む。）国立秩父学園などがある。
知的障害児通園施設 （同43条）	知的障害のある児童を日々保護者の下から通わせて，これを保護するとともに，独立自活に必要な知識技能を与える。
盲ろうあ施設 （同43条の2）	盲児（強度の弱視児含む）又はろうあ児（強度の難聴児含む）を入所させ，独立自活に必要な指導援助をする。（盲児とろうあ児に分けられる。難聴幼児通園施設を含む。）
肢体不自由児施設 （同43条の3）	肢体不自由のある児童を治療するとともに，独立自活に必要な知識技能を与える。（肢体不自由児通園施設，療護施設を含む。）
重症心身障害児施設 （同43条の4）	重度の知的障害及び重度の肢体不自由が重複している児童を入所させて保護し，治療及び日常生活の指導をする。
情緒障害児短期治療施設 （同43条の5）	軽度の情緒障害を有する児童を短期間入所させ，又は保護者の下から通わせて情緒障害を治療し，退所した者の相談・援助を行う。

④ 母子の施設

助産施設 （同36条）	保健上必要があるにもかかわらず，経済的理由により入院助産を受けることができない妊産婦を入所させて，助産を受けさせる。
母子生活支援施設 （同38条）	配偶者のない女子又はこれに準ずる事情にある女子及びその者の監護すべき児童を入所させ，自立の促進のためにその生活を支援する。退所した者の相談・援助を行う。

⑤ 相談施設

児童家庭支援センター （同44条の2）	地域の児童の福祉に関し，児童，家庭，地域住民からの相談に必要な助言を行うほか，児童相談所との連絡調整その他の援助を総合的に行う。児童福祉施設に附置する。

注）障害児の施設については，2011年頃の施行を目途に，施設再編が検討されている。

にすぎず，親がいるにもかかわらず適切な養育を受けることができない児童が多数を占める。入所児童の支援が難しくなってきた要因の1つである。

里親は，保護者のない児童等の養育を希望する者で，都道府県知事が適当と認めた者をいい，養育里親，親族里親，短期里親，専門里親の4種類がある[4]。登録された里親は，1970年の1万3600名から2005年の7700名と長期的には減少している。社会的関心と社会的評価の低さ，実親の里親拒否等による委託率の低迷などが原因と思われる。

Ⅱ　児童にかかわる法律たち

1　沿革

1947年の日本国憲法は，基本的人権の尊重（11条），教育を受ける権利（26条），児童の酷使禁止（27条）など児童も基本的人権の主体であることを定めた。その後，1951年の児童憲章の制定，民法親族編の改正などを経て，戦前からの児童観が大きく転換され，「児童の権利」という基本理念が確立された。

1947年の児童福祉法，児童扶養手当法（1961年），特別児童扶養手当等の支給に関する法律（1964年。制定時は「重度精神薄弱児扶養手当法」），母子及び寡婦福祉法（1964年。制定時は「母子福祉法」），母子保健法（1965年），児童手当法（1971年）が順次成立した。近年では，児童の人権擁護のために，「児童買春，児童ポルノに係る行為等の処罰及び児童の保護等に関する法律」（1999年），「児童虐待の防止等に関する法律」（2000年）が制定されている。

2　国際条約

(1)　児童にかかわる条約は，「人類は，児童に対し最善のものを与える義務を負う」とした児童の権利に関する宣言（1924年ジュネーブ宣言）に始まる。**児童の権利に関する条約**は，1990年に国連で締結され，日本は大幅に遅れて1994年に批准した。本条約の趣旨に基づいて民法の「嫡出でない子」や親権などの改正を求める意見に対し，日本政府は，関連国内法の整備は不要としている。

第2章 児童期と社会福祉法制

図表 2-3 児童の権利条約（抄）

1条	児童の定義	児童とは、18歳未満のすべての者をいう。
2条	差別の禁止	締約国は、児童又は父母等の……人種、心身障害、出生等にかかわらず、いかなる差別もなしに、条約の定める権利を尊重し確保する。
3条	児童の最善の利益	児童に関する措置は……児童の最善の利益が主として考慮される。
5条	両親の権利義務の尊重	締約国は、児童の権利行使にあたり、父母等が、児童の発達しつつある能力に適合する方法で適当な指示や指導を与える責任、権利及び義務を尊重する。
9条	両親から分離されない権利	児童は、その父母の意思に反して父母から分離されない。ただし、権限のある当局が司法の審査に従うことを条件として、法律及び手続に従って、その分離が児童の最善の利益のために必要であると決定する場合はこの限りではない。この決定は、父母が児童を虐待、放置する場合等に必要となることがある。
12条	意見表明権	児童は……自由に自己の意見を表明する権利を有する。
18条	親の第一義的養育責任	父母は児童の養育及び発達についての第一義的な責任を有する。締約国は、父母が児童の養育責任を遂行するにあたり適当な援助を与え、施設等の発展を確保する。
19条	虐待・放置・搾取等からの保護	締約国は、身体的精神的暴力、傷害若しくは虐待、放置、怠慢な取扱い、不当な取扱い又は搾取（性的虐待を含む）から児童を保護するため、すべての適当な立法上、行政上、社会上及び教育上の措置をとる。
20条	家庭環境を奪われた児童等の養護	家庭環境を奪われた児童、その家庭環境にとどまることが認められない児童は、国が与える特別の保護及び援助を受ける権利を有する。……里親委託、適当な施設への収容を含む。
23条	障害児の権利	締約国は、精神的又は身体的障害を有する児童が……十分かつ相応な生活を享受すべきであることを認める。
34条	性的な搾取・虐待からの保護	締約国は、あらゆる形態の性的搾取及び性的虐待から児童を保護することを約束する。
39条	被害児童の心身回復と社会復帰	締約国は、放置、搾取若しくは虐待……による被害児童の身体的心理的な回復及び社会復帰を促進するためのすべての適当な措置をとる。この回復・復帰は、児童の健康、自尊心や尊厳等を育成する環境で行われる。

　(2)　児童の権利に関する条約（以下，「児童の権利条約」という）は，新憲法制定後の新しい児童福祉法制をさらに一歩進めて，児童を「権利の主体」であることを表明している。憲法98条は，憲法の最高法規性の宣言とともに日本国が締結した条約等の遵守義務を規定している。憲法とともに児童の権利条約は，児童の権利に関する日本児童福祉法制の基本法として位置付けられよう。本条約の定める親権，意見表明権，児童の最善の利益保障などは，民法など関係法令の改正によりさらに具体化されるべきである。

　児童の権利条約で，児童の権利はつねに児童の最善の利益（the best interests

of the child）を優先的指標とすることが明記された。また，親から分離されない権利（9条）と親による虐待・放置・搾取等から保護される権利（19条），意見表明権（12条）など，児童の権利が包括的に規定されている。

本条約中の「漸進的に」などのさまざまな猶予条件は，あくまで開発途上国への配慮であり，日本は，より高い水準で児童の権利擁護を図るべきである。

3 児童福祉法

(1)　児童福祉法の意義

1947(昭和22)年制定の**児童福祉法**は，戦災孤児や浮浪児，非行少年等の要保護児童の保護にとどまらず，すべての児童の健全な育成と福祉の増進を図るもので，従前の「児童保護」から「児童福祉」に転換した画期的な法律である。

2005（平成7）年の法改正により，児童に関しては，市区町村が第一義的な相談機関として家庭などからの相談に応じている。そのうち虐待・非行・医学的診断など専門的な知識や技術を必要とするものについては，市区町村からの通告，送致等により児童相談所が対応する。

(2)　児童相談所

(a)　組織と権限　　**児童相談所**は，都道府県，指定都市に設置が義務付けられている。また，政令で定める市も設置できる。設置数は，人口50万人に1所が適当とされ，2007年7月現在，全国に196ヵ所ある。児童相談所には児童福祉司，児童心理司，児童精神科医が配置され，必要に応じて一時保護所の設置義務がある。

児童福祉法では，都道府県知事の権限と児童相談所長の権限を分けて規定しているが，多くの都道府県では，地方自治法153条または児童福祉法32条に基づき，知事権限の大半が児童相談所長に委任されている。

(b)　児童福祉司　　児童相談所でソーシャルワークを担当する**児童福祉司**は，政令で人口5〜8万人に1名の配置を標準として定められている。

ドイツやフランスの児童ソーシャルワーカー1人あたりの人口は，4000〜7000人程度であり，単位あたり人口に対する児童ソーシャルワーカーの数を比

較すると，日本はドイツやフランスの10分の1以下である[5]。担当する職務範囲やケース数が異なるため厳密な比較はできないが，日本のソーシャルワーカーの数が，ドイツ・フランスなどEU主要国の児童福祉機関に比べ極端に少ないことは明らかである[6]。その帰結として，日本では児童福祉司1人あたりの担当ケース数が100件にのぼることも珍しくなく，攻撃性の強い保護者などへの対応に疲れ果て，児童福祉司の病気休職やバーンアウトによる早期退職も急増している。これらは現下の児童相談所の抱える構造的な問題として認識されるべきであり，現行の政令基準では，児童の権利擁護に対する日本政府の見識が問われても仕方あるまい。

　(c)　相談業務　　相談の種類は，児童の福祉に関する幅広いものであり，保護者の死亡や離婚や虐待などの養護相談（約20％），身体や知的障害などの障害相談（約50％），触法行為など非行相談（約5％），不登校など育成相談（約20％）等に分類される（厚生労働省「福祉行政報告例」）。

　うち虐待相談は全相談件数の10％程度であり，全国の児童相談所が受けた児童虐待相談件数の推移は**図表2-4**のとおりである。図表の虐待相談件数は伸びているが，それをもって直ちに虐待の急増とみるのは正しくない。相談件数増加の背景には，虐待事件を大きく報道するメディアの影響や行政広報活動による掘り起こしがあり，虐待の定義の拡大も一因である。児童虐待の増加傾向は現実だが，相談件数の伸び率と比例しているわけではない。

　(d)　児童相談の流れ(**図表2-5**)　　(ⅰ)　受理会議と各種診断　　保護者等から相談を受けたとき，受理の可否を受理会議で判断する。受理ケースについては，児童心理司による心理診断，児童精神科医による医学診断，家族等の調査による社会診断，一時保護した場合には行動診断を実施する。

　(ⅱ)　援助方針会議　　所長，児童福祉司等の参加する援助方針会議で，各種診断をもとに援助方針を決定する。必要な場合は児童福祉審議会に諮問する。

　(ⅲ)　援助の決定　　軽度な相談は助言指導で終了し，一定期間の指導的かかわりが必要な場合は継続指導，他機関で取り扱うことが望ましい場合は他機関紹介とする。児童福祉司による指導が必要な場合は児童福祉司指導とする。

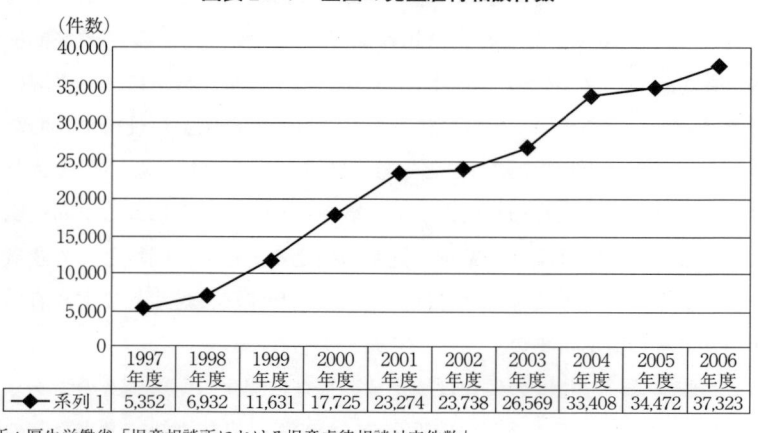

図表 2-4　全国の児童虐待相談件数

	1997年度	1998年度	1999年度	2000年度	2001年度	2002年度	2003年度	2004年度	2005年度	2006年度
系列1	5,352	6,932	11,631	17,725	23,274	23,738	26,569	33,408	34,472	37,323

出所：厚生労働省「児童相談所における児童虐待相談対応件数」。

　家庭で養育することが困難または不適当な場合は，児童福祉施設入所や里親委託が行われる。具体的には，児童養護施設や乳児院，児童自立支援施設への入所措置などである。また，触法少年や犯罪少年など[7]のうち，家庭裁判所の審判に付すことが適当であると認められる児童は家庭裁判所に送致する。

　(ⅳ)　虐待ケースへの対応　　児童虐待の防止等に関する法律は，全国民に児童虐待にかかる通告義務を課している。学校，近隣住民などから虐待通告を受けた場合，児童相談所は，緊急受理会議を開き，48時間以内に学校や家庭に安全確認と調査に出向く。調査の結果，重大な危険があると判断したときは一時保護を行う。親子分離することに親が同意しないときは，家庭裁判所に施設入所承認の審判を申し立てる。冒頭の虐待事例のように，親が親権を濫用するような場合には，親権喪失宣告の申立てなどを行う場合もある。

　(3)　児童に対する禁止行為

　(a)　児童福祉法での禁止行為　　戦前の旧児童虐待防止法は，現行児童福祉法が制定された際に廃止されたが，その禁止規定と罰則は児童福祉法34条と60条に引き継がれている。たとえば，①身体障害のある児童等を公衆の観覧に供したり，児童に乞食をさせる行為，②15歳未満の児童に軽業等の演技をさせた

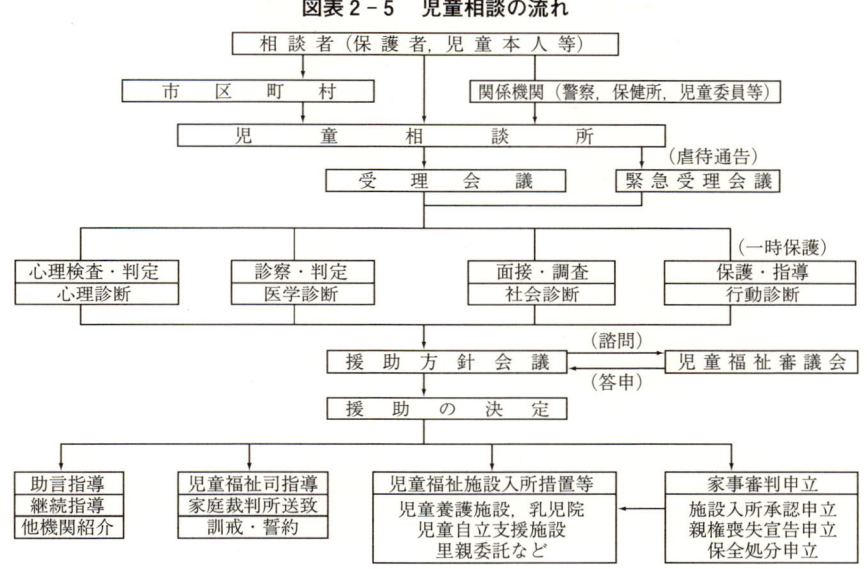

図表 2-5　児童相談の流れ

```
                相談者（保護者，児童本人等）
                        │
    ┌───────────────────┼──────────────────┐
  市区町村              │         関係機関（警察，保健所，児童委員等）
                        ↓
                    児 童 相 談 所
                        │                    （虐待通告）
                受 理 会 議            緊 急 受 理 会 議
                        │                         │
  ┌────────┬────────────┼────────────┬────────────┐
                                              （一時保護）
 心理検査・判定   診察・判定    面接・調査    保護・指導
  心理診断      医学診断     社会診断     行動診断
                        │
                援 助 方 針 会 議    （諮問）→  児童福祉審議会
                        │          （答申）←
                援 助 の 決 定
                        │
  ┌────────┬────────────┬───────────────────┬────────────┐
 助言指導    児童福祉司指導   児童福祉施設入所措置等      家事審判申立
 継続指導    家庭裁判所送致   児童養護施設，乳児院       施設入所承認申立
 他機関紹介  訓戒・誓約     児童自立支援施設          親権喪失宣告申立
                          里親委託など             保全処分申立
```

注）児童相談所の実務に基づき筆者：佐柳作成。

り，業務として酒席に侍らせる行為，③児童に淫行をさせる行為，等である。

上記①②に違反した者は，3年以下の懲役若しくは100万円以下の罰金，③に違反した者は，10年以下の懲役若しくは300万円以下の罰金に処せられる。

(b) **児童買春・児童ポルノ処罰法**　「児童買春，児童ポルノに係る行為等の処罰及び児童の保護等に関する法律」(1999年) により，児童買春をした者は5年以下の懲役または300万円以下の罰金，児童ポルノを提供した者は3年以下の懲役または300万円以下の罰金に処される。児童買春等禁止に違反する行為は，国内国外のいずれで行われたかを問わないため，外国における買春行為等であっても日本国内で処罰される。この法律で児童とは18歳未満の者をいう。

4　児童の手当に関する法（2007年9月現在）

(1) 児童手当法

小学校修了前までの児童を養育している者に**児童手当**が支給される。3歳未

満児は月額1万円，3歳以上児の第1子と第2子は月額5000円，第3子以降は月額1万円である。

(2) 児童扶養手当法

離婚等による低所得の母子世帯などへの所得保障の一環として，18才未満の者（重・中度障害児の場合は20歳未満）を養育している母または養育者に児童扶養手当が支給される（父子世帯は対象外）。母子2人世帯の場合，母の所得によって月額4万1720円ないし月額9850円が支給される。

(3) 特別児童扶養手当等の支給に関する法律

(a) 特別児童扶養手当　　日常生活に著しい制限を受ける状態にある20歳未満の障害児を監護している父母又は養育者に支給される。重度障害児は月額5万750円，中度障害児は月額3万3800円が支給される。

(b) 障害児福祉手当　　日常生活において常時介護を要する状態にある20歳未満の障害児に月額1万4380円が支給される。20歳以上になると，常時特別の介護を要する重度障害者に，特別障害者手当（月額2万6440円）が支給される。

III　応用への道標——児童虐待防止

1　民法による児童虐待への対応と課題

(1) 親権制度

親権（民法820条）は，子どもと社会に対する親の養育義務をいい，その権利性は義務履行の枠内でのみ認められる。ところが，子の居所指定権や懲戒権条項のためか，一般常識では「親の権利」と理解されている向きがあり，**児童虐待への対応の障壁**となることも少なくない。この点では，「親の義務」に転換したドイツ・フランス・英国（イングランド・ウェールズ）に学ぶところが多い。

ドイツは，民法典（BGB）で，親権を廃止（1979年）して「親の配慮（elterliche Sorge）」[8]と定め，親の義務を強調する。家庭裁判所は，BGBや児童・少年援助法（KJHG），非訟事件手続法（FGG）に基づく判決や仮命令を発し，虐待対応を自らの責務としてさまざまな措置を講じる。

第 2 章 児童期と社会福祉法制

◆コラム◆ フランスの119番は？

フランスには，119 Allô Enfance Maltraitée（アロー・アンファンス・マルトレテ，〔もしもし児童虐待119番〕）という児童虐待の電話相談システムがある。正式名称はSNATEM（児童虐待電話相談サービス機関）で，フランス全土から無料で通報できる。電話の受け付けは24時間体制，年間200万件の相談がある。法令により手順が決められており，ASE（児童社会扶助機関）やPJJ（児童司法保護機関）と連携する。

フランス民法典（Code civil）は，「父の権力」を廃し（1970年），「親の権威（autorité parentale）」という権利と義務を包括した概念を規定した。大審裁判所に付設される少年裁判所の児童裁判官（juge des enfants）は，被虐待児の育成扶助や一時保護を決定する権限と職務を担う。

英国（イングランド・ウェールズ）は，「1989年児童法」で親の権利，義務，権限，責任等を包括した「親責任（Parental Responsibility）」を定めた。裁判所は，24時間体制で緊急保護命令やケア命令を出し，積極的に関与する。

日本でも，親の権利から親の義務へ大きく転換すべきである。民法の親権制度を見直し，「親の義務」の理念の下に関係法令の改正・再編が必要である。

(2) 親権喪失宣告制度

親権を濫用する親について，児童相談所長は，民法834条の**親権喪失宣告**の申立てを家裁に行うことができる。同時に，家事審判規則74条に基づく親権職務執行停止の保全処分（仮処分）の申立ても可能である。保全処分が認められると，本案の審判確定までの間，親は親権を行使できない。その間は，家裁の選任する親権職務代行者が業務を行うことになる。

ところが，親権喪失後の未成年後見人の選任が難しい場合が多く，家裁が親権喪失宣告を躊躇する原因ともなっている。適切な親族が不在の場合は，行政の機関後見や民間の団体後見が認められるよう法改正するべきである。ドイツの児童・少年援助法（KJHG）は，機関後見などを制度化している。

2 児童福祉法による児童虐待への対応と課題

(1) 家裁への施設入所等承認申立て（28条）

親子分離の必要があるが，親権者が施設入所に不同意の場合，児童相談所の申立てにより家裁が親権者に代わって施設入所を承認する制度である。入所承認は2年間の期限付きで，児童相談所は更新の審判申立てができる。

(2) 一時保護（33条）

児童相談所は，必要があると認めるとき，児童を一時保護することができる。その際，親や児童の同意は必ずしも必要としない。期間は2月を超えることができないが，必要があると認めるときは継続することができる。一時保護への親の反発は強く，脅迫や暴力行為が児童相談所職員に行われることもある。親権者の意に反する一時保護の場合は，事前または事後に裁判所の許可が必要なものとして，明確な法的根拠を与えるべきであろう。

(3) 立入調査拒否等の罪（61条の5）

罰金（50万円以下）による間接強制の一手段にすぎず，効果には限界がある。

3 児童虐待の防止等に関する法律による対応と課題

2008（平成20）年4月1日，虐待への強制対応を柱とする児童虐待の防止等に関する法律第2次法改正が施行された。しかし，改正内容は児童相談所にその能力を超える責任を負わせるものであり，実効性に欠けるおそれもある。

(1) 強制立入調査制度（2008年4月施行）

まず，虐待通告を受けた場合，児童相談所は，児童の安全確認を48時間以内に行う。拒否等で安全確認不能の場合，知事（児童相談所長に委任できる。以下同じ）は，保護者に児童を同伴して出頭するよう要求する（出頭要求を省略し，直ちに立入調査を実施することも可能である）。出頭要求を拒否すれば，**立入調査**を行う。立入調査では児童の住所等に立ち入って，必要な調査等を行うが，保護者が拒否すれば強制力はない。保護者が立入調査を拒否した場合，知事（所長）は，保護者に児童を同伴して再出頭するように要求する。さらに再出頭要求も拒否した場合，知事（所長）は，臨検・捜索にかかる許可状の交付を裁判所に

請求する。裁判官の許可状に基づき，知事（所長）は児童の住所等を臨検し捜索する。その際，解錠等必要な処分と所管の警察署長の援助を求めることができる。このような複雑な手続を経て，安全確認と一時保護等が行われる（**図表2-6**）。

(2) 入所児童等の安全確保（2008年4月施行）

知事（所長）は，一定の条件の下，保護者に対し，児童の身辺への接近禁止命令（つきまとい・徘徊禁止）を出すことができる。接近禁止命令に違反すれば，1年以下の懲役又は100万円以下の罰金に処せられる（12条の4，17条）。また，児童相談所長等は，一定の条件の下，保護者に対し，施設入所や一時保護した施設名の不告知，あるいは面会・通信の制限をすることができる（12条）。

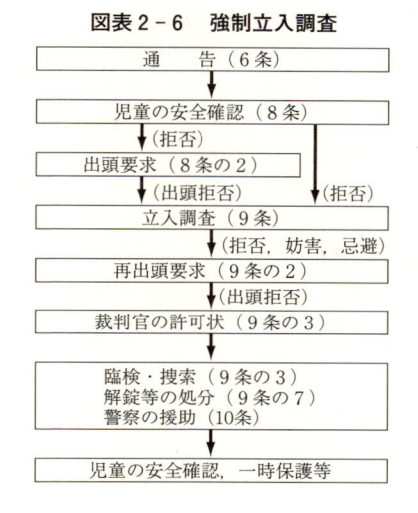

図表2-6　強制立入調査

```
通　告（6条）
    ↓
児童の安全確認（8条）
    ↓（拒否）
出頭要求（8条の2）
    ↓（出頭拒否）    ↓（拒否）
立入調査（9条）
    ↓（拒否，妨害，忌避）
再出頭要求（9条の2）
    ↓（出頭拒否）
裁判官の許可状（9条の3）
    ↓
臨検・捜索（9条の3）
解錠等の処分（9条の7）
警察の援助（10条）
    ↓
児童の安全確認，一時保護等
```

さらにその先へ　～児童虐待防止への展望

現在の児童相談所は，「ソーシャルワーク機関の機能」「接近禁止命令など裁判所の機能」「臨検や捜索など警察の機能」という一人三役を果たしている。すべての虐待対応を児童相談所の責任とする現行法制下では，児童相談所は過重な負担から疲弊が進み，児童虐待防止の実効性確保はいっそう困難となろう。

児童の権利条約は，虐待から児童を保護するため適当な立法上，行政上の措置，司法関与の効果的な手続きを義務付けている。今後，①民法の親権制度の見直し，②家庭裁判所を扇の要として児童相談所・警察・市区町村・都道府県が連携する虐待防止システムづくり，③市区町村への児童相談所機能の全面的移管，④性的虐待などへの刑事規制の強化，⑤児童養護施設と里親の養育環境整備，など抜本的な児童虐待防止制度の再構築が求められる。

> ◆判　例◆　親権喪失宣告の審判例
> ────長崎家裁佐世保支判平12・2・23（家月52巻8号55頁）
>
> 　父親が長男に対する傷害事件で逮捕され，養女・長男・長女の児童3名は，児童養護施設に入所した。児童相談所長は，児童福祉法33条の6に基づいて，父の著しい虐待を理由に，児童3名に対する親権喪失宣告を請求した。
> 　家裁は，父が，日常的に養女への性的・身体的虐待，長男への身体的虐待，長女への性的・身体的虐待を加えていたことを認め，「親権を濫用して，（児童の）福祉を著しく損なっていたことが明らかであるから，（父の）親権に服させるのは不相当である。」として，児童3名に対する親権喪失を宣告した。

《参考文献》
＊　許斐有（このみ　ゆう）『子どもの権利と児童福祉法〔増補版〕』（信山社，2001年）
　　……　子ども観の変遷，権利条約，親権等につき児童の権利の視点から解説。
＊　川崎二三彦『児童虐待　現場からの提言』（岩波新書，2006年）
　　……　児童福祉司の体験から，児童虐待と児童相談所の実情を平易に語る。

《注》
1）2001年，総理府「社会保障制度審議会」の機能が，厚生労働省「社会保障審議会」と内閣府「経済財政諮問会議」に引き継がれた。児童福祉審議会の市区町村設置は任意である。
2）民生委員は，民生委員法に基づき，各市区町村に設置。無報酬のボランティアで2007年3月現在，22万6821名。主任児童委員は，民生委員・児童委員のうちから指名される。
3）2007年4月現在，全国の待機児童数は1万7926人。
4）通常の養育里親のほか，3親等以内の親族里親，期間1年以内の短期里親，被虐待児等を委託する専門里親がある。
5）平湯真人ほか『児童虐待防止制度の視察報告書』（子どもの虹情報研修センター［http://www.crc-japan.net］，2004年）ドイツ編32頁，フランス編74頁，および春田嘉彦「ドイツ連邦共和国における児童虐待の取り扱いの実情について」家裁月報58巻1号（2006年）123頁から筆者算定。
6）仏ODAS（社会福祉監視機関）統計と日本の厚生労働省統計を比較すると，日仏の虐待件数はおおむね同一水準と推定される。独には「児童虐待」という概念での統計がない。
7）刑罰法令に触れた14歳未満を触法少年，罪を犯した14歳以上20歳未満を犯罪少年という。
8）岩志和一郎「ドイツ親権法規定（仮訳）」早稲田法学76巻4号（2001年）225頁。

【佐柳　忠晴】

第3章 青少年期と社会福祉法制

Introduction

「青少年期」の語られ方

2003年，内閣府青少年育成推進本部は，「青少年育成施策大綱」を発表した。大綱策定の目的において，「青少年期」は次のように語られている。

「青少年期は，個人にとって，かけがえのない人生の一部であり，平均的にはその3分の1にも相当する期間である。人格の基礎が形成され，言わば人としての根を張り，幹や枝を伸ばし，葉をつける時期である。また，大人となるための準備期間として，その過ごし方は単に青少年期の幸せにとどまらず，人として花を咲かせ実をつけられるかどうかなど人生全体の幸せを左右するほどに重要な期間であり，年齢によって程度や内容は異なるものの，成長していく上で家族や社会の支援が欠かせない時期である」。

この文章を読んで，自分は「今まさに青少年期にいる」，「青少年期は過ぎてしまった」，「青少年期はこれからだ」等々と思った方もいるかもしれない。では，「青少年期とはいつからいつまで？」という問いに対して，みなさんは，どのように答えるだろうか。以下，政策や法律との関連で考えてみよう。

I 青少年を取り巻く社会情勢

1 「青少年」とは？

「青少年期とはいつからいつまで？」という問いを考えていくために，まずは，『平成18年版青少年白書』を参考にしてみよう。同白書は，0～29歳を「青少年」としている（ただし，平成17年版までは0～24歳）。さらに，この年齢層をつぎの4つの時期に区分する。乳幼児期・学童期・思春期・青年期である。

『青少年白書』では，それぞれの時期が厳密に定義されているわけではない。

第Ⅰ部　ライフステージからみる社会福祉法制

> ◆コラム◆　青少年＝０～24歳から０～29歳への変化は，初婚年齢の変化を反映か
>
> 『青少年白書』の刊行が始まる前の年（1955年）には，平均初婚年齢は夫：26.6歳，妻：23.8歳であった。それが2005年には，夫：29.8歳，妻：28.0歳となっている（資料：厚生労働省『人口動態統計』）。このような「晩婚化」は，青少年期の長期化を指し示す現象であるとも考えられる。

しかし，それぞれの時期に対応した施策の内容，また，児童福祉法の定義をあわせて考えるならば，つぎのような大体の区分が想定できる。

乳幼児期は，児童福祉法４条の乳幼児の定義によれば，０～６歳である。学童期は，児童福祉法６条の２の定める「放課後児童健全育成事業」の対象が相当すると考えられ，具体的には，小学校に就学しているおおむね10歳未満の児童である。思春期は，小学校高学年から高校生を想定した内容となっており，11～18歳。とすれば，青年期は18歳以上であり，大学生が典型像となっている。冒頭に挙げた「青少年育成施策大綱」も，おおむねこの「青少年」概念を採用している。

他方で，『青少年白書』のいう「青少年」，すなわち，０～29歳に該当する年齢層は，法律によりさまざまな取り上げられ方をされている。たとえば，児童福祉法では18歳未満は「児童」であり，そのなかでも６～18歳未満を「少年」としている。少年法では「少年」は20歳未満である。また，民法では，20歳未満は「未成年」であり，刑法では，14歳未満は「責任年齢」に達しておらず罰せられない。このように，法律や政策の上で「〇歳であること」に対して固有の意味が与えられており，年齢層ごとに共通する問題やニーズがあると考えられているのである。

2　フリーター・ニートの「増加」――なぜ，それが問題なのか？

最近では，青少年期を15～34歳と定義することも多くなっている。この年齢層は「若者」とも呼ばれ，政府の新たな自立支援施策の対象として注目を浴び

第3章　青少年期と社会福祉法制

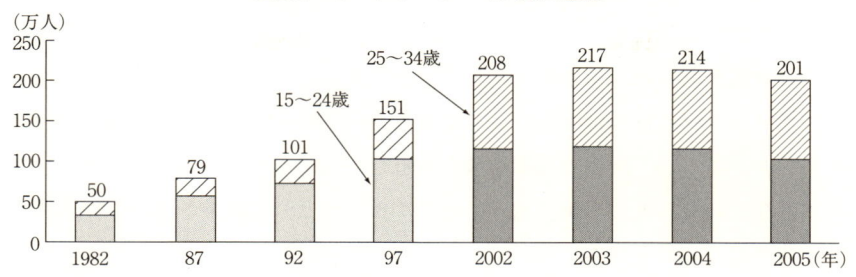

図表3-1　フリーターの人数の推移

（万人）
- 1982年：50
- 87年：79
- 92年：101
- 97年：151（15～24歳）
- 2002年：208（25～34歳）
- 2003年：217
- 2004年：214
- 2005年：201

注1）1982年，87年，92年，97年については「平成17年版　労働経済の分析」より転記。2002年以降については，総務省統計局「労働力調査（詳細結果）」。
2）1982年，87年，92年，97年については，フリーターを，年齢は15～34歳と限定し，①現在就業している者については勤め先における呼称が「パート」または「アルバイト」である雇用者で，男性については継続就業年数が1～5年未満の者，女性については未婚で仕事を主にしている者とし，②現在無業の者については家事も通学もしておらず「パート・アルバイト」の仕事を希望する者と定義し，集計している。
3）2002～05年については，フリーターを15～34歳で，男性は卒業者，女性は卒業者で未婚の者とし，①雇用者のうち勤め先における呼称が「パート」または「アルバイト」である者，②完全失業者のうち探している仕事の形態が「パート・アルバイト」の者，③非労働力人口のうち希望する仕事の形態が「パート・アルバイト」で，家事も通学も就業内定もしていない「その他」の者としている。
4）1982年～97年までの数値と2002～05年までの数値とでは，フリーターの定義等が異なることから接続しない点に留意する必要がある。
出所：『平成18年版　労働経済の分析』。

ている。若者自立支援施策（後述）のターゲットとして代表的に論じられるのがニート，フリーターであるが，ニート，フリーターを定義する際にも15～34歳という年齢層が設定されている。とくに就労にまつわり，他の年齢層にない固有の問題を抱えていると想定されているのが，15～34歳という年齢層なのだ。

「ニート（NEET）」とは，Not in Education, Employment, or Trainingの略語であり，「教育機関に所属せず，雇用されておらず，職業訓練に参加していない者」という意味である。ただし，この言葉の発祥地・イギリスでは，16～18歳が対象であった。現在日本では，15～34歳で，労働者，主婦，学生のどれにも該当しない「若年無業者」のうち，求職しておらず，あるいは就業を希望していない者が「ニート」に相当するとされている[1]。

「フリーター（フリーアルバイター）」とは，1980年代の後半にアルバイト情報誌（リクルート・フロムエー）から生み出された言葉であり，当時は「学校を卒

業した後も，自分の生活を楽しむために定職に就かず，アルバイト生活を送る若者達」と定義されていた。この言葉が生み出された時代背景には，80年代後半の好景気があった。しかし，90年代後半以降，長期的に経済が低迷するなかで，フリーターの位置付けも一変してきた。『平成15年版国民生活白書』では，フリーターは，15～34歳で「正社員を希望していてもやむを得ずパート・アルバイトなどになる人」，「働く意志はあるが正社員として就業していない人」という観点でとらえられている。

　かつてパート・アルバイトは，正規雇用に従事して家計を維持する者の存在（多くは父親）を前提にした，主婦や学生による「家計補助」であった。しかしながら，90年代後半以降増加しているのは，学卒後もパートやアルバイトに従事し，主たる家計の担い手に生計を依存せざるをえない若者であり，これが「フリーターの増加」という言葉によって問題化されているのである。ニートについても同様に，主に親への生計の依存が指摘される。

　ところで，現在，どの学校を卒業した時点で就職する人たちが多いだろうか。1980年代以降，高等学校等への進学率は90％以上の高い率を示し，2006年には97.7％となっている。また，高校卒業後，大学や専修学校に進む者も増加し，2006年には高卒者の70％以上が進学している。これと並行して中卒者・高卒者が正規雇用者として雇用される道は厳しいものとなってきた。他方同時に，大学進学者の卒業後の就職もまた厳しい時代が続いた。2002年には，正社員として雇用されたのは大学新卒者の約半数であり，約2割がパート，アルバイト，または派遣社員などの職に従事したと考えられる（学校基本調査など参照）。

　ただし，非正規雇用という形態で労働に従事することは，年齢階級差を超えて一般に広がっている現象でもある。だが，とくに35歳以下の若者に関して非正規雇用の増加が問題化されるのは，親世代との同居や収入の依存によって若者が非正規雇用にとどまっても生活を維持できるような状況が成立していると考えられやすく，「それがいつまで続くのか」ということが懸念されるからである。そこで近年，「若者の自立」が社会的に取り組むべき課題として新たに設定されてきた。

そのようななか，親世代の所得の低さ，あるいは学歴の低さが，子の世代の低学歴やその結果としての非正規雇用化につながっていることが指摘されてきている[2]。従来，青少年から大人への「移行期」は，主に家庭によって支えられてきたが，家庭による支えがゆらぎ，社会が「移行期」を支えることが求められはじめているのだ。それが，「**若者の自立支援**」ということばで語られているのである。

Ⅱ 青少年にかかわる法律たち

青少年から大人への「移行期」とは，多くの場合，「学校を卒業して就職する」過程を意味している。そして，そもそも青少年期とは，先に『青少年白書』によりつつみたように，学生時代と重ねられることが多い。それゆえに，青少年期に固有のニーズとして第一に考えられてきたのが学校教育であり，最近になって，卒業後の生活にまつわるニーズがクローズアップされているといえる。以下では，このような社会情勢を踏まえつつ，青少年の就学，生活にまつわる法律をみていく。

1 青少年の就学と法

すでに述べたように，高学歴化が進むなかで，学歴は正規雇用，非正規雇用のいずれで就職するかということを大きく左右する要因の1つともなっている。では，教育の機会は，あらゆる青少年に平等に開かれたものとなっているだろうか。

(1) 教育基本法，学校教育法

日本国憲法26条に，「1．すべて国民は，法律の定めるところにより，その能力に応じて，ひとしく教育を受ける権利を有する。2．すべて国民は，法律の定めるところにより，その保護する子女に普通教育を受けさせる義務を負ふ。義務教育は，これを無償とする。」とあり，これを受けて教育基本法5条に，「1．国民は，その保護する子に，別に法律で定めるところにより，普通教育を

受けさせる義務を負う。」,「4. 国又は地方公共団体の設置する学校における義務教育については,授業料を徴収しない。」と定められている。これらの法の規定が,日本の義務教育制度を支えている。義務教育の対象者は,学年のはじめ（4月）に満6歳〜満14歳である人である。このうち,小学校と特別支援学校[3)]の小学部の修業年限が6年（通常,満6歳〜満12歳が対象。この年齢層を学齢児童と呼ぶ）,中学校,中等教育学校の前期課程または特別支援学校の中学部の修業年限が3年（小学校修了から満15歳が対象,学齢生徒と呼ぶ）である（学校教育法17条）。

保護者が学齢児童または学齢生徒を就学させる義務を怠っていると認められるとき,各学校の校長の通知を受けて市町村の教育委員会は,保護者に対して学齢児童または学齢生徒の出席を督促しなければならない（学校教育法施行令20・21条）。督促に従わない保護者には10万円以下の罰金が科される（学校教育法144条）。ただし,病弱,発育不全その他やむをえない事由による場合,市町村教育委員会は就学義務を猶予・免除することができる（同法18条）。

市町村は区域内の児童生徒を就学させるために必要な小学校・中学校を設置しなければならず,また,特別支援学校については都道府県が設置義務を負う（同法38・49・80条）。さらに市町村は,経済的理由によって就学困難と認められる学齢児童,学齢生徒の保護者に対して必要な援助を与えなければならない（同法19条）。なお,教育基本法5条4項にみたように,国または地方公共団体の設置する学校における義務教育について授業料は徴収されず,また教科書も無償で提供されるが,通学費,学校給食費,修学旅行費などの保護者負担がある。

(2) 就学の費用と法

義務教育を終え高校や大学に進学するとなると,教育にかかる費用は増えていく。長らく日本育英会によって,優れた学生および生徒であって経済的理由により修学に困難がある者に対し,高校,大学在学に要する学資の貸与（無利子,低利子）等が行われてきたが,独立行政法人化により,2004年から日本学生支援機構が学資貸与等の事業を引き継いでいる。

また,学資の貸与の制度としては,国民生活金融公庫による教育貸付制度（教

> ◆コラム◆　学校給食費未納問題
>
> 　経済的に困窮しているわけではないにもかかわらず，学齢児童，学齢生徒の学校給食費を滞納している保護者が増えていることが話題になっている。文部科学省が，全国の国公私立小・中学校（中等教育学校の前期課程を含む）における平成17年度の学校給食費の徴収状況を調査したところ，未納の児童生徒がいた学校数は全体の約44％，未納の児童生徒数は全体の約1％であった。未納が生じる主な原因についての学校側の認識としては，「保護者としての責任感や規範意識」との回答が約60％を占め，「保護者の経済的な問題」が約33％。生活保護法による教育扶助は，学校給食費を対象としており，また，生活保護の対象とならないものの経済的理由で就学が困難な児童・生徒の保護者には，就学援助制度により学校給食費に要する費用の援助がなされる。経済的な問題から学校給食費を滞納している保護者には，それらの制度を適切に活用することが望まれる一方で，責任感や規範意識の欠如から滞納している保護者には，学校給食制度の意義を理解してもらうことが求められている。
> 　文部科学省「学校給食費の徴収状況に関する調査の結果について」（2007年1月）http://www.mext.go.jp/b_menu/houdou/19/01/07012514/002.pdf（最終アクセス日：2008年2月25日）

育ローン）もある。年2.5％の利率で利子がつき，10年以内の返済が条件である。貸付対象となるのは，給与収入世帯で年収990万円以下，事業収入世帯で年収770万円以下の世帯である（2007年10月現在）。

　低所得者に対しては，都道府県社会福祉協議会を実施主体とする生活福祉資金貸付制度において，無利子（償還期間20年以内）の修学費（高校：月3万5000円以内，大学：月6万5000円以内など），就学支度費（高校，大学等への入学に際し，50万円以内）の貸付制度がある。また，母子及び寡婦福祉法では，母子寡婦福祉貸付金のなかに修学資金（高校〔自宅通学〕：月4万5000円以内，大学〔自宅外通学〕：月9万6000円以内など）を設けている（同法13・32条）。貸付主体は都道府県で，生活福祉資金貸付制度同様，無利子である（金額は2005年度の数字）。

(3)　生活保護被保護世帯における進学

　生活保護被保護世帯に属する子については，高校進学を希望する場合には世帯から独立して（世帯分離），自らの生活費を稼ぎながら高校に通うことを余儀

なくされた時代もあった。1970年には，高校進学率が80％を超えたことを受けて，世帯分離せず，世帯内において高校生が奨学金や自らの収入によって修学費をまかないつつ高校に通うことが認められたが，修学費用をめぐってつぎのような事件も起こった。福岡市在住の被保護世帯の世帯主Aが，長女および二女の高校修学費用にあてる目的で，長女が満3歳の時（1976年）から学資保険に加入し，保護金品のなかから月々3000円を積み立てていた。長女の高校進学時には学資保険を担保として貸付を受け，これを返済しつつ，長女18歳で満期を迎え，未返済分を除く約45万円を満期保険金として受け取った（1990年）。福祉事務所長は，この満期保険金を収入として認定し，この世帯の保護費を半年間，約半額に減額する決定を行った。Aはこれを不服として，審査請求および再審査請求をしたが，いずれもAの不服を棄却したため，Aは国と福岡市を相手に損害賠償請求を求めて提訴した（1991年）。これは，福岡市学資保険（中嶋）訴訟として有名な事例である（福岡地判平7・3・14判タ896号104頁，福岡高判平10・10・9判時1690号42頁，最判平16・3・16判タ1148号128頁）。

　2004年の最高裁判決では，「生活保護法の趣旨目的にかなった目的と態様で保護金品等を原資としてされた貯蓄等は，収入認定の対象とすべき資産には当たらない」とし，ほとんどの者が高等学校に進学する現状，および生活保護の実務における世帯内修学の運用の事実から，「被保護世帯において，最低限度の生活を維持しつつ，子弟の高等学校修学のための費用を蓄える努力をすることは，同法の趣旨目的に反するものではない」とした。

　このような判決，また，高校進学が「貧困の再生産」を回避する上でも重要だとする専門家の意見なども踏まえ，2005年の生活保護基準の改定で，高等学校等就学費（学用品費，通学費，授業料など）が生業扶助として新たに支給されることとなった。しかしながら，高校卒業後，大学や専修学校に進学する者が7割を超え，高卒者の就労が厳しい現在にあって，生業扶助という名目（就労を支援する目的）で高等学校進学を支援していくことについては，いささか時代に遅れをとっているようにも思われる。

2 青少年の生活と法との接点

　就学以外の場面で，青少年期に相当する時期のうち，法とのかかわりを意識するとすれば，刑法の責任年齢の規定（14歳未満は罰しない）か，民法上の「成人」になる20歳，そして婚姻適齢（男子：18歳，女子：16歳）を思い浮かべるのが一般的であろう。しかし，これらはいずれも多くの人々の生活には，あまり影響のないものに思われよう。それゆえに，何か特別なことが起こった時にのみ，人は法とかかわりをもつと思いがちである。だが，法は日々の生活にごく身近に存在するものなのである。

(1) 青少年の就労と法

　たとえば，Ⅰでみたようなフリーターなどの増加は，青少年ないしは若者の「考え方の変化」や日本経済の動向にばかり起因するのではなく，法律とも関係している。フリーターなどの非正規雇用の増加の背景の１つには，健康保険法や厚生年金保険法における適用除外の規定があるのだ。

　健康保険や厚生年金保険などの被用者保険では，保険料は労使折半，つまり，労働者と使用者が半分ずつ負担することになっている。それゆえに，労働者がそれらの被用者保険に加入すれば企業にも負担が生じる。通常，常時５人以上の従業員を使用する事業所（適用事業所）に使用される者＝正社員は，被用者保険に強制加入となる（健康保険法３条，厚生年金保険法９条）。だが，臨時に使用される者であって，日々雇い入れられる者や２月以内の期間を定めて使用される者（適用除外〔健康保険法３条，厚生年金保険法12条〕），また，労働時間の短いパートやアルバイトは，加入の対象にならない。それらの者は，企業にとって，社会保険の保険料を負担しなくてもよい「お得」な存在だといえる。

　他方で，パートやアルバイトで働く者にとっても被用者保険に加入したくない事情もある。それは，みなさんも主婦のパートに関する話で聞いたことがあるであろう「被扶養者」であることとかかわっている。主たる家計を他者（多くの場合夫）によって維持されており，その家計維持者が被用者保険の被保険者である場合，その者と同居し年収が130万円未満であれば，被扶養者として保険料を支払わずに保険事故の際には保険給付を受けることができる。

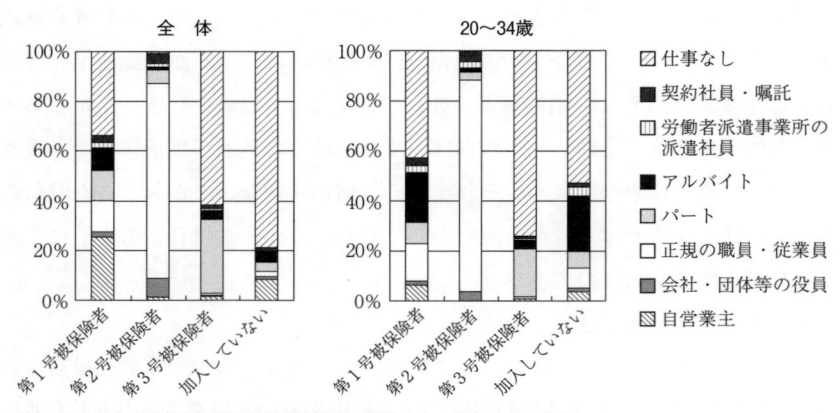

図表 3-2　公的年金加入状況

注）グラフは，平成17年国民生活基礎調査の数値より，筆者：永井作成。

このように，パートやアルバイトをしつつ他者によって扶養されている場合には，その者にとっても使用する企業にとっても社会保険に加入しないことは「得」なことだった。問題が生じたのは，パートやアルバイトで生計を立てる者が増加したこと，および，派遣という新しい働き方が普及したことによる。

(2) 国民年金制度と若者

図表3-2の2つのグラフを比較してみよう。20～34歳の若者では，公的年金に加入していない者のうち，派遣社員，アルバイト，パート，さらには正規従業員の割合が全体と比べて多いことがわかる。このような実態に基づき，将来の**無年金**者数の増加が懸念されている。

さて，グラフをみて，「あれ，おかしいな」と思った方もいるかもしれない。国民年金法では，20歳以上60歳未満を「強制加入」の対象としている。20歳になると，厚生年金などの被用者年金保険法の被保険者でない者（学生など）も，国民年金制度の被保険者となるのだ（国民年金法7条）。しかしながら，加入の際には届出が必要であり，この届出をしていない人が「未加入」となる。

なお，1991年の国民年金法改正までは，20歳以上の学生については国民年金への加入は任意であった。そのため，20歳以上の学生で国民年金に加入してお

らず，保険料を納めていない時期に疾病または負傷によって障害状態になった者が障害基礎年金をもらえないという，**学生無年金障害者**の問題が生じもした。1991年の法改正後は学生も強制加入であるので，保険料を納めていれば学生無年金障害者のような問題は生じないといえるが，学生を含め，所得の少ない若者の保険料未納・滞納も問題になっている（社会保険庁「平成18年度の国民年金加入・納付の状況」によれば，平成18年度の納付率は，20〜24歳：56.2％，25〜30歳：54.2％）。

20歳以上の学生については，2000年から「学生納付特例制度」が実施され，大学，大学院，短大，高等学校，高等専門学校等に在学中の者で，本人所得が「118万円＋扶養親族等の数×38万円＋社会保険控除等」以下である者が対象となる（2007年度）。また，2005年からは，30歳未満を対象に「若年者納付猶予制度」が設けられている。本人と配偶者の所得が「（扶養親族等の数＋1）×35万円＋22万円」（単身者の場合57万円）以下である者が対象となる。学生納付特例制度および若年者納付猶予制度の承認を受けた期間は，保険料納付を猶予され（10年以内に追納可能），また，障害基礎年金や老齢基礎年金の受給資格を得るための要件を満たすための期間として算入される（ただし，追納しないと受け取る年金は満額でない）。

(3) 若者自立支援施策

若者に関しては，ニート・フリーターの増加のみならず，失業率や離職率の高さも指摘されている。このような現象は，若者自身の生活の不安定化（たとえば，上にみたような将来の無年金など）を指し示すばかりでなく，企業の人材不足や所得格差の拡大，少子化など，より広範な社会的影響を有する可能性がある。それゆえに，2003年には，厚生労働大臣をはじめとする関係閣僚により「若者自立・挑戦戦略会議」が発足し，若者を対象とした雇用機会の創出，人材育成，キャリア支援等のための施策が多数試みられている。2004年からは，経済産業省管轄のもと都道府県を主体とし，若者に対して地域の実情に応じた就職支援を行うことを目的として，カウンセリングから研修までを1ヵ所で提供する「ジョブカフェ」が設置された（2005年には46都道府県95ヵ所に設置）。2006年には

職業能力開発促進法が改正され、企業における実習（OJT：on the job training）と教育訓練機関における座学とを一体的に組み合わせた、フリーターや無業者向けの人材育成システム（日本版デュアルシステム）が導入されている。標準5ヵ月の短期訓練については、2006年3月末までに約2万6500人が受講し、受講終了後3ヵ月経過した時点での就職率が70％を超えるという実績もあげている。1～2年の長期訓練については、2006年3月までに626人を対象として実施された。また、2007年からは、小学校から大学まで、各段階に即したキャリア教育の推進が明確化されている。

Ⅲ 応用への道標——青少年の「生きづらさ」と法

大学を卒業しても正社員になることが難しく、さらに、終身雇用制度も破綻した今、将来を左右するものとしての青少年期の重要性が高まっていることは事実だ。だが、冒頭の「青少年育成施策大綱」にみたように、青少年期が「人として花を咲かせ実をつけられるかどうかなど人生全体の幸せを左右するほどに重要な期間」などと強調されすぎてしまうと、青少年へのプレッシャーは大きくなろう。「若者の自立」を、個人の意欲や勤労観など「心の問題」に還元してしまわずに、社会環境を整備していくことが必要である。そこで、以下では、「心の問題」として扱われがちな事柄と、法との接点をみてみよう。

1 不登校

本章のⅡ-1-(1)でみたように、「教育を受ける権利」は憲法に定められた国民の権利であり、学齢児童・生徒に教育を受けさせることは保護者の義務であったが、この権利や義務の実現には、学校が現に存在すること、修学費用がまかなえることなどの条件が整っていることが必要である。そして、不登校の問題は、費用などとは別に、児童・生徒が「学校に行くことができる」ための環境整備を、あらためて考えさせるものである。

30日以上学校を欠席している不登校については、2005年度で、小学校で317人

第3章　青少年期と社会福祉法制

に1人，中学校で36人に1人存在する。不登校状態となった主なきっかけは，「友人関係をめぐる問題」など学校生活に起因することが多く，いじめなどが背景にあることが推察される（文部科学省「平成17年度児童生徒の問題行動等生徒指導上の諸問題に関する調査」参照）。

　政府の対策としては，文部科学省の管轄下で，スクールカウンセラーを各学校に配置するほか，学校・家庭・関係機関が連携して不登校対策に取り組めるよう，地域スクーリング・サポート・センターの整備を進めている。また，不登校の児童・生徒が教育支援センターや民間施設など学校外の機関で指導等を受ける場合について，一定要件を満たす場合に校長が指導要録上「出席扱い」にできることとするなどして，不登校の長期化，あるいは不登校によるマイナスの影響の持続を避けるような配慮が設けられている。

　近年では，不登校の要因や背景として，学習障害（LD），注意欠陥多動性障害（ADHD）も注目されてきた。これらは，学校生活において人間関係がうまく構築できないことや，落ち着いて学習に取り組むことができないといった状態を脳機能の障害として説明するものであり，2004年の**発達障害者支援法**の成立により，自閉症などとともに，国および地方公共団体による「特性に対応した医療的，福祉的，教育的援助」の対象とされている。同法の成立により，これまで特殊教育（障害児教育）と通常教育の「はざま」で見過ごされてきた教育上のニーズへの支援が法律に定められたことは，誰もが「学校へ行くことができる」ための環境整備という点で大きな意義を有している。

2　青少年とメンタルヘルス

　Iでは，90年代の経済の低迷を背景とした，若者の雇用状況の厳しさを確認したが，厳しい状態におかれたのは若者ばかりではない。1998年以降，日本の自殺者総数は，毎年3万人を超え，交通事故よりも自殺で亡くなる人のほうが多い。自殺者全体に占める割合は，60歳以上の高齢者が多く，また，30～50代のサラリーマンの「過労自殺」も大きな問題となってきた。青少年については，自殺者全体に占める割合は少ないものの，20～39歳の年齢階級における死因の

1位は自殺である（2006年度）。

　不登校やひきこもり，自殺などの背景要因として，心の健康（メンタルヘルス）の問題が注目されてきた。とりわけ，自殺については，自殺に至った際の多くの場合に，うつ病をはじめとする精神疾患に罹患していたということが，いくつもの調査研究で示されている。『平成18年版障害者白書』によれば，躁うつ病などで通院をしている人の数は，1996年の41万700人から，2002年には68万4600人へと大幅に増加している。不況など悩み多き世相を反映した結果ともいえるが，他方で，心の病に関する啓発普及により，「精神科は敷居が高い」といった偏見が薄れてきたことも患者数の増加に貢献していよう。

　青少年期に相当する者のうち，統合失調症やうつ病などで精神科に通院している者の数は他の年齢階級層に比べると少ない。だが，統合失調症は青少年期に発病することが多いともいわれる。心の病については，最寄の精神保健福祉センターや保健所が相談窓口となっている。また，身体の病と同様に，保険証をもって病院に行けばよい。

　ただし，入院するとなると煩雑な手続きが生じることもある。これは心の病でなくとも同様であろうが，とくに精神科の入院では，**精神保健及び精神障害者の福祉に関する法律**（以下，「精神保健福祉法」という）で入院の手続きについて定められている。過去には本人の意思によらない入院が精神科医療施策の中心を占めていたために，そのような「強制入院」の手続きを法律の上で定めることが必要だったのだ。さらに，かつての精神病院では，その手続きさえ無視した入院などにより，人権侵害がたびたび生じもした。1980年代後半以降，精神科医療を「普通の医療」とするための努力が続いている。この流れと連動して，患者が精神科医療の利用者であることを意識した「精神科ユーザー」などの言葉が用いられるようになっている。

　精神疾患は心の病といわれるが，心の病もまた，本人の「心の問題」だけであるのではない。「医療を適切に受けることができる」という環境整備が必要である。精神保健福祉法はそのための法律であるのだが，まだまだ課題も多い。

第3章　青少年期と社会福祉法制

> **さらにその先へ**　～問いは続く

　以上，述べてきたような現象や「生きづらさ」は，青少年期に特有のものといえるだろうか。法律が「○歳であること」に固有の意味があると想定することは，どのような根拠，あるいは必要に基づいているのだろうか。なぜ若者が15～34歳なのか，参考文献にあたりつつ，いま一度考えてみてほしい。

《参考文献》
* 宮本みち子『若者が《社会的弱者》に転落する』（洋泉社，2002年）
……若者論の新書は数多くあるが，若者の「危機」を社会問題化しようとする明確な志向のもと，豊富な情報を整理して紹介しているので，入門としてすすめたい書。
* 社会政策学会『若者──長期化する移行期と社会政策　社会政策学会誌第13号』（法律文化社，2005年）
……「移行期」を社会政策の対象としてとらえ，社会保障施策との関連を視野においた論文も所収されているので，若者と社会政策，社会保障に関心をもった方には必読の書。
* 内閣府『青少年の育成に関する有識者懇談会報告書』（2003年）http://www8.cao.go.jp/youth/suisin/houkoku/yhoukoku.pdf（最終アクセス日：2007年11月5日）
……青少年関連施策の背景となる考え方を知る上で，役に立つ。資料も豊富なので，ぜひアクセスしてみてほしい。

《注》
1）イギリスでは，貧困や低学歴，人種的マイノリティであることなどに基づく「社会的排除」の問題としてNEETが浮上した。しかし，日本では「ひきこもり」と重ねあわされて語られることが多く，社会構造よりも本人の「心の問題」に関心が集まりがちとなってしまった。このような現象への批判として，本田由紀＝内藤朝雄＝後藤和智『「ニート」って言うな！』（光文社新書，2006年）がある。
2）たとえば，2005年の内閣府「若年無業者に関する調査（中間報告）」によれば，若年無業者が属する世帯では，15～34歳の若者が属する世帯全体に比べて年収300万円未満の割合が高いとされる。
3）従来，障害のある児童生徒に対しては，その障害の種類や程度に応じて盲・聾・養護学校や特殊学級といった特別な場で指導を行う「特殊教育」が行われてきた。しかし，障害種別にかかわりなく，児童生徒一人一人の教育上のニーズに応じた適切な支援が求められ，「特殊教育」に代わって，学校全体で取り組む「特別支援教育」体制が整備されてきている（2007年からは学校基本法にも明記された）。

【永井　順子】

第4章 成人期と社会福祉法制

Introduction

明日はわが身の借金地獄，そして社会保障も……

　大学生にもなってマンガなんて，と年輩の人たちは顔をしかめるかもしれないが，疲れた頭をほぐすには悪くない。週刊ビッグコミックスピリッツ連載の人気漫画，『闇金ウシジマくん』の主人公，闇金業の丑嶋社長は悪魔のような債権の取り立てで，にっちもさっちもいかなくなった債務者を追い込んでゆく。だが，彼のセリフには時として日常の生活態度への戒めともとれる言葉が含まれており，なかなか味わい深い。また，作品中蟻地獄のような借金地獄に陥ってゆく債務者には，それぞれの人生ドラマがあり，皮肉なことに丑嶋のおかげで生活を立てなおすきっかけを作る者すらいる。いずれにせよ今の時代，決して他人事とは笑っていられない怖さと面白さがこの作品にはある。

　同書7巻に登場するフリーター・宇津井優一氏，年令は35歳。親元で暮らしながら，いわゆる日雇派遣で小遣いを稼ぐ一方，パチスロで200万円を超える借金を重ねる。怠惰な生活を変えようにも，なかなか最初の一歩を踏み出せないまま，彼の日常は漫然と過ぎてゆく。

　本章で扱う30〜59歳とは，まさに社会保障の費用を負担すべき，社会の第一線で活躍する世代である(むろん個人差もあるが)。そして，誰もが必ず一度は通る道だ。だからこそ知っておこう，社会保障をめぐる権利と義務の仕組みを。

I　人と社会生活と法

1　人が権利を主張できること

　「権利」とは，「ある物事を自由に自分の意志で行い得る資格」のことであり，法的な意味では「一定の利益を自分のために主張することができる，法律上の能力」とされている（『国語大辞典〔第2版〕』〔学習研究社〕より）。誰かの意向に

左右されるのではなく，あくまでも「自分の意志」で「自由に」行うという点がミソであり，年金にせよ医療給付にせよ，数々の社会保障給付は各人の権利（受給権）であるとされている。したがって，医者にかかったからといって遠慮する必要はない。現行の制度では，原則として患者は実際にかかった医療費の3割のみを負担すればよく，いわば「医療サービス」という現物を7割引で買うことができる。これは決して国からのお恵みや施しなどではなく，法律上，患者（被保険者）に認められた権利なのである。65歳以上になれば支給される老齢年金もまたしかりだ。

さて，この受給権という権利だが，憲法上の基本的人権とは違って，生まれながらに誰もが当然にもっている権利ではなく，また，契約上の権利（たとえば，売買代金の請求権のような）のように，当事者が自らの意思で生み出した権利とも少々違う。社会保険は，加入者（被保険者）から徴収した保険料と税金のなかから，疾病や老齢，失業など，一個人では対応困難な「保険事故」に対して給付を行うための制度であり，したがって受給権という権利は，社会全体で支えるに値する事態が生じなければ発生しないのである。このような事態を，社会保険では「事故」という。

2 人が義務を課せられること

30〜50代といえば，まさに現役世代。第一線に立って活躍をする，人生で最も社会に貢献することが可能な時期であろう。現行制度によれば，国民年金に加入し，保険料を納めはじめたのは20歳からであり，就職して勤め人になったときに厚生年金の被保険者資格を取得しているはずだ。「労働者が雇用される事業」であれば業種や規模にかかわりなく雇用保険の被保険者となる（公務員を除く）。また，40歳になると，介護保険（40歳以上65歳未満の医療保険加入者）になる。この他，被用者であれば健康保険の，そうでなければ市町村の国民健康保険の被保険者として医療保険の保険料を納め，これらの保険料と所得税を合計すれば，月々課せられる負担の総額は決して少なくないはずだ。ちなみに，厚生労働省の試算によれば，40歳以上の給与所得者の報酬に占める年金，医療

などの社会保険料の割合は，2006年度の24.7％から2025年度には約30％に上昇する。原則として事業主と折半するため，サラリーマン本人の料率は12.35％から約15％になる見込みだ。

　権利と義務とはリンクしており，社会保険においても受給権を得るためには相応の義務を果たさねばならない。その義務の構造はどのようになっているのだろうか。

(1)　「義務」を課せられるのは誰か

　社会保険において義務を負担するのは，必ずしも受給権の権利者とは限らず，この点は制度によりけりである。医療保険1つとっても，被用者保険と国民健康保険とではまったく違う。被用者保険である健康保険においては，原則として被保険者と彼を雇用する事業主とが保険料を折半し（健康保険法161条1項），事業主が納付義務を負う（同条2項）。これに対し，国民健康保険は，被用者保険の適用を受けない市町村の住民が被保険者であるため，事業主の負担というものがそもそもありえない。国保においては，国民健康保険事業の費用が，市町村ごとに国民健康保険料または国民健康保険税として徴収され（国民健康保険法76条），所得割，資産割，世帯別平等割，被保険者均等割を合算した額が市町村ごとに決定された上で支払義務が課せられる。この保険料（税）については，世帯主が納付義務を負うものの，「被保険者均等割」は世帯人数のうち被保険者人数分が負担額となるため，理論上被保険者である子どもや赤ん坊も保険料を負担していることになるのである。

(2)　義務を果たさない人は……

　社会保険庁の発表によれば，2006年度の国民年金納付率は66.3％。前年比0.8％減で，4年ぶりの納付率低下だ。保険料の不正免除問題への対応に追われ，未納者への督促が十分できなかったことがその要因であるという（朝日新聞2007年8月11日）。いずれにせよ，本来納めるべきはずの保険料を，3分の1に相当する人が納めなかったということになる。法律上，「義務」というからにはそれを怠った場合に何がしかのペナルティが下されるのだが，社会保険においてはどうであろうか。2，3例を挙げて説明しよう。

国民皆保険を旗印とする現行の国民年金制度においては，日本国内に住所を有する20歳以上60歳未満の者であれば加入を義務付けられ，保険料を徴収される。そして，65歳に達したとき，老齢基礎年金が支給されることになっているが，そのためには25年の「資格期間」を満たしていなければならない。この資格期間とは，基本的には保険料を納付していた期間のことであり，したがって，原則としては最低でも25年間は保険料を納めなければ老齢基礎年金は受け取れないことになるのである。ただ，資格期間のなかには「保険料免除期間」も含まれることになっており，これは生活保護受給期間など法定の保険料免除制度（国民年金法89条）や申請による免除制度（90条）が適用された期間を指す。これらと保険料納付期間を合算して25年以上にならなければ，老齢年金を受け取ることはできない仕組みになっているのである。

　国民健康保険の保険料につき，納付義務を負う世帯主が一定期間以上滞納した場合，被保険者証（いわゆる保険証だ）の返還が求められる。では，この状況で万一医者にかかることがあったら医療費を全額負担しなければならないのか。このような場合，保険証に代わって被保険者資格証明書が交付されることになっており（国民健康保険法9条），これを所持する者に対しては「療養の給付」（つまり医療サービス）の代わりに，必要な費用に対しての「特別療養費」を保険者，すなわち市町村が現金で支給することになる（これを償還という。国保法54条の3）。その際に，費用の償還の一部が差し止められたり，給付としての特別療養費から保険料が控除されることがある（同法63条の2）。

　上記のように，成人に適用される社会保険制度は，所得保障や医療保障を目指すものであるのだが，その運用が社会的な連帯によって支えられているために，成人の社会的な連帯の義務として，保険料が課されたり，給付の条件が付けられたりしているのである。

II　社会生活にかかわる法律たち

　1922年に成立した健康保険法は工場法または鉱業法の適用を受ける中規模以

上の事業場にのみ適用され，家族には給付されないものであった。同法は工場法，鉱業法適用除外の零細企業を排除し，大企業対象の健康保険組合管掌と中小企業対象の政府管掌に健康保険を分けて制度設計されている。臨時工には給付されていない。事業の規模に応じて労働者の階層を分断する影響をもつとともに，中規模以上の企業の労働力保全・労務管理の手段ともなった（治安維持法とほぼ同時期に同法は成立しており，いわゆるビスマルクのアメとムチの政策の日本版という性格もあった）。1938年に農村その他被用者を対象とする国民健康保険法が，1939年に船員保険法が制定された。年金制度については，1941年に常時10人以上を使用する鉱工業と運輸業の労働者を対象とした労働者年金保険法が制定された。1944年，適用対象を事務職員・女子5人以上使用の事業場に拡張する厚生年金保険法の改正が行われた。当時，労働力保全政策としての社会政策は形骸化され，戦時体制移行のための「健兵健民」政策の手段へと転じていった。同時に，零細企業の労働者は，社会保健制度の恩恵を十分受けられずにいた。零細企業の労働者や自営業者を対象とした年金制度はこれから後れて成立し，1959年にようやく国民皆年金の議論のもとに国民年金法ができる。1985年には年金制度は統一化され，全国民共通の定額保障の1階部分の国民年金（基礎年金：1階）に，働いている人のためには報酬比例の厚生年金等の制度が上乗せされる制度（2階）となった。社会保険制度が確立していく過程において，大・中規模企業の正社員は，終身雇用ないし長期雇用の恩恵を事業主から与えられるだけでなく，退職後は報酬に比例して給付され給付額の多い厚生年金を享受してきた。大・中規模企業の正社員になるため大学に入学し，大学に入学するために学校生活で学ぶという学歴社会とも結び付いたが，社会保障との関係では，そうした大・中規模企業の正社員には他の年金生活者より「恵まれた老後」が約束された。これに対し，企業において非正規の社員（アルバイト・パートの人）や自営業者，零細企業の労働者は，就労生活の間は賃金や経営の不安定な生活にあり，退職後は，財政力基盤の弱く赤字が多い国民年金制度からよりわずかな年金給付額を受給するにすぎない。1965年にはあわせて7割近くを占めていた農林水産業者および自営業者の割合は2割程度にまで低下し，「労働者」の割

合よりも少なくなっているが，自営業者，非正規の社員（アルバイト・パートの人）や零細企業の労働者のなかには，将来の無年金者，低年金者もいる。セーフティーネットによって社会的な保護に値する者を保護するというはずの社会保障制度は，この意味では，「格差」を是正するのではなく，「格差」を助長し促進してきた側面を併有させている。

学校生活を終えて職業生活に入っても，職を失い失業するときがある。失業したときには，雇用保険が支給されるが，それに備えて働いている間に事業主と労働者が雇用保険料を国に支払うことになる。また仕事をしている間，将来に備えて，年金を支払い，医療保険の保険料を支払う。その代わり，病気になれば医療保険の給付（＝現物給付）を受けることができ，医療費の一部は保険などから支払われる。一定期間年金を支払った後，65歳になれば原則として老齢年金が支給され，障害になったときは障害年金，生計維持者が死亡したときは遺族年金が給付される。成年期をめぐる問題は，これらの法制度の「自立」と「連帯」にかかわる問題について順に検討する。

1 雇用保険法

(1) 失業の現状と雇用保険制度の概要

2002年4～6月期から2003年4～6月期にかけて，完全失業率が過去最高の5.4％となったが，徐々に低下し，総務省統計局が30日公表した労働力調査（速報）によると，2007年7月には，完全失業率（季節調整値）は3.6％と低い水準となっている。高卒，大卒の就職率は改善したが，平成18年版労働経済白書によると，入職3年以内の離職率がなお高く，高校卒業者で48.6％，大学卒業者で34.7％である。ニート・フリーターの数を集計すると[1]，2003年の217万人まで増加したが，2005年ニート・フリーターの数は201万人と減少している。ただし25～34歳層では減少幅が小さく高止まりしており，ニート・フリーターの問題が社会問題になっている。

労働契約を締結し企業などに一定期間勤務していたとしても，自発的に退職したり，会社の都合で解雇されたりすることで，職を失うことがある。失業の

図表 4-1 雇用保険

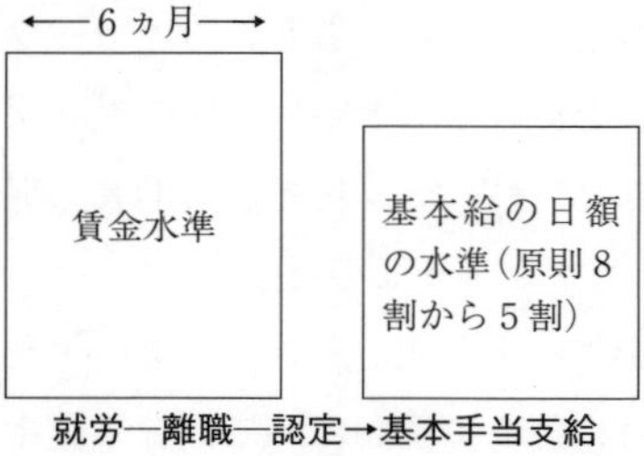

← 6ヵ月 →

賃金水準 ／ 基本給の日額の水準（原則8割から5割）

就労—離職—認定→基本手当支給

リスクを分散するため，**雇用保険制度**という政府が管掌する強制保険制度がある。事業主と被保険者が雇用保険の保険料を負担することにより，「失業」した場合に，職を失った失業者が雇用保険から公共職業安定所において基本手当などの給付金を受け，これによって生活を安定させることができる。その上，公共職業安定所では，求職者は，職業相談，職業紹介を受けるなどの求職活動を行うことができ，自発的に能力開発に取り組む場合等に必要な給付（教育訓練給付）を受けられる。雇用保険の事業に要する費用は，事業主と被保険者（労働者）が負担する保険料と国庫負担によってまかなわれる。失業等給付のための保険料率は労使折半で1.2%であり（2007年度から事業主0.6%，被保険者0.6%），雇用保険安定事業のための保険料率が0.3%（事業主のみ0.3%，被保険者の負担なし）である。基本手当は，「失業[2)]」し，4週に1度公共職業安定所に出向いた人に支給される。ドイツなどの先進国と異なり，学卒者がすぐに「**失業**」認定を受けて，雇用保険の給付を受けることはできない。基本手当の日額は，離職前6ヵ月間における1日あたりの平均賃金（賃金日額）×給付率（50〜80%）で計算される。

　基本手当の支給を受けることができる日数（所定給付日数）は，離職日における年齢，雇用保険の被保険者であった期間および離職理由などによって90〜360日の間で決定される。ただし，一般には雇用保険の給付日数の期間が短く，その額も少ないという指摘もある。

(2) 雇用政策の問題点

　若年失業者に対する対策として，2005年5月から，年間20万人のフリーターの常用雇用化を目指しフリーターの減少を目指す，という目標を掲げ，ジョブカフェ等による就職支援フリーター常用就職支援事業（フリーター向けの窓口を設け，常用就職に向けたセミナーや合同選考会の開催，専任職員による1対1の相談・助言，求人開拓，職業紹介，就職後の職場定着指導等，常用雇用化のための一貫した支

援を実施) にとどまらず、ドイツのデュアルシステムと類似した日本版デュアルシステム等実践的な能力開発まで実施している[3]。しかし、2006年4月末現在、約22万5000人の常用雇用を実現しているにすぎず、根本的な解決には程遠い。若年失業者には、① 入職・就職していない者と、② 入職・就職したが離職した者、③ (①と②のなかに) 自宅へひきこもってしまう者がいると考えられる。①に対する対策としては、いっそうの教育訓練プログラムの多様化・内容の拡充が図られることが期待され、②に対する対策としては、これらの者に職業転換する者や技術・職業的スキルの不足から離職した者が多いことから、教育訓練措置の充実、各種仕事の技術・職業的スキルの提供などが望まれる。③の家庭でのひきこもり対策に対しては、心理カウンセリングや関連NPOとの共同によって、家庭生活、職業生活や外部の生活に対する障害を除去し、長い時間をかけた心理的サポートなどが不可欠となる。雇用の面での就職支援にとどまらない総合的なサポートが求められる。しかし、ニート・フリーターの問題は、総じて、学力の低下に起因し、職業教育と家庭教育・学校教育の連結の不十分さに起因していると思われ、職場・家庭・学校との連動をいかに図るかを検討しなければならない。

　雇用保険制度も、受給期間は実際には6～10ヵ月程度と短い。求職活動をきちんと行っていればその期間内に就職できるだろうし、この程度の受給期間でも就職をしていくだろうということが求職者に期待されているといわれる。しかし、平成不況時の長期失業者は最も多い時期で120万人にものぼり、雇用保険の給付も得られないままの失業者が多く存在した。これは、雇用保険制度が長期の失業という事態に十分に対処しきれていないことの証左である。反対に、たとえば、ドイツでは、失業保険 (最長12ヵ月、55歳以上18ヵ月) が切れたとしても、その後失業保険金Ⅱを受給でき、賃金の約80％が保障され、長期失業者の生活の安定化が図られている。そこで、雇用保険の手当を想定する長期失業者向けのサポートが、日本法においても今後求められるのではないかと思われる。

　このほか、日本社会では、働きながらにして貧困にあるという、いわゆる

ワーキング・プアが社会問題化し、90年代においてすでに正規従業員と非正規従業員との賃金格差が拡大しているとの研究もある[4]。派遣法について、派遣の対象業務は原則自由化され（ネガティブリスト化という）、派遣労働者は増加している。このような状況の下で健康保険や厚生年金の保険料が減少し社会保険の空洞化が懸念される[5]。このため、パート・派遣ともに、対象業務の再検討、有期雇用の理由の明示と限定、更新に関する規制などが日本では強く要請されると考えられる。また、パート・アルバイトの年収は、50〜99万円、派遣の年収は40歳以下では年収200〜249万円、40歳以上では50〜99万円の層が最も多いとされている（平成18年版厚生労働白書）。現在、これらの人の低賃金を救済する制度には、各都道府県で定める最低賃金制度があるが、最低賃金額のアップによる保護規制の創出が格差社会の是正につながる。

2　労災保険

労災保険は、業務上の事由または通勤による労働者の負傷・疾病・障害・死亡に対して必要な保険給付を行う制度である。政府は事業主から原則として保険料を強制的に徴収する。保険料は1000分の19.5である。労働者が業務上の理由から負傷・疾病・障害・死亡に至ったときは（業務起因性、業務遂行性の要件と呼ばれ、この要件の充足の有無は労働基準監督署長が判断する）、療養補償給付、傷害補償給付、遺族補償給付、葬祭料、疾病補償年金、介護補償給付が国から支給される。2004年度保険給付を受けた者は60万3484人で、増加している。

近時、仕事やそのストレスにより精神障害になった、あるいは、自殺したというケースが増えている。自殺念慮が出現する蓋然性が高いと医学的に認められた人が自殺を図った場合には（いわゆる**過労自殺**）、原則として労災保険給付の受給される「**業務上災害**」として認められる。日本の労働者や公務員は、長時間労働のため仕事が主な原因で死亡する場合があり、「**過労死**」と呼ばれる。厚生労働省は、脳・心臓疾患について、2001年より、長期間にわたる疲労の蓄積も業務によるものとし、労災保険給付が国より支給されている。過労死、過労自殺ともに増加している。過労死は、年齢別では40〜59歳の認定件数が増加

第4章　成人期と社会福祉法制

し、過労自殺は年齢別では29歳以下、30〜49歳の請求件数が増加している。労働時間の短縮こそが法政策的な課題である。

3　所得保障法──厚生年金保険法、国民年金法、企業年金関連法

(1)　厚生年金、国民年金の保険料制度の現状

働く人の老後の公的年金制度は、2階建てになっているといわれ、定額が支給される基礎年金と、報酬に比例して多く支給される**厚生年金**（公務員の場合は**共済年金**）の2層構造になっている。1階の基礎年金（**国民年金**）は、定額徴収され年金額も支給され、20〜60歳以下のすべての人が共通に加入することになっている。2階部分の厚生年金や共済年金といった被用者年金は、基礎年金に上乗せされる年金で、所得に応じて将来もらう年金の支給額が高くなる（報酬比例）。引退後には基礎年金と報酬比例の年金を受給される。

(2)　年金制度の概要

公的年金は主に保険料によってまかなわれるが、実際には、高齢世代に支給される年金給付の費用の大半は、働く現役世代の払う保険料でまかなわれている（賦課方式）。現役世代が社会全体を支える世代間扶養の考え方に立っている。公的年金は、保険料納付済期間または保険料免除期間を有する者が65歳に達したときに支給される。保険料納付済期間または保険料免除期間の合算した期間が25年に満たない者には支給されない（詳しい内容は→第5章）。

国民年金に関する費用は、①保険料、②基礎年金拠出金、③国庫（現在は、給付に必要な費用の3分の1、2009年までに2分の1に引き上げられることが決まっている）よりまかなわれる。保険料は月額1万4100円（2007年より）であり、国民年金の保険料は20歳（20歳の誕生日の前日）の月から60歳（60歳の誕生日の前日）の前月まで納める。第1号被保険者については月額400円をプラスして納付できる（この部分は付加年金となる）。保険料は、年金給付額の増大に従い、毎年度280円引き上げられ、2017年に1万6900円で固定される。実際の保険料額は物価や賃金の伸びによって決まる。

国民年金の被保険者には、第1号被保険者、第2号被保険者、第3号被保険

63

者がいる。第2号被保険者は，厚生年金や共済年金に加入する勤め人である。**第3号被保険者**は，自営業者，学生，第2号被保険者に扶養されている配偶者である。第2号被保険者と第3号被保険者は，第1号被保険者のように定額の保険料を払うわけではない。第2号被保険者は自分の加入する被用者保険（厚生年金など）に報酬比例の保険料を払い，このなかに国民年金のための費用が含まれている。被扶養配偶者のいる第2号被保険者の場合，配偶者と共同でこの報酬比例の保険料を払っているとみなされる。配偶者がこの被保険者となるためには年収が130万円未満でなければならない。アルバイト，パートタイマーや派遣労働者で，労働時間が通常の4分の3以上である者は，自ら厚生年金の被保険者となる（4分の3未満の場合，これらの労働者は厚生年金の対象とならず，第1号被保険者または第3号被保険者として保険料を支払う）。第1号被保険者は，第2号被保険者，第3号被保険者以外の者である。

　学生や学生以外の30歳未満の者に対しては，申請により保険料の給付が猶予される制度がある。学生の場合，本人の前年の収入が118万円以下であれば，猶予が認められる。保険料の納付が猶予された期間は受給資格期間として扱われるが，将来の老齢基礎年金が減額される。

　2階の被用者年金のうち，たとえば，厚生年金の保険料は被保険者と事業主が半額ずつ折半して（7：3とする企業もある），事業主が双方の分を納付する義務を負う。5人以上の適用事業所に常時使用される70歳未満の者は必ず被保険者となる。保険料は，標準報酬月額（過去の給与とボーナスの平均で，1級〔9万8000円〕から30級〔62万円〕によって異なる）に保険料率（1000分の146.42）を乗じて算定される。2004年10月から毎年0.354％ずつ引き上げ，2017年9月以降は18.30％に固定される。賞与に対しては特別保険料が徴収されていたが，2003年3月から総報酬制が導入され報酬と同じ保険料率での保険料の支払が求められる。老齢厚生年金には65歳以上に支給される老齢厚生年金と60歳代前半（60歳以上65歳未満の者）に支給される特別支給の老齢厚生年金とがある[6]。

(3)　「モデル年金」の問題点と被用者年金の一元化

　1994年に，老齢厚生年金の定額部分の支給開始年齢を60歳から65歳に引き上

げるとされた。2004年には年金世代と現役世代との均衡を図るため，手取り賃金の伸びに応じて年金額を改定する**可処分所得スライド制度**を導入した（ただし，これは年金給付が新たに開始されるときの問題であり，いったん給付され始めた後の年金の額は，可処分所得スライドではなく，物価の伸びに応じて改定される，**物価スライド制度**が用いられている）。しかし，高齢化社会により，給付額が低くなり保険料額が高くなることが今後懸念される。そこで，2004年の法改正により，多くの元サラリーマンがかかわる厚生年金の保険料の上昇を抑えるために，年金の給付額が固定された（保険料水準固定方式）。この「モデル」の年金では，夫のみが働き，40年間厚生年金に加入する（妻が専業主婦として老齢基礎年金を満額支給する）した場合，1999年時で，夫婦で月23万8000円支給を受ける。この場合に，現役労働者の可処分所得の約59％に相当する額を支給されるとされた。しかし，納付期間が短かければ，受給額も小さくなる。実際の年金額が「モデル」の年金を下回るとされる[7]。年金給付，現役世代の51.6％に，出生率1.26，「基本ケース」で厚生労働省は2007年3月，厚生年金の給付水準は現役世代の51.6％になると推計している。

　しかし，これを2001〜02年頃の経済動向を考慮して計算すると，46.9％と50％を割り込む[8]。「モデル」どおりの支払がすでに困難になりつつあり，実際の年金額が「モデル」の年金を下回る可能性が高く，モデル年金の欺瞞性が顕わになる。さらに，2005年には保険料水準固定方式とマクロ経済スライドによる給付の自動調整制度が創設され，社会全体の保険料負担能力の伸びを反映させることで，給付水準を調整することとした（マクロ経済スライド。調整率は，公的年金全体の被保険者数の減少率〔0.6％〕＋平均余命の伸びを勘案した一定率〔0.3％〕で約0.9％である。前記の可処分所得スライドと物価スライドで，引き上げられた年金額引き上げ率からこの調整率を引く。2023年までマクロ経済スライドによる調整は続けられる）。ただし，個人の拠出のレベルと給付のレベルを明確にすることが重要であるとしても，社会における連帯という理念から離れて，自分が支払った分の「もとがとれるかどうか」に関心が集中する近視眼的な議論は慎む必要もある[9]。

　もらえる年金により支給額に著しい格差が生じている。積立方針への転換，

財源を補うため福祉目的での消費税増税も議論されているが[10]，被用者年金制度の一元化が提言されている。所得に比例的にかかる社会保障税で年金財源をまかなう「拠出税方式」とし，かつ，失業者や寡婦などの所得がなくあるいは少ない人々に対し最低限の「ミニマム年金」を保障する制度とするというものである[11]。これに対し，経済財政諮問会議は，年金財政の安定化を図るために，基礎年金の全額税方式を検討の対象としている。税負担方式を長く続けてきたニュージーランドでは，年金給付の低位標準化を招き貧困者を生じさせていた一方で，人口の高齢化から年金の原資の確保が困難になった。このため，2006年全額税方式を改め，退職確定拠出貯蓄運用年金制度が導入された[12]。日本では，全額税方式には，年金未納問題を生じさせないメリットもあるものの，保険料を納付してきた人と未納者とに同じように給付できるのかという問題や，給付水準の低下を招くという深刻な問題がある。年金生活者のいっそうの貧困を生じさせるおそれはないとはいえない。

(4) 格差社会と年金

格差社会の進行は年金との関連でも深刻であり，年金間での支給額の格差の問題と無年金者・低年金者問題という次元の異なった高齢者の貧困の問題が存在している。2004年末時点の平均支給額は，国民年金5万9000円，厚生年金17万4000円，国家公務員共済組合22万8000円，地方公務員共済組合23万6000円である。厚生年金や共済年金は所得に応じて将来もらう年金の支給額が高くなるため，働いている間に豊かであった者は老後も豊かに，貧しかった者は貧しい老後が待っていることになる。国民年金の保険料未納等により，無年金となる65歳以上の公的年金の受給権をもたない者は，62万6000人にのぼり，65歳以上人口に占めるその割合は，2.5％にものぼっている。加入期間が短い等の理由のために低年金となるお年寄りも多い。第1号未加入者の数は36万3000人，年齢階級別の第1号未加入者数の割合をみると，各年齢階級で減少しているが，とくに20歳代，30歳代での減少が著しい[13]。平成18年版厚生労働白書によると，パートとアルバイトの44.77％や派遣社員の29.33％が公的年金に加入していない。今後，国民年金では，無年金者・低年金者の増加により貧困者の増加も予

想されることから，貧困者に対する年金保険料の徴収のあり方などを考え直す必要がある。

4　確定給付型企業年金，確定拠出型の企業年金

以上のような2階建ての公的年金制度以外に，2階建ての年金に上乗せされる企業年金と呼ばれる3階建て部分がある。公的年金の所得保障機能が低下しつつあるなかで，企業年金が重要な役割を果たしうる。企業年金には，**確定給付型企業年金，確定拠出年金，厚生年金基金**がある。

このうち，確定給付型の企業年金とは，将来の年金給付をあらかじめ約束しておくという意味の年金である。受給権保護の観点等から整備され，規約型の企業年金（労使合意の規約に基づき，投信会社など外部機関が資産を運用する）と基金型企業年金（労使合意の規約に基づき，基金が年金資金を運用する）とがある。給付や積立てについて最低のルールを定めた上で，労使の合意に基づき，実施企業の実情に基づいた制度設計を可能とする。厚生年金基金は，基金の厚生年金保険料の一部を国に納付せず，国に代わって運用し納付する基金である。

これに対して，確定拠出型の企業年金は，加入者自らが運用の指図を行うもので，企業のほうも企業年金のために負担する掛け金の額をあらかじめ決めておくものである。この制度では，加入する個人が運用の指図をすることになるため，十分な投資に関する知識やノウハウを受ける必要があるので注意も必要である。運用方法は，預貯金，公社債，投資信託，株式，信託，保険商品などである。加入者保護のため，制度関係者の忠実義務，行為準則を明確化している。2006年3月末には，企業型年金の企業型の加入数は約173.3万人，個人型年金の加入者は約6.3万人である。確定拠出企業年金の場合，転職しても年金資産をもって移動できるメリットがある。しかし，労働者の受給権の保護の観点からは十分問題が改善されていないといえる。大企業でのみこうした企業年金の仕組みがとられることが多く，これが格差社会の温床でもある。

5　医療保障法

(1)　医療保険制度の概要と問題点

　医療保険は，被保険者である個人らが拠出する保険料と国庫等によってまかなわれる。被保険者である個人が病気になったとき，医療サービスを病院等医療機関で受け，保険を運営する保険者が，その費用や報酬を医療保険機関に支払う仕組みになっている（現物給付という）。疾病・負傷した人（70歳未満の被保険者）が療養の給付を受ける際に，その療養給付に要する費用の3割に相当する額を患者本人が医療機関や薬局で支払うことになっている。

　保険を運営する主体を保険者という。保険者はさまざまだが，勤め先の事業主が（または2以上の事業主が共同で）設立し，厚生労働省に申請しその認可を受けて設立されるのが，**健康保険組合**である。勤め先が従業員700人以上の大企業の労働者はこの健康保険組合に入っている。組合管掌健康保険は，自主的な責任の下で事業運営を行うところに特徴があり，健康保険の主な財源は，被保険者および事業主の支払う保険料であった（被保険者と事業主の折半）。これに対して，勤め先が中小企業などで健康保険組合が設立されていない者は，政府が運営する**政府管掌健康保険**に入っていた。しかし，今後は，国とは切り離した公法人（全国健康保険協会）が保険者として2008年に設立され，政管健保はこれに切り替わる。これについては後に述べる。

　健康保険制度，共済組合制度，船員保険制度などの被用者を対象とした医療保険制度に該当しない場合は，すべて**国民健康保険**の対象となる。国民健康保険は，保険者が市町村となる地域保険である。市町村の行う国民保険の場合，市町村の区域内に住所を有する者は，法律上当然にその市町村が行う国民健康保険の被保険者となる。費用は世帯主等から徴収される保険料と，国庫などによってまかなわれる。近時の地方自治体の財政難もあり，市町村国保の財政状況は厳しく，全国の70％あまりの自治体が赤字保険者である。市町村の財政力の格差に応じて調整する交付金が支払われ，さらには都道府県から財政調整交付金も支給される。国民健康保険の保険料は，2004年で一番高い北海道中標津町（11万2633円）と最も低い宮崎県花山村（1万4523円）では保険料の格差も著

しく,憲法の保障する法の下の平等(憲法14条)に抵触する疑いもある。

　国民健康の保険料を滞納している世帯数は約461万世帯(2004年6月現在)で国保加入世帯の18.9%を占めている[14]。国保加入世帯に占める軽減世帯の割合は2002年には32.92%まで増加しており,約760万世帯が軽減措置を受けている[15]。

　現在医療保険の患者の負担は3割,3歳未満は2割,70歳以上は1割(現役並みの所得者の場合3割)となっている。2002年の健保法などの改正により,患者自身が負担する自己負担部分は,従来の2割から3割に引き上げられた。差額ベッドや付添い看護,入院時の食事療養費等も,患者が一部を負担しなければならない。患者の自己負担が増すばかりである。診療報酬も増加し医療費が増加しているのが主な原因である。2006年の法改正により高齢者医療制度が創設されたが,2008年4月から70〜74歳の高齢者の窓口負担が1割へ,75歳以上の高齢者だけの医療制度,**後期高齢者医療制度**(長寿医療制度)の創設により,75歳以上の高齢者からも保険料が徴収される(→第5章参照)。一部負担の割合も上昇するばかりである。

　世帯の一部負担金が月額7万2300円を超える場合には,高額医療費が支給され,高額医療費については,患者の負担の限度額がきめ細かく定められその額が低く抑えられている。医療費の半分以上は病院で使われる。病院での診療報酬や薬局での人件費として医師・看護士等の職員に,病院や薬局で患者に支給する薬の購入代金として医療品会社などに,支払われる[16]。

　日本では,医療費の上昇に対して患者の負担を増やし給付を減らすことが常に議論されてきたが,反面で,医療費を抑制する仕組みが十分ではない[17]。自由開業制がとられるため,医療機関の地域的な偏在,小児医療・産科医療医の不足がみられ,十分な医療計画もないまま医療機関の過多な地域もある。他のOECD諸国が3〜6回程度の外来受診回数であるのに対し,日本では,患者が1ヵ月に1回以上病院に足を運んでいる(平成18年版厚生労働白書)。入院日数が長い。医療供給体制の問題は本章では直接扱わないが,過剰な診療報酬ともかかわる患者の外来受診行動との関係では,従来のフリーアクセスを一部改め,開業医―急性期病院―開業医,予防―初期医療(プライマリケア)―専門医診察

といったヨーロッパでは比較的一般化している連携のあり方がいっそう強化される必要がある。医療費抑制のためには診療報酬の見直しや患者負担の増加という「火事場の火消し」によるだけではなく，開業医を中心とした地域医療体制の見直しや在院日数の制限など「火元」の抜本的な改善がなければ，医療費の決定（診療報酬）を十分にコントロールできないため，これらの抜本的な改革が不可欠になると考えられる。

(2) 医療制度構造改革

国は，2006年には，医療制度構造改革を行うこととし，① 医療費適正化の総合的推進，② 新たな高齢者医療制度の創設，③ 都道府県単位を軸とした保険者の再編・統合の3本柱からなる健康保険法の改正を行った。

①については，高齢者の患者負担を2割から3割に引き上げ（2006年10月より），2008年4月より，70～74歳までの高齢者の患者負担を1割から2割に引き上げる予定であった。ただし，「激変緩和措置」として1年間のみ1割に据え置きされる。しかし，現役並みの所得のある70～74歳までの高齢者の患者負担のみ3割負担となる。

②については，75歳以上の後期高齢者が加入する独立した医療制度を創設することとし，財政運営は都道府県単位で全市町村が加入する広域連合[18]が主に担い，75歳以上の高齢者が被保険者となる。75歳以上の高齢者は従来，国民健康保険あるいは健康保険組合，政府管掌健康保険に加入しており，それぞれ保険料率が異なっていた。新しい**後期高齢者医療制度**では医療費が高い後期高齢者を現役世代から切り離して別建ての財源で運営し，都道府県単位で全市町村が加入する広域連合が創設され，基礎年金受給者を除く被保険者全員が原則として同じ額を払う「応益割」と所得に応じて払う「所得割」の2種類の合計で保険料が決まる[19]。ただし，2008年から始まる後期高齢者医療制度における高齢者からの保険料徴収については，福田政権成立後，一部凍結されている[20]。しかし，後期高齢者医療制度が実施された場合，1人あたりの保険料が全国平均で年間約7万2000円（月額6000円）になり[21]，多い都道府県では9～10万円となる見込みである。裕福でない高齢者は，この保険料を支払うのが困難なので

はないかとの批判もありうる。

　③については，医療費に地域格差があることを配慮して，国の基本方針に即して国と都道府県が協力して**医療費適正化計画**を策定することとした[22]。

　3600万人の加入者を要した政管健保は，国とは切り離した公法人（全国健康保険協会）を保険者として設立し，都道府県単位の財政運営を基本とし，都道府県ごとに地域の医療費を反映した保険料費を設定する。

　こうした都道府県単位を軸とした再編・統合を図るこうした政策は，都道府県の今後の財源対策も新たに考え合わせなければならないことを意味する。そうでなければ，新たな形での財政赤字を生み出すことになりかねない。また，都道府県を巻き込んだこの改革が医療費適正化の特効薬となるかは，今後を見定めなければならない。

　しかし，総じて，医療制度改革に欠けていると思われるのは，格差社会との関連での低所得者層への配慮である。国民医療費全体では，国・自治体・企業の負担は減少し，患者本人の負担は増加している。低所得者ほど心臓病，がん，外傷，アルコール疾患，うつ病が多いとの指摘もある[23]。にもかかわらず，現在パートだけでなくいわゆる日雇い派遣のうち，国民健康保険料も年金も払えない労働者がいる[24]。本人負担部分が多くなるとともに非通院率が14％と高くなり，国民の「がまん率」が高まっているとの指摘もある[25]。低所得者層への健康保険の減免措置も十分に低所得者に行き届かないという点につき，訴訟にいたる事例もあり，この点の見直しも不可欠であると考える。

Ⅲ　応用への道標——社会保障における自立と連帯

1　今問われる「連帯」の具体的な内容

　保険料徴収による世代間扶養を基礎として社会のなかで「連帯」するということが年金制度との関係で説かれた。原則として保険制度を基盤として成立する医療保険制度も同様の理念が貫かれている。しかし，「連帯」に基づく上の論理は社会保険方式の立法政策による財政負担制度創出のための便法と化してい

るという批判がある[26]。近時とりわけ,「連帯」を盾に,国民健康保険制度や介護保険制度の保険料負担を高齢者にも課すため,保険料徴収の減免が不十分であることを理由とした訴訟も存在する[27]。今後,低所得者に対して,国民健康保険制度の保険料の減免措置をさらに細分化し,社会的弱者と思われる人を扶助・助力する改革がいっそう求められる。格差社会が進行するなか,公的年金制度についても,低所得者の救済という観点からのさらなる改革が必要であると思われる。たとえば,ドイツにおいては,生活保障制度とは別に,2001年より,低所得を理由とした年金減額制度が2つあり,部分的所得減少のケース(疾病・障害を理由として1日6時間未満しか働けない人が対象,所得減少前5年間に3年間保険料を支払い,かつ,5年間の待機期間にあったことが要件)と全面的年金減少のケース(1日3時間しか働けない人が対象)とがあり,それぞれ,年金保険料が(減額された)定額になっている。そこで,格差社会が進行している現代日本において,上の連帯の概念とは別に,これにとどまらず,社会国家原理や生存権保障の理念のもとで,保険料徴収の面では,低所得者に対して,減免制度の充実などにより厳しい負担を求めないという立法政策的な配慮が要求されるはずである。

2 社会保障と個人の自立

社会保障制度の近時の改革では,医療保険の本人3割負担,保険料引き上げ,高齢者医療制度により,国民への負担を迫る。この改革を支えた理念,「知恵を出し努力をした者が報われる」という「自立」した個人の社会という理念は,実際の人間像とは一致せず,ごく少数の者を豊かにし,多くの中流以下の正規従業員に福利をもたらさず,非正規従業員を低所得者層へ陥れている。制度としては年金や雇用保険の保険料を支払わなければならない社会保険と,「自立」のため入り口が狭い生活保障しかなく,その2つの制度の狭間であえぐ人々を経済的に支える制度が十分ではない。年金や医療保険を支払えない無年金者・低年金者に対して税方式等によって所得保障する新たな仕組みも必要である。

失業者がある程度時間をかけて職を見出し,職とのミスマッチを防ぐため,

雇用保険の給付期間の延長も考慮されてよいと思われる。雇用保険の給付期間の延長が行われると，労働を再開しようとするインセンティブが生じなくなるといわれるが，雇用保険が長期失業者に対しても支給されるデンマークでは，職場復帰を果たそうとするインセンティブは長期の雇用保険の支給によっては悪化しないといわれる[28]。生活保障や雇用保険制度では，「自立」させる制度のみならず，十分には「自立」できない人を社会がサポートする仕組みが不可欠である。冒頭に述べた「格差」を助長し促進する社会保障制度から，「格差」を是正する社会保障の原点に立ち返った改革が求められる。

　税・社会保障制度の近時の改革では，「知恵を出し努力をした者が報われる」「自立できる者は自立する」という「自立」した個人による社会の創造という理念が強調された。失業者が経済的に「自立」するため求職したが職がみつからず，雇用保険が切れた場合，これに続くドイツのような「失業扶助」もなく，長期失業者は所得を得る途を失う。雇用保険制度では，「自立」させる制度のみならず，十分には「自立」できない人を社会がサポートする仕組みが不可欠である。

さらにその先へ　〜国が福祉を豊かにし，福祉が国を豊かにする

　新自由主義的な考えによれば，経済成長により国全体を豊かにできるという。しかし，60年代の経済成長期とは異なり，低成長時代における現代の貧困について確実にいえることは，国民総所得の増加によっては除去できないということである[29]。現代の貧困の大半は，個人的な貧困だからである。リストラの対象とされているのは，中高年，疾病者，障害者，成績・勤務態度不良者，組合員等，少数者となっている[30]。生活保護者には，高齢者世帯，疾病・障害者世帯，母子世帯が多い。個人的な貧困に導くのは，精神薄弱，不健康，産業生活の規律への不順応，アルコール中毒，少数者グループに関する被差別，教育上のハンディキャップ，失業，老齢である[31]。これらの類型に対応した個別的な保護が必要である。わずかな経済成長率の上昇が高所得者に利益を与える一方で，特定の者を対象とした貧困が苛酷に発生することは正当化されないと

思われる。福祉支出の多くは，生産性を増大させる効果があり，将来より多くの税収を期待しうるともいわれる。たとえば，福祉支出はよりよい健康と教育が生産性を上昇させる。よりよい失業給付金はそれぞれの熟練にふさわしい仕事をみつける時間のゆとりを与える。とくに育児や教育に国家支出の多い国は，低学歴で労働市場に入る人が少ない[32]。こうした発想の転換こそ日本社会に必要である。

《参考文献》
＊ 神野直彦『人間回復の経済学』（岩波書店，2002年）
　……　新自由主義的な考え方を批判し，人間性を回復する国のあり方を提示する。
＊ 山口二郎ほか編『ポスト福祉国家とソーシャル・ガヴァナンス』（ミネルヴァ書房，2005年）
　……　ヨーロッパ諸国の福祉国家のあり方を検討し，新たな国家の姿を示している。

《注》
1) 総務省統計局「労働力調査（詳細結果)」により，15～34歳で，男性は卒業者，女性は卒業で未婚の者のうち，①雇用者のうち「パート・アルバイト」の者，②完全失業者のうち探している仕事の形態が「パート・アルバイト」の者，③非労働力人口のうち希望する仕事の形態が「パート・アルバイト」で家事も通学も就業内定もしていない「その他」の者として集計している。
2) 雇用保険の支給対象となる「失業」とは，離職した人が，就職しようとする意思といつでも就職できる能力があるにもかかわらず，職業に就けず，積極的に求職活動を行っている状態にあることをいう。
3) ドイツにおけるデュアルシステムの日本版であり，企業実習と教育機関による座学を組み合わせた，実践的な教育訓練プログラムを提供し，若年者を一人前の職業人として育成するものである。主に公共職業能力開発施設から専修学校等民間教育訓練機関へ委託して実施する短期の訓練（標準5ヵ月間）と，公共職業訓練の専門課程または普通課程を活用する長期の訓練（1～2年間）がある。
4) 高原正之「女性労働者の職種構成の変化が賃金格差に与えた影響」労働統計調査月報55巻5号（2003年）11頁。
5) 大曽根寛「小泉政権下における社会保険実態の変貌（下）」週刊社会保障2398号（2006年）46頁。
6) 「特別支給の老齢厚生年金」は，男性は2013年，女性は2018年から13年かけて段階的に廃止される。ほかに，在職しながら受給する在職老齢年金制度がある。
7) 2002年の厚生年金受給者の平均年金額は月額17.4万円となるため，実際の年金額が「モデル」の年金を下回ることを指摘する（たとえば，駒村康平「老齢基礎年金・老齢厚生年金の

給付水準」ジュリスト1282号〔2005年〕60－65頁)。国民年金も，マクロ経済スライド方式により，2023年にかけて引き下げられるため，年金が高齢者世帯の支出の一部をカバーできるにすぎなくなる（駒村・前掲論文66頁，小越洋之助「2004年・年金改革法をどう見るか」賃金と社会保障1372号〔2004年〕4－9頁)。

8) 厚生労働省「人口の変化等を踏まえた年金財政への影響（暫定試算)」(http://www.mhlw.go.jp/houdou/2007/02/dl/h0206-1a.pdf)。2055年の合計特殊出生率が1.26で，最近の好転した経済動向に基づく「基本ケース」の場合を想定している。
9) 久塚純一「年金保険制度改革をめぐる議論の構造」賃金と社会保障1373号（2004年）39頁以下。
10) 高山憲之「年金制度改革と財源措置」財経セミナー48巻17号（2003年）5－7頁。
11) 金子勝『粉飾国家』（講談社現代新書，2004年）154頁，神野直彦『二兎を得る経済学』（講談社，2001年）121頁以下，① 過去の年金債務を断ち切り，② 給付額の少ない自営業者，パート・派遣労働者などの被正規労働者も企業の正規従業員と同じ被用者保険に入り（これにより，企業が厚生年金保険料の負担を嫌って非正規従業員で雇おうとするのを防止でき），③ ミニマム年金は支払った税に応じて上昇させ，一般財源から所得税の累進課税部分からまかなわれ，その水準は生活水準と対応させるというものである。
12) 芝田英昭「ニュージーランド新年金制度『KiwiSaver』の導入が意味するもの」賃金と社会保障1453号（2007年）4頁。これらの動きとは別に，政府は，2006年4月，「被用者年金制度の一元化等を図るための厚生年金保険法等の一部を改正する法律案」を閣議決定し，公務員等の共済年金を厚生年金に一元化し，共済年金の職域部分は廃止し，「新3階年金」について2007年中に検討を行うとしている。
13) 社会保険庁『平成16年度公的年金加入状況等調査』。
14) 週刊国保実務2443号（2005年）15－17頁。
15) 厚生労働省保険局『平成14年度 国民健康保険実態調査報告』（2002年）33頁。
16) 保険の対象となる保険事故とは，被保険者の業務外の事由による疾病，負傷もしくは死亡または出産，その扶養者の疾病，負傷，死亡，または出産である。これにより，療養の給付のほか，入院時食事療養費，入院時生活療養費，保険外併用療養費，療養費，傷病手当金，移送費，埋葬料・埋葬費，出産育児一時金などが支給される。
17) ドイツでも，疾病金庫と呼ばれる保険者が保険料率を独立して定めているが，200以上ある疾病金庫の間で保険料率が異なっており，「疾病金庫間での競争」が1993年より認められている。保険料率があまりに異なるのを防止するために，リスク構造調整制度が新設されたが，「疾病金庫間での競争」により，社会全体として医療費用負担を抑える工夫が施された。その上，一定の限度を超えた治療費については，保険者である疾病金庫が治療費の支払を拒絶でき，裁判所はこの拒絶が適切かどうかを判断できる。二重の審査があるといえる。
18) 財政負担は，公費約5割（国：都道府県：市町村＝4：1：1)，0～74歳までの各保険機関からの後期高齢者支援金，高齢者の保険料1割からなる。
19) 都道府県ごとに設立された「後期高齢者医療広域連合」が，対象となる高齢者の総医療費

などを基に共通の方式で算定。高齢者の年金などから天引きで徴収する。
20) 2008年3月31日現在被用者保険の被扶養者である75歳以上の者に対しては，2008年4〜9月までの6ヵ月間は無料となり，2008年10月〜2009年3月までの6ヵ月間は，頭割保険料額（被保険者均等割）が9割軽減された額となる。
21) http://health.nikkei.co.jp/news/top/index.cfm?i=2007112608803h1
22) 国は，計画の進捗状況の評価（中間年：2010年），実績の評価（最終年の翌年：2013年）を実施し，実績評価の結果を踏まえた措置（1．国が都道府県に配慮して診療報酬を定めるように努める，2．国が都道府県と協議の上，地域の実情を踏まえつつ，都道府県の特例を設定できる）が講じることとした。これに対し，都道府県は，都道府県医療費適正化計画の作成を行い，在院日数の短縮について医療機能の分化・連携の促進，生活習慣病対策として，保険事業（検診・保健指導）の指導，市町村の啓発指導を行うこととされた。さらに，財政赤字に悩む市町村の財政の安定化を図るため，都道府県単位での保険財政共同安定化事業を実施する。
23) 近藤克則『健康格差社会』（医学書院，2005年）21頁，130頁以下。
24) 朝日新聞2006年11月07日。
25) 日野秀逸『医療構造改革と地域医療』（自治体研究社，2006年）52頁。
26) 籾井常喜「総論的検討――社会保障法の理念と制度体系」社会保障法12号（1997年）141－152頁。
27) 札幌高判平11・12・21判時1723号37頁（旭川市国民健康保険条例事件）。
28) アンダーセン「市民権の政治」山口二郎ほか編『ポスト福祉国家とソーシャル・ガヴァナンス』（ミネルヴァ書房，2005年）165－184頁。
29) ガルブレイス『ゆたかな社会〔決定版〕』（岩波書店，2006年）385頁。
30) 高橋賢司「甦る解雇の自由（4）」立正法学40巻2号（2007年）155－164頁。
31) ガルブレイス・前注29）379頁。
32) グリン『奔走する資本主義』（ダイアモンド社，2007年）204頁。

【Ⅰ：原　俊之／Ⅱ・Ⅲ：高橋　賢司】

第5章 高齢期と社会福祉法制

Introduction

高齢期の生活とフクシ

　近所の高架下に住むホームレスの男性と出会い，その後差し入れをしながらよく話すようになった。70歳だという彼の仕事はダンボール回収，リヤカーに身の回りの品を乗せて愛犬とともに暮らしている。もう1匹の白い犬は？と尋ねると「あいつは死んでしまいよった，だんだん歩けなくなってなぁ。」僕が弔意を伝えると彼は続けた。

　「こいつ（もう1匹の犬）は拾ったんや，こいつがおるからあと10年は頑張らなあかんと思ってるねん，いずれフクシの世話にならな，あかんやろけどな。」

　そういえば近所には，町会の運営で僕がお世話になっている男性，このホームレス男性に差し入れをする女性，いつも野良猫に餌をあげている一人暮らしの女性，と，結構高齢者が多いことに気付かされる。

　経済的に豊か，健康で社会参加できる団塊世代が65歳を迎え，老年人口が増加する。でもどの高齢者も，何か・誰かとつながりながら居場所をもっているように思える。でもホームレスの男性がいうフクシとは何だろう？　老人ホームや生活保護のようにも思えるが，彼は社会福祉をどう思っているのだろうか。

　本章では，まず高齢期にかかわる法律たちがどのように高齢者の生活と関連しているか，それらの課題は何か，高齢者の福祉とはどういうことか考えたいと思う。なお，各法律は高齢者とのかかわりに絞って言及することを断っておく。

I　幸福な老いを求めて

1　老いは悲劇なのか？

老いを生きるときに現れてくる経済的格差。

　仮に高齢者自身が現役世代並に生活しようとするとしても，男性なら実際の

雇用では仕事がみつからない場合のほうが多く，もし雇用があってもフリーターの若者たちのほうが優遇されてしまう。一方，夫に先立たれた女性は，ささやかな年金給付と貯えに頼らざるをえない。だが，そんななかでも医療や介護を利用するには社会保険料や自己負担が必要だ。日々をまかなっていくには，寄る年波にあわせて，日々の生活を切り詰めるほかない。

　高齢者は豊かだと平成12年版厚生労働白書は記した。平均をみる限り，確かに他の年齢層より所得もある。年金制度や医療も介護の制度も，相談窓口だってあちこちに増えた。しかし，平均を引き上げている高所得の高齢者と比べて，イントロダクションに紹介したような高齢者の方が多いという現実は，多くの人が予感しはじめている……。豊かな老いなどありうるのだろうか，と。

　老いを迎え，徐々に現れてくる「現役時代」の経済的格差を実感していくとき，高齢期を対象にする法律はどんなふうに日常生活とつながっているのだろう。それは，高齢者の福祉（well-being）の実現にどうかかわるのだろうか。

2　高齢期にかかわる社会保障の法制度と支え方・担い方

　高齢期が人生上のリスクであり，貧困に陥りやすいとはじめて指摘したのはラウントリー（Rowntree, B. S.）だった。120年前，ロンドンのスラム街における社会調査を通し，19世紀英国の貧困が個人の努力不足ではなく，資本主義による経済的自由の負の側面によるものであることを明らかにし，救貧制度の社会的な義務を訴えたのだった。

　それから築き上げられてきた社会保障制度は，各国でも同様の「貧困の社会的関係」が見出されて整備が進められてきた。このなかでつねに論議されてきたのは制度のあり方だった。1943年に英国でヴェバリッジ報告が青写真を示した福祉国家では，慈善（charity）で一方的に施しを受けるのでなく，個人の尊厳と自助努力を保ちつつ，社会の相互扶助として成り立つ仕組みとして採用されたのは，保険料を拠出しあう社会保険と，誰もが働いて納税することを前提に，租税による公的扶助が補完する仕組みだった。

　老人福祉制度は，老人一般への施策と社会的援護の必要性を根拠に，国・地

方自治体が実施する「福祉サービスの提供」から構成される。これを租税方式で運営することは，一見等閑視されている。しかしいま一度確認すると，高齢期が何らかの援護を要する人生の時期であり，かつ行政による義務救助主義での援護という合意が成り立っているからこそ，租税により運営されるのである。そして，社会的な援護を要する理由や原因はさまざまであり，その時々，それぞれの必要性に応じた特別立法が補完している。

以下，高齢期にかかわる法律を領域ごとに概観しながら，高齢期にかかわる社会保障法・社会福祉の法制度の必要性と課題を確認してゆきたい。

II 高齢期にかかわる法律たち

1 高齢社会対策基本法

人口高齢化に向けた政策方針として1987年に「長寿社会対策大綱」が閣議決定された。このなかで，高齢化に伴い社会保障の必要性が高まるなか高齢者が主体的・積極的に生活できる長寿社会にふさわしい制度構築が必要であると指摘し，「人生50年」時代から「人生80年」時代にふさわしい経済社会システムへの転換を基本方針とした。また，① 雇用・所得保障システム，② 健康・福祉システム，③ 学習・参加システム，④ 住宅・生活環境システムの4本の柱に即して政策の方向を示した。1995（平成7）年に**高齢社会対策基本法**が制定，高齢社会政策の方針として上記の大綱は高齢社会対策大綱に改められた。基本的な政策分野として，① 就業・所得，② 健康・福祉，③ 学習・社会参加，④ 生活環境および⑤ 調査研究をおき，各政策の調整を行い総合的な高齢社会対策を進めることとされている。また高齢社会白書が年次刊行物として公表されている。

高齢社会対策大綱は，2001（平成13）年の改正で，団塊の世代の高齢化を控えた高齢者像の見直しや男女共同参画・予防や準備の重視などを盛り込んだ。また2003（平成15）年制定の少子化社会対策基本法に基づいて2004（平成16）年に少子化社会対策大綱が閣議決定され，高齢者対策とあわせ少子高齢化社会に向けた政府の方針が打ち出されている。

2 所得保障法

　所得保障法は，国民年金法・厚生年金保険法・確定拠出年金法（企業年金），職域による各種共済保険法など，年金制度を構成する諸法律である。年金制度は，成人の加入者（被保険者）と雇用主が年金保険料を積み立て，世帯主の疾病や障害・死亡による遺族・老齢に対する所得保障を行う仕組みである。これは，高齢期が現役時代と異なり定年などで稼働所得を得にくいため，一定程度の所得を保障することを目的としており，成人期から年金を積み立て，企業など雇用主も拠出することによって高齢期の所得保障を行う仕組みとして始まった。また，国や地方自治体による拠出により運営の安定を図る社会保険となっている。1961年以来国民年金への加入が義務付けられた。

　このほか，社会的経済的な原因や自然災害で最低限度の生活が営めない状態の場合は，公的扶助法である生活保護法などで対応する（後述）。

　高齢者の所得保障である年金制度は制度改定が繰り返され，1973年改定で年金制度の官民格差や給付水準の保障を図るよう物価スライド方式が導入（1995年の改定で可処分所得スライド方式へ変更）され，当初の積立方式から賦課方式へ大幅な転換が行われた。1985年の改定により，現在は基礎年金と報酬比例年金からなる2段構造に整理できる。基礎年金部分が国民年金にあたり，その他の年金制度では現役時代の報酬分を上乗せする形で報酬比例年金部分を構成している。これによって，現役並の所得水準に近い形での所得保障を行う仕組みとなっている。国民年金では被保険者が任意に報酬比例部分にあたる国民年金基金へ加入することとなった。さらに1990年改定で厚生年金保険の給付開始年齢が60歳から65歳に引き上げられることとなった。

　給付額は2000年に可処分所得スライド方式をやめて物価スライド方式を採用し，給付水準の維持が図られた。2007年度の標準的な年金給付額は，国民年金の老齢基礎年金では年額79万2100円・月額6万6008円，厚生年金の標準世帯（夫婦）では年額279万1100円・月額23万2592円である。また給付水準を維持し，かつ年金保険料の上昇を抑制するため，現状では，老後に備えた積立を行うのではなく，現役世代による積立でまかなうという世代間扶養の仕組みとなっている。

しかし基礎年金部分は，多くの指摘があるように生活保護制度による最低限度の生活水準に足る支給額ではない。生活保護制度における最低生活の保障水準を下回るということは，年金制度による所得保障が不完全であることを意味して，制度の目的自体を果たしていない。これは，近年経済情勢の悪化に伴って，生活保護受給世帯が増加するなかで関心を集めるようになったが，制度への信頼性を低めることになりかねない。さらに介護保険制度施行後は，介護保険料を年金から天引きするようになった。この結果，事実上給付水準が切り下げられた。社会保険制度の持続性を担保するための保険者機能の強化として2008年度に施行された**後期高齢者医療制度**でも高齢者個別に保険料の徴収されることとなった。これによって，さらなる年金給付水準の低下をもたらすとすれば，所得保障として機能しなくなるおそれがある。

また，年金制度における遺族年金は，多くの場合，夫の死後女性が受給しているものの，標準の給付水準を下回っている。この所得保障における男女間の格差は，介護や医療などサービス利用の抑制や最低限度の生活費をいっそう切り詰めさせることにつながっていると指摘する研究者もいる。

今日，年金制度は，①制度の空洞化，②制度水準，③男女間の格差，などの課題に直面し，高齢期の生活保障は大きな岐路に立っているといえる。

3 雇用保障法（高齢者雇用安定法）

加齢による就業契約の終了の社会的慣行として定年制度が定着して久しい。しかし，定年後であれ，高齢期になっても職業生活をさまざまな事情で継続したいと考える高齢者は確実に増加してきた。1971（昭和46）年に制定された**高年齢者雇用安定法**は，高齢期の雇用対策法として立法化されたものである。具体的には，同法に基づいて設置されたシルバー人材センターによる雇用の斡旋や就労支援・職業能力訓練などが行われている。しかし同法が，企業・労働組合などと厚生年金の給付開始年齢や保障水準の調整弁とされてきたことは否めない。

経済情勢の悪化や雇用の不安定化・年金制度の諸問題に伴って，高齢者の経済的自立という社会保障の目的が維持できなくなりつつある。高齢者の雇用

は，技術職においては技術継承という目的かつ経済界の要請で継続雇用が行われている。しかし多くの業種や高齢者は，経済的理由による就労が多いにもかかわらず，雇用の多くが不安定な雇用形態で低所得にある。何より雇用政策の関心が若年層への就労支援に集まっているなか，高齢者の雇用保障と経済生活保障は，労働力不足など経済政策の課題に大きな影響を及ぼしている。

4　医療保障法

(1)　概要と課題

　医療保障法は，健康保険法・厚生年金保険法・国民健康保険法など社会保険を規定する法律によって，傷病や障害に対する保健・医療制度が経済的事情に左右されないよう，安定的に提供できる仕組みをいう。各法は，職域ごとに整備されてきた経緯があり，サラリーマンを対象とした厚生年金保険法では事業主の拠出があるが，自営業・農林漁業従事者などを対象とした国民健康保険では，被保険者の保険料に依存している。なお，いずれも制度趣旨を踏まえた社会保険として，国・都道府県・市町村による租税負担がなされている。

　高齢期については，**老人保健法**に基づく医療・保健事業と，介護保険法に基づく介護サービスが整備されていた（後述）。医療保障法も年金制度同様，制度改定が度重ねられてきた。医療については，各医療保険制度が社会保険料負担の漸増と患者負担の引き上げが続けられた結果，保険料を支払えない者が増加し，国民皆保険の仕組みも空洞化が進んできた。とくに国民健康保険は，農林漁業・自営業者などを対象とした制度であったが，戦後の産業構造の変化に伴って就業人口が減少・高齢化しており，かつ，これを運営する市町村で人口減少が進んでいるため，地方自治体に深刻な財政負担をもたらしている。このため健康保険証の切り替えが毎年行われ，保険料未納者に対しては資格証明書の発行，1・3ヵ月など短期限定の保険証が発行されている。これら安定的な医療保障が危ぶまれる状況は，国民の権利上大きな課題といわねばならない。

(2)　高齢者医療と今後の課題

　加齢に伴う健康状況の変化は，成人期からの生活習慣病対策など保健事業

と，高齢期における所得現象など経済事情を考慮した医療事業の整備が求められる。高齢者の医療・保健については，1970年代まで経済的に健康保険加入や医療保険自己負担が難しかった高齢者への医療費補助を老人福祉法（後述）で行い，老人医療の無料化にまで至った。しかし，医療保険の給付の増加に伴って1983年老人保健法が制定された。これにより，中高年期からの健康診断や生活習慣病予防対策などを行う保健事業と，医療費を各医療保険制度の高齢者数ごとに按分させた老人医療制度が創設された。

　老人保健法は改正が重ねられ，1986年改正では被保険者の自己負担と若年者の多く加入する各保険者の負担按分が引き上げられた。また，社会的入院を減らし在宅復帰を目指すための中間施設として老人保健施設が1988年に創設された。1991年には老人訪問看護事業が創設されるなど在宅医療の制度整備が図られた。老人保健施設は，2000年の介護保険法施行に伴って介護保険施設に位置付け直された。老人保健法は，1989年高齢者保健福祉推進10ヵ年戦略（ゴールドプラン）の策定以後，老人福祉法と一体的に運営されるようになった。その後各市町村で老人保健福祉計画が策定，5年ごとに高齢者保健医療福祉について見直しが進められるようになった。また，介護保険法制定に伴い策定が義務付けられた市町村介護保険事業計画と一体的に運営・検討されることとなった。

　介護保険制度施行後も，社会的入院は減少せず，人口高齢化に伴う保険運営の財政悪化を理由に，保険料値上げ・自己負担率の引き上げが漸次繰り返されてきた。また，国は介護保険対象の療養型病床を廃止する方針を打ち出しており，関連して，2006（平成18）年医療法の改正により24時間体制で往診・訪問看護を行う在宅療養支援診療所が創設された。これは長期入院を抑制することを目的に，自宅での終末期ケア・慢性疾患の療養を支援することが期待された。しかし，開設基準が厳しく，また実際の設置数も都市部に偏っている。さらに2006（平成18）年，高齢者の医療の確保に関する法律へ改正，後期高齢者医療制度が創設された。これにより新たな保険料負担と自己負担が高齢者に求められている。

　高齢者の医療保障を確保するための制度が，その持続性を重視するため逆に

自己目的化している。安定した医療を受ける権利が問われているといってよい。

5 老人福祉法・介護保障法

(1) 介護保険法

(a) 概　要　加齢に伴い要介護状態に陥る可能性が高まることから，介護サービスを安定的に提供するための法制度として介護保険法が1997（平成9）年制定，2000（平成12）年に施行された。それ以前から家族による家庭内介護が生活困窮の原因と考えられてきたため，古くは1950（昭和25）年に生活保護法が，1963（昭和38）年に**老人福祉法**が制定されて以後は，制度的に福祉の措置として対応してきた。介護保険施行後は，65歳以上の第1号被保険者および40歳以上の第2号被保険者の保険料と国・地方自治体の拠出金によって運営され，認定により要介護度に応じた介護サービスもしくは介護予防サービスが設けられた。

　介護保険制度に代表される介護保障法は，介護保険法，障害者自立支援法など介護・生活支援サービスを安定的に提供する仕組み，老人福祉法に基づく福祉医療事業および身体障害者福祉法・知的障害者福祉法・精神保健福祉法などに基づく福祉事業として規定される介護・生活支援サービスから構成されている。

　このうち介護保険法は，被保険者の要介護度に応じた在宅・施設介護サービスの現物給付により，要介護状態であっても自立した生活を営めるようにすることを目的としている。要介護認定による判定結果を踏まえ，介護支援専門員がサービス計画（ケアプラン）を立案，サービスを提供する事業者と契約に基づいて介護サービスを利用するという仕組みである。

　介護保険法も国民健康保険と同様，市町村が保険者として運営している。なお保険料は，市町村＝保険者機能の強化のため市町村ごとに設定，基本的な保険事業以外に独自の保険サービスの設定・サービス提供事業者の確保も市町村に委ねられている。制度の発足当初から保険給付が漸増し，医療保険制度と同様保険料負担が進んできた。また，サービス提供事業者を確保するため，従来の医療・社会福祉等公益法人に加え，NPO法人や営利企業などの参入が促進さ

れ，介護サービス市場と介護労働者の大量雇用が創出された。

　さらに介護保険制度では過剰給付抑制のため，被保険者の「要介護度」に応じた利用限度が設定されている。2005年の法改定により，将来介護が必要な状況に陥る状態である「要支援」に認定された利用者へは，予防給付および介護予防が老人保健・福祉法制と組み合わせる形で進められることになった。この結果，予防給付に変更された要介護高齢者は，地域包括支援センターによる介護予防ケアマネジメントのもと，要支援サービス給付となり定額払いとなった。これはサービス利用が実質的に抑制され，家事の援助を受けていた利用者の生活を圧迫することになっている。

　(b) 課　題　　介護保険制度の課題として，① 国民健康保険同様に保険料徴収の悪化など保険運営の悪化，② 介護サービス事業者の確保において，採算の得がたい地方での確保の困難化，③ 事業者による不正な介護報酬請求，④ 雇用条件が改善されずサービスに従事する介護労働者の確保が困難化，などがある。

　このうち①は，現在40歳以上の被保険者の範囲に対する国の見直しが進んでいるが，全国における保険料の格差は制度発足以後拡大する傾向にある。また②は，事業者の参入は介護労働者の確保が容易で採算がとりやすい都市部に偏在し，地方の多くが社会福祉協議会や既存の社会福祉法人に依存してきた。③は全国で生じており，在宅介護サービスを提供してきたコムスンが介護報酬の不正請求など経営上の問題を起こし，2007年同社の事業者指定取消しに至った。介護保険の運営適正化として国による給付抑制の原因の1つとなっている。

　④については，介護保険制度の発足した当初，経済情勢が悪化したなかで多くの介護労働者を確保できた。しかし，その後企業の業績改善と雇用市場が好転する一方で介護労働者の雇用条件が改善されておらず，慢性的な人手不足を生じさせ，派遣労働・パートタイム雇用などに依存することとなっている。この結果，(i)東南アジアとの経済連携協定（EPA）による海外の介護労働者の参入，(ii)介護サービスの質の劣化と施設内虐待などへ結び付いている（高齢者虐待防止・養護者保護法については後述）。労働集約的な介護サービスでは，制度の継続性・持続可能性（サスティナビリティ）だけでなく，サービスの質を確保するこ

とが大きな課題といえる。

 (2) 老人福祉法

 (a) 位置づけ　老人福祉法は，家族親族による扶養の困難や高齢期の生活不安定化という背景から「老齢に伴う社会的弱者」に対する施策と福祉の増進を目的に制定された。その後，65歳以上の高齢者の社会参加に向けた諸事業，生活保護制度から移管して生活困窮の要援護高齢者を保護してきた。同法では1980年代初頭まで医療制度を補完するため，老人医療費の補足的給付を行ってきた。さらに2000年の介護保険制度発足まで，要介護状態に伴う生活困窮に対処するため在宅福祉サービス・特別養護老人ホームの創設など社会保障制度を補完する役割を果たしてきた。現在は高齢者一般への施策と，社会的な援護を行うための施策・事業が規定されている。この老人福祉法による高齢者福祉の増進は，高齢社会対策基本法に基づく国の高齢社会対策の一部を担っている。

 (b) 現状と課題　現在の制度は，① 在宅福祉サービスと高齢者総合相談センター（シルバー110番）などによる地域向けの相談と支援体制，② 老人福祉施設の整備と運営，③ 認知症高齢者支援対策，④ 高齢者虐待防止の推進，を中心として，保健・医療や介護サービスと一体的なかかわりのなかで運営されている。しかし，老人福祉関連の予算は，基準・ニーズの判定の厳密化により要援護の高齢者に限定されつつある。たとえば高齢者虐待防止法に基づく被虐待高齢者の保護など，福祉の措置として特別養護老人ホーム・養護老人ホームへの入所が行われる。また虚弱高齢者に対する施策・措置は，彼らを「特定高齢者」として位置付け，基本的に介護予防事業として運営されるようになった。

 社会的な援護を必要とする高齢者がこのように法制度によって分類されることにより，老人福祉法が行ってきた社会的援護の意味が曖昧化している。

6　住宅保障法

 住宅保障法は研究者・実務家により，人間生活の基盤である居住を権利として保障されるべきであると主張されている法体系である。国・地方自治体は，公営住宅法・日本住宅公団法などにより公的な住宅政策を進めてきたが，国民・

住民の居住の権利性を認めるには至っていない。なお緊急事態である自然災害について，災害救助法による避難施設・災害救助法に基づく仮設住宅の提供が定められている。また高齢期については，非持ち家層を対象として2001(平成13)年に制定された**高齢者の居住の安定確保に関する法律(高齢者居住法)**がある。同法により都道府県・政令指定都市による保証人や家賃保証，高齢者向け住宅建設への助成，入居可能な住宅情報の登録と斡旋等からなる居住確保の施策が整備されている。また，居住を補完する老人福祉事業として，独居高齢者の見守りを目的にした生活援助員（LSA）を組み合わせたシルバーハウジング等があり，また介護保険法の介護給付として住宅改修の制度がある。

今日，住宅保障については，① 居住者の高齢化に伴う居住環境の問題，② 住宅の老朽化に伴う高齢期居住者への経済的問題，が指摘される。たとえば公営住宅を例にとると，所得水準による低額の家賃，また近年は障害者・高齢者向けにバリアフリー化を施したバリアフリー住宅が一部で設けられるようになったものの，1970年代までに建設された公営・公団住宅の老朽化が進み，なかにはエレベーターのない集合住宅の改修が課題となっている。

また，高度経済成長期に住み始めた入居者の高齢化も進み，公営住宅ではバリアフリー化された建物への住替えなどが進む一方，分譲型の公団住宅では改築や建替えの必要性があるにもかかわらず，経済的に入居者の負担が行えない等，居住環境が生活の障害となっているケースもある。一般分譲マンションにおいても，建物の老朽化に伴う修繕費負担がまかなえない高齢入居者の問題が表面化しつつある。②の問題は，一般の住宅や分譲マンションにおける老朽化と補修・修繕が経済的に難しいという形で高齢居住者の生活課題となりつつある。ことに，阪神・淡路大震災以後住宅の耐震補強が図られ，所得税の減免・自治体により木造の築30年以上等に限り費用の一部負担を行う施策が進められている。高齢者の居住状況に関する調査では，高齢世帯の多くの住宅が持ち家・借家でも木造で老朽化しているため，災害に備えた工事が必要なのである。しかし，鳥取県で被害の大きかった日本海西部地震（2003年），新潟県中越地震（2004年）や中越沖地震（2006年），能登半島地震（2007年）などで被災した住宅は半数以上で再

建する経済的ゆとりがないことが被災者の生活実態調査から明らかである。

さらに高齢者居住法では，都道府県・政令指定都市による民間借家物件への建設費助成や登録は進んでいるものの，居住支援を進める支援センターの整備は進んでいない。私有財産として扱われてきた住宅・居住は，度重なる災害によりその保障の社会的意義が高まってきた反面，高齢期には生活維持と居住環境の保全とのトレードオフにおかれているといえるだろう。

7 その他の法律

(1) 被災者生活再建支援法

阪神・淡路大震災を契機に，1997（平成9）年に**被災者生活再建支援法**が制定された。従来災害救助法による税金の減免，地方自治体ごとで被災者への見舞金制度はあったが，相次ぐ大規模な自然災害により多くの被災者は家屋や財産を失い，被災者は生活再建のための経済的負担も大きかった。同法は2007年の改正で，見舞金の名目であるが，生活再建のための給付額の引き上げと対象範囲の拡大が図られることとなった。しかし，被災した高齢者にとって，被害を受けた自宅の修理や建替えは経済的に難しい。ことにマンションなど区分所有の住居では，建替え決議がなされても自己負担ができず訴訟に至るケースもある。被災高齢者の生活保障については今後の課題が大きい。

(2) 高齢者，障害者等の移動等の円滑化の促進に関する法律

また，高齢者を含む移動に支障を来す人々として，障害者・妊産婦と幼児・外国人などを対象に道路や公共交通機関のバリアフリー化を促進することを目的とした**高齢者，障害者等の移動等の円滑化の促進に関する法律**がある。これは1994（平成6）年制定の「高齢者，身体障害者等が円滑に利用できる特定建築物の建築の促進に関する法律（ハートビル法）」と2000（平成12）年制定の「高齢者，身体障害者等の公共交通機関を利用した移動の円滑化の促進に関する法律（交通バリアフリー法）」を統合したもので，公共機関や道路・広場など公共空間・自動車交通など整備が一体的に進められることとなった。また，それぞれの領域でバリアフリー化に関するガイドラインの策定が進められている。

総務省による同法の行政評価・監視（2007年1月発表）によると，現在新たに整備された施設では進んでいるものの，都市整備が伴わないことが指摘されている。また市町村での条例化もばらつきが大きい。建物のバリアフリーについて住宅保障法でもふれたとおり，建物とくに居住環境のバリアフリー化は必須であるが，捗っていない。また新たに，色覚障害による標識のみえづらさなど，高齢者の生活や社会参加整備にかかわる課題も指摘されている。

(3)　高齢者虐待の防止，高齢者の養護者に対する支援等に関する法律

また近年，家庭内や病院・施設等での高齢者虐待や殺人が問題視され，2000年以降，権利擁護や社会福祉サービスの情報提供などだけでなく関係者による取り組みが行われ，2006（平成18）年に**高齢者虐待の防止，高齢者の養護者に対する支援等に関する法律**（高齢者虐待防止・養護者保護法）が制定，施行された。同法では大きく分けて，①養護介護施設従事者による虐待の防止，②介護家族など養護者による虐待の防止，③被害者の緊急保護などが取り組まれることとなった。同法では，老人福祉法や，2006年介護保険法の改正に伴い創設された地域包括支援センターにおける「地域支援事業」として，高齢者虐待への対応や相談も規定されている。その意味では，地域社会における在宅の虐待からの保護に焦点がおかれており，介護家族への援助・虐待に陥る前の予防的取り組み・施設内の不適切な介護や処遇（maltreatment）についてはまだ十分な取り組みが行われているとはいいがたい。

Ⅲ　応用への道標──高齢期と法律の新たな関係

1　高齢者の社会参加・生活にかかわる法的側面

以上にみてきた社会保障法制・社会福祉の法律たちは，高齢期の生活上の諸問題に対する私的な努力を補い，代替するという関係にある。個別に健康維持に努めても高齢者個人や家族・親族では入手しがたいような，医療・保健・介護サービスを社会的に安定して供給する目的がある。また，たとえば老人福祉法が親族扶養の減退を背景としたように，家族による家庭での扶養・看病・介

> ◆判　例◆　加藤訴訟——秋田地判平5・4・23（判時1459号48頁）
>
> 　本訴訟は，生活保護費を切り詰めて将来の付添療養費や介護費用を貯蓄したことを，福祉事務所が厚生労働省令に基づいて弔意目的以外の預貯金とみなし収入認定して生活保護費を減額した。この処分の取消しと違法が判示された裁判である。この判例を基本的な生存権の保障という規範的な意味合いでなく，自助と公助の関係から見直すとき，今日進められている年金制度の論議や障害者自立支援制度など社会福祉制度の方向性を批判的にとらえることができる。
>
> 　全額国庫による運営である生活保護で生活するなかで，高齢者自身が自らの人生設計を立てて預貯金を行うことについて，判決では，原告による貯蓄が保護の趣旨に反しないものであるのに，被保護者の自由を尊重してその生活に対する干渉を極力抑えねばならないという憲法上の要請に反する重大・明白な違法がある，としている。
>
> 　これは，いわば公助の仕組みを使った自立の技法ということができる。しかし，公助・互助の仕組みの維持を強調することが自助を制約するとすれば，社会保障が自由を制約するために機能し，制度がその維持を自己目的化していることになる。加藤訴訟が判示した自助努力と生活保障の関係は，諸制度の目指す高齢者の尊厳と人格の尊重そして自由と，ますます矛盾していることにならないであろうか。

護が困難で，生活の維持を脅かすおそれがある場合に，社会福祉制度によって家族扶養を社会的に代替するのである。いずれの制度も稀少財であるから，被保険者や納税者への公平性と必要性の証明が不可欠とされつつあり，かつ受益者が費用の一部を負担することで生活上の諸問題を解消・緩和している。

　これとは異なり，一般法である民法が人口高齢化に伴って，超高齢社会に対応するべく改定が進められ，**成年後見制度**が定められた。これは高齢期にある人々の社会参加のための基本的な権利や枠組みに関する法制度といえる。

　高齢期の生活にそれぞれの制度がかかわっているとしたら，それらの制度は同時に，社会的な必要性の承認と社会サービスの維持運営に対して，それぞれの所得に応じた負担（応益負担）が必須とされる。しかし，私たちが直接・間接を問わず制度の維持を負担し続けることは，あくまで高齢期を人間らしく生活できるような援助を行うための手段である。今日制度の持続可能性が強調さ

れ，制度の維持が自己目的化することは，高齢者の生活保障という目的からの逸脱であり，そのように機能してはならないだろう。

2 高齢者の生活保障に向けて

社会保障制度を通した高齢期の生活課題への対応は，今日各制度の持続可能性を理由とした費用負担によってトレードオフの関係におかれている。いいかえると，制度利用の前提として社会保険料・租税の負担，そして制度利用に伴う受益者負担が求められることで，消費生活における社会化された領域を大きく広げてしまう。高齢期ゆえに得られる自由は，経済的な格差によって大きな制約を受けることになる。孝橋正一は『老後・老人問題』（ミネルヴァ書房，1976年）で，現役時代の経済的困窮と老年期のそれとは連なっていると述べた。この底辺にある業績主義的な人生観は，今日諸法律が理念として掲げる高齢者の尊厳と人格の尊重とどのように折り合うのだろうか。

さらにその先へ ～権利性と制度の行方

これら理念を謳う諸法律が拠り所とする権利性のゆえに自由の制約を伴うということは，どう考えればよいのだろうか。これは社会保障カードのような管理を伴う形に収斂されるのか，それとも別の形がありうるかは，今後の課題であろう。しかしそれは先送りを意味せず，上の状況の当事者となるわれわれが主体的に向き合い，問い直すことを意味するだろう。

《参考文献》
* 藤村雅行 編著『福祉化と成熟社会』（ミネルヴァ書房，2006年）
  …… 少子高齢化など社会変動をふまえ，社会制度に注目した論集。福祉社会学からの視点に学ぶことが多い。
* 吉田敏浩『夫婦が死と向きあうとき』（文藝春秋，2002年〔文庫版，2005年〕）
  …… さまざまな夫婦の死をとりあげたルポルタージュ。現代日本の中で老いを迎える家族を考えてゆく示唆に富む。

【古川　隆司】

第6章 人の「死亡」と「福祉」

Introduction

「死亡」のあとの面倒な手続

　人の死は，その家族や親戚にとって悲しい出来事である。しかし，悲しんでばかりはいられない。残された人々には，「死亡」のあと埋葬を終えるまで，手間のかかる各種手続きが待っている。

　「死亡」後の一般的な手続きは，①死亡診断書の発行（依頼）→②死亡届の提出→③火葬許可証の申請・交付→④埋葬許可証の申請・交付→⑤埋葬・埋蔵・収蔵，という流れで行われる。これらはすべて法律に基づいており，一連の手続は，（原則として）この順序どおりでしか行えない。というのも，つぎの手続きへ進むためには，前の手続きを済ませなければならない仕組みになっているからである。①～④を逆にたどると，そのことがよくわかる。

　最終的な埋葬・埋蔵・収蔵をみると，納骨堂に焼骨を収蔵してもらう際には埋葬許可証または改葬許可証が必要になるし（「墓地，埋葬等に関する法律」），墓地への埋葬または焼骨を埋蔵するためには「埋葬許可証，改葬許可証又は火葬許可証」が必要となる。その「埋葬許可証，改葬許可証又は火葬許可証」は，埋葬許可，改葬許可，火葬許可が与えられた場合に交付されるもので，①埋葬許可と火葬許可については，死亡または死産の届出を受理した市町村長が行い，②改葬許可については，死体または焼骨の現存する地の市町村長が行う。

I 「死亡」と法の関係

　「死亡という出来事」は，「死亡していないこと」，つまり「生きているということ」との関係で存在している事柄である。では，この「死亡という出来事」は，法的にはどのように位置付けられるのであろうか。そして，とりわけ，「社

会保障」や「社会福祉」との関係では、どのように位置付けられているのだろうか。これが本章で取り扱う事柄である。

　まず、「死亡ということ」に対して「法」的側面から光をあてるとすれば、どのような像が浮かび上がってくるのだろうか。考えなければならないことは、大きく分けて2つある。1つは、「死亡とは何か」であり、もう1つは「死亡の結果、何が生じるか」である。「後者についての議論は複雑だが、前者については単純である」と考えるのは大きな間違いである。実は、前者のほうが複雑で、① 安楽死、② 尊厳死、③ 臓器移植などと密接に関係する「どのように生きるのか」をめぐり、根源的な議論がなされている。この点については、本章で扱うテーマとは若干離れるので、「Ⅲ　応用への道標」で少しふれるにとどめる。

　「死亡の結果生じること」の一般的な枠組みについてあらかじめ述べておくと、まず考えなければならないことは、①「死亡したこと」が、「社会的」に、そして「法的」にどのようなものとして位置付けられるのかということである。つぎに、②「死亡したこと」が、「その死亡した本人」が有していた権利や義務自体にどのような変化をもたらすことになっているのか。さらには、③「本人が死亡したこと」が、「残された人々」の権利や義務にどのような変化をもたらすことになっているのか。最後に、④「本人が死亡したこと」によって生じる、「残された人」のさまざまな手続き[1]について、考えてゆかなければならない。

1　「死亡」とは何か

　まず、法的にみた場合「死亡とはどのようなものか」ということについて考えてみよう。ここで念頭においてほしいのは、どのような場所で、またどんな原因によって死亡するにしても、まず何らかの基準によって、そして誰かによって「死亡したということ」が確認されなければならないということである。

　イントロダクションでも取り上げたように、人が「死亡」した後、埋葬等に至るまでには、法律に定められた各種手続を踏まなければならないのであるが、その出発点となる「死亡したこと」を決定付けるものが「**死亡診断書**」で

ある[2]。この死亡診断書は、死体検案書と同様に、死亡を証明する効力を有するものであり、診断した医師もしくは歯科医師のみが発行できるものである。なお、死体検案書については、医師のみが発行できることになっている。

しかし、場合によっては、医師などにより直接「死亡したこと」が確認されないことがある。たとえば、①不在である者の生死が長期間にわたっているような場合や、②多数の人が被災し死亡したような災害が発生し、それに遭遇した人が生きているかどうかわからない場合などである。これらは、民法に規定されている「**失踪**」(30条以下)[3]、「**同時死亡の推定**」(32条の2)[4]にあたる。

民法以外では、国民年金法18条の2に、①船舶の沈没・転覆など、②航空機の墜落などの場合における、死亡給付の支給に関する規定の適用について「死亡の推定」についての規定があるし、また、同法18条の3では、「失踪の宣告」[5]が規定されている。

2 死亡の結果生じること

つぎに、「死亡」したことの結果、法的にどのようなことが生じるかを考えてみよう。民法に自然人(→第1章参照)の死亡についての規定はないが、死亡による効果として民法882条は「相続は、死亡によって開始する」とし、896条は「相続人は相続開始の時から、被相続人の財産に属した一切の権利義務を承継する。但し、被相続人の一身に専属したものは、この限りでない」としている。民法では、死亡によって自然人の**権利能力**は消滅すると考えられている。

II 「死亡」と「社会保障関係制度」との関係

1 一般的考え方

まず一般的なことから述べておこう。生きていた人が有していた社会保障関係法上の地位は、原則として死亡とともに喪失してしまう。ただし、喪失の時期については、規定上は幅がある。健康保険法を例に挙げれば、「被保険者は、次の各号のいずれかに該当するに至った日の翌日……から、被保険者の資格を

喪失する」とし，被保険者としての資格を喪失する場合の1つとして「死亡したとき」が挙げられている（36条）。これに伴って，被保険者証などの資格を証明するものの返還や被保険者証に記載されていたことを変更しなければならない。

　社会的な給付を受ける権利は，生前その人が満たしていた支給要件との関係で存在していたものであることから，譲り渡すことができないものであり（一身専属性），死亡したことによって消滅する。国民年金法を例に挙げれば，24条の「給付を受ける権利は，譲り渡し，担保に供し，又は差し押さえることができない」という規定や，29条の「老齢基礎年金の受給権は，受給権者が死亡したときは，消滅する」という規定がこのことを示している。

　社会保険の制度では，「被保険者」について生じた「保険事故」に対して「保険給付」をすると考えることが一般的である。そのように考えるならば，「被保険者の死亡」と「受給権者の死亡」とを同じものとして扱ってもよさそうである。しかし，被保険者と受給権者は必ずしも同義ではなく，「被保険者」ではないが，「受給権者」であるということはありうることである。たとえば，「老齢基礎年金」にみられるように，制度によっては，かつて被保険者であった者（＝年金を受給している時点では被保険者でない者）が受給権者となることを想定しているものもあり，誤解を生じさせないためにも，①「死亡による被保険者としての資格の喪失」と，②「死亡による失権」とは別の次元の事柄として考えなければならない。

　受給権者の死亡によりその者が有していた受給権は消滅する（つまり相続されない）が，それによって，残された者が一定の要件を備えていれば，残された者に別の給付がなされることもある。たとえば，老齢基礎年金の受給権者が死亡したことによって，その人に関する老齢基礎年金の受給権は消滅するが，残された遺族について「遺族基礎年金の受給権」が発生する場合がある。

　また，たとえば，「埋葬料」の給付（健康保険法100条）のように被保険者が死亡した場合に，埋葬を行う者に対して支給される給付もある。

　さらに，「被保険者本人の死亡」と「被保険者の被扶養者の死亡」とは別の出来事であり，区別して考えなければならない。詳しくは後に述べる。

あらかじめ類型化されたものが給付事由や保険事故という形で制度化されているにしても，社会的給付の考え方の基礎となるのは，一定の類型の人々に対して社会的給付を行うことについての合意である。いいかえれば，そうした社会的給付を必要としていると考えられる人々が現に存在している場合に具体的な給付がなされることとなる。したがって，「死亡」という事由が生じたとしても，社会的な費用の支出をなすべきではないと考えられる場合もありうる[6]。

以上述べた一般的なことを踏まえ，(1) 医療保険関係法，(2) 年金（保険）関係法，(3) 介護保険法，(4) 社会福祉関係法，(5) 公的扶助関係法について，順次具体的にみていくことにしよう。

2　死亡と社会保険関係法

(1)　死亡と医療保険関係法

死亡という出来事は，医療保険関係制度についていえば，① **被保険者としての資格の喪失**，② **受給権の消滅**，③ **支給要件の発生**，と関係している。ここでは，国民健康保険法と健康保険法とに限定してみることにする。

(a)　国民健康保険法　　原則として，市町村または特別区（以下，市町村とする）の区域内に住所を有する者は，当該市町村の行う国民健康保険の被保険者となる（5・6条）が，被保険者は，「死亡」によって当該市町村内に住所を有しなくなることから，「死亡」の翌日から資格を喪失する（8条）。被保険者の属する世帯の世帯主は，その世帯に属する被保険者の「死亡」について当該市町村に届出をするなど一定の手続きをしなければならない（9条）。被保険者であった世帯主の「死亡」については，当該世帯の世帯主の変更などの手続きからなされることとなる[7]。

入院をしていた被保険者が死亡した場合，一部負担金などの債務が残っている場合もある。この場合には清算をすることとなる。しかし，償還払いがなされるような保険給付については，保険給付がなされないままで残されている場合もある。たとえば，支払った一部負担金の額が一定の額を超えている場合になされる「高額療養費の支給」，「高額介護合算療養費の支給」などがこれにあ

たる。これらの給付については，自動的になされるものではなく，原則として，死亡した者の相続人が手続きをしなければならない。

　国民健康保険は被保険者の死亡を保険事故の1つとしている。死亡に関しては，葬祭費の支給もしくは葬祭の給付がなされる。具体的なことは，市町村の国民健康保険においては当該国保の条例で定められ[8]，手続きや内容は一定のものではない。

　被保険者の出産については，出産育児一時金が支給される。これは，母体の保護を目的とする給付であることから，妊娠85日以上の出産であれば「死産」，「流産（人工流産を含む）」の場合も支給される。

　(b)　健康保険法　　健康保険に加入する被保険者は，「死亡」によって，その翌日から資格を喪失する（36条）。**被保険者資格喪失届**は管轄社会保険事務所になされることになっている。死亡した被保険者の世帯に属する者がすべて，死亡した被保険者の被扶養者であった場合は，被扶養者であった者は，結果として国保の被保険者となる（国民健康保険法5条）。

　被保険者の被扶養者の「死亡」についても，管轄社会保険事務所に届出をするなど一定の手続きをしなければならない。届出はしていないが事実上婚姻と同様の関係にある配偶者（内縁関係）が死亡した場合，その配偶者の死亡後の父母および子であって引き続きその被保険者と同一の世帯に属し，主としてその被保険者により生計を維持するものは被扶養者となる。これらについては，政府管掌の健康保険（2008年10月1日より「全国健康保険協会」）の場合と健康保険組合が管掌する場合とほぼ共通している。ただし，組合健康保険の場合，届出などの手続きの多くは所属している（所属していた）健康保険組合になされる。

　入院をしていた被保険者や被扶養者が死亡した場合，医療費の一部負担金などの債務が残っている場合もある。この場合には清算をすることとなる。償還払いがなされるような保険給付については，国民健康保険について述べたことと同様である。

　健康保険は，被保険者の死亡と，被扶養者の死亡を保険事故としている，被保険者の死亡に関しては，そのものにより生計を維持していた者であって，埋

葬を行うものに対し，**埋葬料**が支給される。その額は5万円である（健保法施行令35条）[9]。被扶養者の死亡については，被保険者に対して家族埋葬料として5万円が支給される。

被保険者の出産については出産育児一時金が，被扶養者の出産については，家族出産育児一時金が支給される。これらは，国保と同様に，妊娠85日以上の出産であれば，「死産」，「流産（人工流産を含む）」の場合にも支給される。

以上述べてきたことは法定給付についてであり，健康保険組合の給付については，組合の規約によって付加給付がなされる場合もある。

(2) 死亡と年金（保険）関係法

年金（保険）についていえば，死亡という出来事は，① 被保険者としての資格の喪失，② 受給権の消滅，③ 給付額の変動，④ 支給要件の発生，と関係している。ここでは国民年金法と厚生年金保険法に限定してみることにする。

(a) 国民年金法　国民年金法は，死亡の翌日に「被保険者の資格を喪失する」としている（9条）。また，死亡の推定（18条の2），失踪宣告の場合の取扱い（18条の3）についても規定している。

老齢基礎年金，障害基礎年金，遺族基礎年金，付加年金について，それぞれの受給権は死亡によって消滅する（29条など）。しかし，以下のような事情から未支給年金を発生させる場合もある。通常，金銭による所得の保障は日々給付されるものではなく，数ヵ月分をまとめて給付することになっている。国民年金は，年金の支給について「支給すべき事由の生じた日の属する月の翌月から始め，権利が消滅した日の属する月で終わる」とし，偶数月にそれぞれの前月までのものが支払われるとしている（18条1・3項）。このようなことから，死亡により年金受給権は消滅するが，**未支給年金**を発生させることになる場合がある。老齢基礎年金を受給していた場合，未支給の年金を誰が請求できる者なのかという問題はあるもののそれほど複雑ではない。しかし，遺族基礎年金を受給していた者の死亡の場合は，順位の問題など複雑なことを生じさせる（19条）。

死亡が，年金給付の額に影響を及ぼすこともある。たとえば，障害基礎年金の額は，一定の要件を満たした子を扶養していた場合に加算されることになっ

第6章 人の「死亡」と「福祉」

ているが、その子が死亡した場合は年金額は改定される（33条の2）。被保険者が死亡した後、妻に支給される遺族基礎年金の額についても同様である（39条)[10]。

死亡が保険給付に結び付いているのは、遺族基礎年金、寡婦年金、死亡一時金である。気を付けなくてはならないことは、「被保険者の死亡」、「被保険者であった者の死亡」、「受給権者の死亡」についてである。社会保険の制度は、一般に、「被保険者」について生じた「保険事故」に対して「保険給付」をなすものと考えられているが、実際の制度は単純ではない。具体的にみるなら、たとえば、国民年金の1号被保険者は「20歳以上60未満」とされており、結果として、老齢基礎年金の受給権を有しているほとんどの者が被保険者ではない。こうしたことが起きるのは、所得の保障を目的とする給付が、「ある出来事の発生によって、所得の保障を必要としている者を生じさせる」との考えを基礎にしているからである。そのことから、「被保険者の死亡」に限らず、「被保険者であった者の死亡」、「受給権者の死亡」について、それぞれを「要所得保障の者」が生じる出来事と考えることになる。

また、遺族年金については、誰が遺族にあたるのかという大きな問題があるが、これも「ある人の死亡」によって、「具体的に誰が要所得保障の状態となったか」ということと関係している[11]。

(b) 厚生年金保険法　厚生年金保険法においても、死亡という出来事は、① 被保険者としての資格の喪失、② 受給権の消滅、③ 給付額の変動、④ 支給要件の発生のそれぞれについて、国民年金法についてみたことと同様の構成となっている。

(3) 死亡と介護保険法

介護保険法についていえば、死亡という出来事は、① 被保険者としての資格の喪失、② 受給権の消滅、③ 要介護状態区分の変更の可能性、と関係している。

被保険者は死亡によって「市町村の区域内に住所を有しなくなった」ことになり、その翌日に資格を喪失することとなり、世帯主などの遺族は被保険者証を返還しなければならない（介護保険法11・12条）。保険給付を受けている者の受

給権は死亡によって消滅する。

　論点として挙げられるのは，居宅で介護をしていた家族の死亡が，要介護状態に影響を及ぼす出来事となるかについてである。ここには，①「要介護状態とは，本人の状態を表しているものだから，影響は及ぼさない」という考え方と，②「要介護状態とは，具体的な日常生活をベースとして考えられるものであるから，影響を及ぼす」という考え方がある。中心になって介護をしていた者の死亡は，残された要介護者の日常生活に具体的な影響を及ぼすものと考えられることから，要介護状態区分の変更の可能性があるものとして認定申請が許されるべきであろう。

　介護保険は死亡自体を保険事故としておらず，介護保険の被保険者の死亡が保険給付に直結することはない。

　ただし，複雑なことは介護保険法41条6項の適用がなされていない場合などに生じる。すなわち，保険給付が償還払いによってなされている場合は，残された遺族が41条1項の給付（＝償還）のための手続きをしなければならない。また，死亡後の高額介護サービス費の支給についても類似のことが生じる。

3　死亡と社会福祉関係法

　ここでは，身体障害者福祉法，児童福祉法など福祉各法と，生活保護法など公的扶助関係法に分けて考えてみよう。

(1)　死亡と社会福祉各法

　社会福祉関係法について死亡という出来事は，①資格の喪失，②受給権の消滅，③給付額の変動，④支給要件の発生，という点で関係している。ここでは，身体障害者福祉法と児童福祉法について簡単にみておこう。

　(a)　身体障害者福祉法　　ここで考えなければならないことは，「身体障害者本人の死亡」と「保護者などの死亡」についてである。

　身体障害者福祉法による「身体障害者（＝身体障害者手帳の交付を受けたもの）が死亡した場合」は，法の定めている身体障害者としての地位を喪失し，法によってなされていた措置についての関係は消滅する。また，親族などで身体障

害者手帳を所持していた者は，本人が死亡したときは手帳を都道府県知事に返還しなければならない（16条）。

　死亡が身体障害者福祉についての，措置や給付に関係することになる場合がある。それは，保護者の死亡の場合に典型的にみることができる。在宅で両親のもとで生活していた身体障害者本人の父親が死亡した場合は「母子福祉」に関する制度が関係する可能性が生じることとなるし，両親の死亡の場合は，施設入所の契約が関係してくることとなる。また，15歳に達する以前に手帳の交付を受けていた者の保護者が死亡した場合には，その手帳を新たな保護者に引き渡さなければならない。

　身体障害者の福祉について，医療費の補助など自治体による独自の給付やサービスがなされていた場合には，それらについても手続きをしなければならない。

　(b)　児童福祉法　　ここで考えなければならないことは，「児童本人の死亡」と「保護者などの死亡」についてである。

　児童福祉法による「児童」が死亡した場合は，法の定める「児童」としての地位を喪失することとなる。さらに，契約に基づいた関係は消滅する。

　死亡が児童福祉についての，措置や給付に関係することになる場合がある。それは，保護者の死亡の場合に典型的にみることができる。在宅で両親のもとで生活していた児童の父親が死亡した場合は「母子福祉」に関する制度が関係する可能性が生じることとなるし，両親の死亡の場合は，施設への通所や入所が関係してくることとなる。

　児童の福祉について，自治体による独自の給付やサービスを受けていた場合には，手続きに気を付けなければならない。

　(2)　死亡と公的扶助関係法

　社会保険関係法の場合と比較すると，公的扶助関係法では事情は少し複雑である。それは，社会保険関係法にみられる受給権が，① 要保障性のある状態としてあらかじめ類型化された保険事故と緊密な関係を有すること，②（多くの場合）義務として課されている保険料の負担との関係で理解される側面がある，

ということになる。

　これに対して，公的扶助関係法における受給権が，① 現存する個別化した必要性を前提とすることから，あらかじめの類型化になじみにくいこと，② 本人の果たした義務との対価関係で給付するという理屈になじまないこと，というようなことと関係している。したがって，「公的扶助関係法」において「死亡」は，要保護性自体を新たに判定すべき事例の出現として考えられることが多い（扶養義務者の死亡など）[12]。とはいえ，両者はともに社会的給付であり，その点からの共通点も有している。たとえば，譲渡の禁止（生活保護法59条）についての考え方や，第三者の行為による事由の発生と損害賠償請求権との関係などがそれである。

　被保護世帯の世帯員の死亡は世帯構成員の異動をもたらし，その結果，多くの場合，その世帯についての最低生活基準の変動をもたらすこととなる。

　8種類の扶助（→第9章参照）のうち，死亡と直接関係するものは「**葬祭扶助**」である。生活保護法は「葬祭扶助は，困窮のため最低限度の生活を維持することができない者に対して」一定の範囲内で行われるとしている（18条1項）。そして，同時に「被保護者が死亡した場合において，その者の葬祭を行う扶養義務者がないとき」などに，「葬祭を行う者があるときは，その者に対して」一定の範囲内で「葬祭扶助を行うことができる」ともしている（同条2項）。

　このようにみてくると，「人の死亡」や「その後になされる葬祭というもの」が，「ある特定の個人と結び付いた事柄という側面」と，「誰かが，とにかく対応しなければならない事柄としての側面」をもっていることが理解できよう。これを社会的給付との関係でみるならば，前者については要扶助の出来事として位置付けたり，出費を補填する給付として位置付けたりすることができる。

　しかし，後者については事情が少し異なる。身寄りのない被保護者が死亡し，遺留した金品で葬祭を行うこともできず，隣に住んでいた大金持ちが葬祭を行った場合の「葬祭扶助」を，法的にどのように位置付けるのであろうか。このことを死亡した本人の保護受給権や生存権で説明することは困難である。そこには，死者（死亡）が有する公共的意味や死者を含めた社会連帯という考え

方があるのである。

　今述べたことが典型的にみられるのは,「行旅病人死亡人取扱法」(こうりょびょうにんしぼうにんとりあつかいほう)の存在である。行旅病人死亡人取扱法は,「行旅中死亡シ引取者ナキ者」(行旅死亡人)について,「行旅死亡人アルトキハ其ノ所在地市町村ハ其ノ状況相貌遺留物件其ノ他本人ノ認識ニ必要ナル事項ヲ記録シタル後其ノ死体ノ埋葬又ハ火葬ヲ為スヘシ」(7条)としている。11条以下にある「費用」についての規定は,「死亡」という出来事を,「本人や相続人の出来事」であると同時に,「とにかく,誰かが対応しなければならない出来事」としている典型例である。

Ⅲ　応用への道標——派生する現代的課題

1　臓器の移植

　福祉とは少し離れることになるが,臓器の移植も死亡に関して大きなテーマとなる。報道などで取り上げられることは,① 移植を希望する人々が数多く存在しているにもかかわらず,ドナーが限られていること,② 移植に高額な費用がかかること,などである。しかし,それ以上に根幹にかかわる課題が横たわっている。たとえば,突然の事故に巻き込まれた人がいたとして,「本人の意思が確認できないような場合」,その人の臓器を移植に使用できるかというようなことである。考え方は大きく分けて2とおりある。1つは,「本人の意思が確認できないとしても,家族や専門家などの意見を基にして,可能とする」というものであり,もう1つは「あくまで,本人の意思を必要とする」というものである。その2つの考え方のほかに,さまざまなバリエーションがある。

　同様の議論は,先端医療や終末期医療と関係する「リビングウィル」についても生じる。このことは,「どのように生きるか」ということと「どのように死ぬか」ということとがセットになっていることを意味している。

　ここにあるのは,「よりよい判断をできるものが,本人以外に存在する」対「自己決定権の尊重」という構造である。

2　孤独死

いわゆる孤独死の問題も深刻である。核家族化がさらに進み，高齢者世帯が増え，そのなかでも，独居の高齢者が増えてくると，孤独死が社会的な問題としてクローズアップされることになる。比率でいえば，「病院」，「施設」で死亡する人の割合が高くなっていることは事実である。ただ，社会保障の費用の問題を背景に，制度は「入院」や「入所」を避け，できる限り居宅での生活を求めるような制度化が進行していることも否定できない。高齢者としては，負担増となっている制度的変容を目のあたりにして，限られた額の年金での「入院」や「入所」を回避しようとするかもしれない。

かといって，地域の力に期待もできない（期待したいところだが）。なぜなら，日本全体が，「自分たちのことにしか関心がない」，「なぜ，私の家族でない人に気を配らなければならないの？」という意識になっているからである。①「輸血用の血液不足」，②「ドナー不足」，③「出した分だけ，年金をもらえるのかというような損得勘定論」はこれを端的に表している。ここまでくると，「生」や「死」についての意識の共有は困難であり，生半可な地域福祉では対応できるものではなくなっている。

3　お　墓

死亡から埋葬までのことについては前に述べた。基本となっていることは，自分勝手に埋葬などを行えないということである。この本の読者にとっては，まだまだ遠い先のことかもしれないが，父母，祖父母のことなどで，意外と無縁なことではないかもしれない。まだまだ数は少ないが，葬祭について相談にのってくれるNPOも存在している。

4　各種の手続きの煩雑さ

死亡という出来事の後には，手間のかかる各種の手続きをしなければならない。一般的には，役所などに行けば，相談に応じてくれるが1ヵ所で済むことはまずない。死亡した人が100人いるとすれば，100とおりの手続きがあると

第6章 人の「死亡」と「福祉」

いっても言いすぎではない。勝手に一人合点することは危険であるから、公的機関で相談することは不可欠である。手続きを怠って、老齢年金の振込みを継続し、受領しつづけた場合などは、気を付けないと「詐取」したとされることさえありうる。

さらにその先へ ～「死亡」と公共性・社会連帯

　人の「死亡」と「福祉」について考えてきた。そこで少し面白いものがみえてきた。それは、「主体が死亡した場合にも制度的に給付される」ことがあるということである。そのことに整合性をもたせようとするなら、そのような制度について、「それは、例外的な給付だ」とするか、あるいは、「今までの説明ではない説明方法ととるか」である。

　はたして、生きているときの契約と考えるべきであろうか。生きているときの権利と考えるべきであろうか。はたまた、「実際に社会的に対応しなければならないことが生じ」、「それへの対応のために公金を支出すること」、すなわち、死をめぐる社会連帯や公共性の問題となるのであろうか。

《参考文献》
* 宇津木伸＝町野朔＝平林勝政＝甲斐克則 編『医事法判例百選』（有斐閣, 2006年）
　……医療に限定せず, 幅広く人の生と死についての裁判事例について考えることが可能な一冊です。
* フィリップ・アリエス 著, 伊藤晃＝成瀬駒男 訳『死と歴史――西欧中世から現代へ――』（みすず書房, 1983年）
　……人間の禁忌のテーマ"死"について, 12世紀以降の変容と不変を考察する名著。
* 比較家族史学会監修, 太田素子＝森謙二 編『＜いのち＞と家族――生殖技術と家族Ⅰ――』（早稲田大学出版部, 2006年）
　……「いのち」が歴史のなかで継承されたありようについて, 中絶, 優生思想等多角的に論じる一冊。

《注》
1)「死亡」の結果, 権利義務の主体でなくなるということを考えると, すべての法律が「死亡」と関係しているということもできる。そうすると際限がなくなるので, ここでは, 社会保障関係の法律以外で,「死亡」と関係する法律の主だったものを掲げておこう。

「墓地，埋葬等に関する法律」、「医学及び歯学の教育のための献体に関する法律」、「犯罪被害者等給付金の支給等に関する法律」、「公害健康被害の補償等に関する法律」、「死体解剖保存法」、「死産の届出に関する規程」（昭21厚令42号）。

2) 「死亡又は死産の届出」の際は，死亡の年月日時分および場所などの事項の記載をすることになっており，死亡診断書（または死体検案書）の添付をしなければならない（戸籍法）。

3) 民法30条は，不在者の生死が7年間明らかでないときは，家庭裁判所は，利害関係人の請求により，失踪の宣告をすることができる，としている。

4) 民法32条の2は，数人の者が死亡した場合において，そのうちの1人が他の者の死亡後になお生存していたことが明らかでないときは，これらの者は，同時に死亡したものと推定する，としている。

5) 国民年金法18条の3「失踪の宣告を受けたことにより死亡したとみなされた者に係る死亡を支給事由とする給付の支給に関する規定の適用について……『死亡日』とあるのは『行方不明となつた日』とし，『死亡の当時』とあるのは『行方不明となつた当時』とする。ただし，受給権者又は給付の支給の要件となり，若しくはその額の加算の対象となる者の身分関係，年齢及び障害の状態に係るこれらの規定の適用については，この限りでない。」

6) たとえば，保険給付の制限の規定（健康保険法116条など）や損害賠償との関係についての規定（同法57条）はそのことを意味している。

7) これらについては，国民健康保険組合における場合も，ほぼ同様である。

8) 国民健康保険組合の国保においては当該国保組合の規約で，それぞれ定められている。

9) 埋葬料の支給を受けるべき者がない場合には，埋葬を行った者に対し，5万円の範囲内においてその埋葬に要した費用に相当する額が支給される（健康保険法100条，健保法施行令35条）。一定の場合，資格喪失後の死亡に関しての給付がなされることもある（健康保険法105条）。

10) 国民年金法は，老齢，障害とならんで死亡を保険事故としている。ただし，死亡が第三者の行為によって生じた場合，年金給付と損害賠償請求権との関係をめぐる問題が生じる。

11) これについては，いわゆる重婚的内縁関係にあったものが問題となった事例がある。

12) これについては，「朝日訴訟」や「学資保険訴訟」において，保護の一身専属性が問題となっている。

【久塚　純一】

第Ⅱ部
当事者をめぐる社会福祉法制
―― 現代社会におけるニーズ ――

第7章 地域社会の変貌と社会福祉法制

Introduction

N市における「高齢者虐待死事件」は,何を問いかけたか

 2006年師走,この事件は起こった。新聞報道によると,遠方から事情があって連れ帰った高齢の母親が,何度もふるさとに帰ると荷物をまとめて娘宅を飛び出し,その都度警察に保護され,娘宅に連れ帰ることを繰り返していた。その間行政も福祉施設での一時保護を行ったが,あるとき娘がたまりかねて母親に暴力をふるいあたり所が悪く死亡した。
 この間,警察,役所,地域包括支援センターは事情を承知し「見守り」を続けていたという。事件後,役所は「見守りが不十分であった」とマスコミ等に見解を表明している[1]。
 この事件にいう「見守りが不十分」とは具体的にどのようなことを指しているのだろうか。新聞記事からは,警察,役所,地域包括支援センターが,それぞれどのように連携し,どのようなことを見守っていたのかは読みとれないのであるが,本章では,この記事を素材としながら,地域包括支援センターの機能に着目しつつ,地域社会と社会福祉法制の関係について考えていこう。
 しかし,虐待事件にもまず100％その原因があり,それに至る過程でどこかで何らかの手段を通じて救済を求める信号を発しており,決して偶発的に起こるものではない。残念ながら,周りの環境がその信号に気付いていないか,あるいはその信号の意味を理解できないでいたか,そうあってほしくはないが知らぬふりをして暗にかかわることを拒否していたかのいずれかである。
 N市における高齢者虐待死事件は,どうして「死」に至ったのか,くい止めることができなかったのか,疑問が残るところである。

 一般的に「虐待」事件は,事件そのものは氷山の水面上の姿であり,その水面下に隠れているものが計り知れないほど大きく,その対処や解決には極めてデリケートで難しい対応が要求されているものと思われる。誤解を恐れず表現すれば,それを虐待（事件）と呼んでしまっていいのか,あるいは誰が加害者,

被害者というように「はじめに結論ありき」の姿勢でいいのであろうか。本章の素朴な主題でもある。しかし残念ながら，いわゆる「虐待」は増え続けているのが現状である。

そこで，本章では，高齢者虐待の対処の最前線として，2006年4月からスタートしたばかりの「地域包括支援センター」に期待が寄せられたことに注目し，その機能と役割に焦点をあてる。果たして誕生して間もない地域包括支援センターがその困難な課題を担えるのであろうか，あるいはすでに担わざるをえない環境となっているのであれば，その困難な状況がどのように最前線スタッフにのしかかっているのか，このような現実をまず客観的に直視しない限り，問題の本質はみえてこないと考える。

I 「高齢者虐待」問題へのかかわり

地域包括支援センターの「窓口機能」（いわゆるインテーク段階の相談支援）とは何かを，医療ソーシャルワーカー（以下，MSWと略す）の業務の実際と比較しながら検討を加えてみたい[2]。

高齢者虐待等の複雑で難解な問題に対処するには，「高度な専門性」とそれを発揮できるような「体制」が整っていなくてはならないと考える。その意味では，地域包括支援センターは，高齢者虐待の窓口機関として高度な専門性とそれを発揮できるようなシステムが確立しているかどうかが課題となる。別な角度から述べると，その最前線に立つ専門家の現状，すなわち身分の保全や専門職制が確立されている環境かどうかが検討課題となる。

1 「高齢者虐待」問題等困難事例に対する「介入」の実践的課題

筆者は，以前にMSWとして大規模都市の「救急外来のある一般病院」に勤務していたことがある。この病院には，救急外来の患者が多く，病気やけがの治療をめぐり実にさまざまな事案が持ち込まれ，受診初期の段階でMSWのかかわりの多い病院であった。

具体的には医療費に関わること，家族・親族関係の調整，介護者不在等に関わること，また障害のある子に対する入院中の養育不安など，診断・治療の妨げになることをできるだけ速やかに解決・除去することであり，より良い退院・社会復帰に向けて診療を側面から支援することであった。それは「早期発見，早期対応」が使命であるといえる[3]。

そのための方法として，いわゆるソーシャルワーク的「介入」であり，緊急な事案については「危機介入」という手法も必要になってくる。そして，このような複雑な相談には，明らかに故意による暴言・暴力，苦情さらには病的な異常行動など，相談者の身がつねに危険に晒されていることを念頭において対処しなければ，相談業務が成り立たないのも現実である[4]。

2　相談者の身分保全と組織的対応

このような医療相談と類似の相談に向き合うことを期待されている地域包括支援センターにおいて，以下に述べるような医療機関のシステムが存在していない。つまり，医療機関に所属して相談援助業務を行うMSWは，原則として「医師の指示」を受けて業務を行うことを前提としている（事案によっては事後報告のような場合も想定される）。すなわち医療機関に所属するMSWは，医療法，医師法，保健師助産師看護師法等の医療提供のための法的な規定に拘束されており，そのことが結果的に身分保全につながっている[5]。

さて，ここにいう「医師の指示」とは何か，その実践場面におけるその意義を確認しておきたい。医師の指示とは，医師の指示のもとで各専門職スタッフが「報・連・相（報告・連絡・相談）」という一連の行為の総和で治療が開始され終結に向かうという，つまり「医師から発信された指示は，医師に戻る」という情報の流れであり，それを前提にした「院内連携」あるいは「連帯責任」の構図がある。

つまり，このシステムが「情報の共有と責任の分散＝連帯責任」の構図となり組織の危機管理能力を高め，その組織力を背景にしてMSWは，最も危険な初期段階にかかわることができるのである。

Ⅱ　地域包括支援センターをめぐる法律たち

1　地域包括支援センターの理念と目的

　地域包括支援センターは，2005（平成17）年の介護保険制度改正で導入され，翌2006（平成18）年4月からスタートした「地域における総合的なマネジメントを担う中核機関」としての期待を担い誕生した。そもそも「地域包括」という概念は，厚生労働省の私的研究会である「高齢者介護研究会」が，2003（平成15）年6月に公表した「2015年の高齢者介護」という報告書のなかで示された概念図に登場する用語であった。2005（平成17）年の介護保険制度改正において，ほぼこの報告書どおりの体裁と名称で制度的に規定された。

2　介護保険法における規定

（1）　地域支援事業

　そこで以下，改正介護保険法（以下，法と略す）および施行令・施行規則等で，その位置付けを概観してみることにする。法115条の38「地域支援事業」において，市町村の役割をつぎのように表現している。

　「市町村は，被保険者が要介護状態等になることを予防するとともに，要介護状態等になった場合においても，可能な限り，地域において自立した日常生活を営むことができるよう支援するため，地域支援事業として，次に掲げる事業を行うものとする。」

　事業とは，以下の5点である。要約して述べると，①介護予防・軽減，悪化の防止のために必要な事業，②①が包括的かつ効率的に提供されるに必要な援助を行う事業，③保健医療，公衆衛生，社会福祉その他の関係機関との連絡調整等総合的に支援を行う事業，④被保険者に対する虐待の防止，権利擁護を行うに必要な事業，⑤居宅・施設サービス計画の検証，介護給付等サービスの利用状況等に関する定期的な協議等を行う事業である。

第 7 章　地域社会の変貌と社会福祉法制

(2)　地域包括支援センターの業務

そして，法115条の39の規定を続けて読んでいくと，地域包括支援センターの業務として，前項の2〜5の業務と，その他に下記のような規定もある。

「その他厚生労働省令で定める事業を実施し，地域住民の心身の健康の保持及び生活の安定のために必要な援助を行うことにより，その保健医療の向上及び福祉の増進を包括的に支援することを目的とする施設とする」。

そして，法115条の39の2項では，市町村の設置規定，3項では厚生労働省令の規定に基づいた実施の委託（老人福祉法20条の7の2「老人介護支援センター」に規定された民間事業者），4項では設置者の義務，5項で秘密保持，6項では条文の読替え，7項その他となっており，地域包括支援センターの職員に対する職務規程は明記されてはいない。

3　介護保険法施行令・介護保険法施行規則の規定

(1)　地域包括支援センターの職員に対する研修

さらに，介護保険法施行令（政令）においては，その37条の15（地域包括支援センターの職員に対する研修）においては，「地域包括支援センターの設置者は，厚生労働省令の定めるところにより，その職員に対し，地域包括支援センターの業務に関する知識の習得及び技能の向上を図るための研修を受けさせなければならない」。そして，介護保険法施行令37条の15（地域包括支援センターの職員に対する研修）は「前項の研修は，厚生労働大臣が定める基準に従い，都道府県知事が行うものとする。」と規定している。

(2)　地域包括支援センターの業務内容

つぎに，介護保険法施行規則（厚生労働省令）をみてみることにする。ここにはじめて，「介護保険法第115条の39第4項の厚生労働省令で定める基準」(140条の52)として，その一で，地域包括支援センターの業務内容，二で職員の配置が「基準」として規定されている。それは以下のとおりである。

まず，施行規則には，介護保険法1条の理念に基づいて盛り沢山な期待が，並べ立てられている（140条の52第1項の1）。

「地域包括支援センターは，次号に掲げる職員が協働して包括的支援事業を実施することにより，各被保険者の心身の状況，その置かれている環境に応じて，法第24条の第2項に規定する介護給付等対象サービス，その他保健医療サービス又は福祉サービス，権利擁護のための必要な援助等を利用できるように導き，各被保険者が可能な限り，住み慣れた地域において自立した日常生活を営むことができるようにしなければならないこと。」

(3) 地域包括支援センターの職員の配置

そして，二では，地域包括支援センターが担当する区域において，第1号被保険者の数がおおむね3000人以上6000人未満に対して，① 保健師その他これに準ずる者1名，② 社会福祉士その他これに準ずる者1名，③ 主任介護支援専門員（主任ケアマネジャー）その他これに準ずる者1名となっており，職員配置に関する規定がはじめて登場する。しかし，ここにも職務規程は明記されていない。ただ，都道府県知事が行う研修を義務付けている（同規則140条54）。

このように，介護保険制度における地域包括支援センターの職務規定の特徴は，介護保険法を始めとする諸法規に規定された地域包括支援センターへの盛り沢山な期待とは裏腹に，そこに従事する職員の規定は，わずかに配置基準のみで，後は随時開催される都道府県主催の研修会で職務の内容を積み上げていくというスタイルをとっている。したがって，次々に新しい課題が研修を通じて周知されることとなり，結果的に膨大な事務量に膨れあがっていく構造になっている。

4　児童福祉法における児童福祉司の職務規程

参考までに，児童相談所における児童福祉司の規定をみると，「児童福祉司は，児童相談所長の命を受けて，児童の保護その他児童の福祉に関する事項について，相談に応じ，専門的技術に基づいて必要な指導を行う等児童の福祉増進に努める。」（児童福祉法13条の3）として，指揮命令系統と専門職能が法律で規定されている。また，「児童福祉司は，政令の定めるところにより，児童相談所長が定める担当区域により，前項の職務を行い，担当区域内の市町村長に協

力を求めることができる。」(同法13条の4)として，連携して問題解決にあたることも法律で規定されている。

残念ながら地域包括支援センターの職員に関する規定は，指揮命令系統も専門職能も連携も法律では規定されてはおらず，ここに従事者の加重労働の問題がみえてくる。

5 介護保険法における「契約」の意味

(1) 「商品」としての介護保険サービス

ところで，介護保険制度は，はじめて「契約」の考え方(詳しくは→第13章)を持ち込んだ制度であり，さらに介護保険事業の主体の多様化を推進する目的で，民間企業に広く門戸を開放した制度でもある。つまり，介護保険制度とは，規制緩和による「公」の後退と，民間の市場参入を積極的に推進するための橋渡し的な役割を担って登場した制度である。したがって，介護保険制度は，全国一律の平等な公的サービス(サービスの普遍化)を目指したものではなく，サービスはサービス提供者とサービス利用者との間で交わされる「契約」に基づいて提供された「商品」であり，その商品はサービス提供者の自由な経済活動の産物である。つまり，サービスの地域的不均衡が生じることは，資本の論理からすればやむをえない現実であろう。

しかし，地域包括支援センターの運用については，厚生労働省令で随時示される「基準」の内容が随時変化することから，介護保険サービスが原則として自由な経済活動から提供される「商品」であることとは別に，地域包括支援センターの業務は，基準に縛られざるをえない環境を作りだしている。つまり，一方で市場化を容認して行政の関与の後退を念頭におきつつ，民間の介護保険の適正な運用を監視する機能として，地域包括支援センターに期待したという見方もできよう。

(2) 介護保険サービスの地域格差

いまひとつ筆者が極めて重要と思う点は，厚生労働省令で示された「基準」は，それが「出来る」地域と「出来ない」地域の地域格差拡大となって顕在化

してくるという点である。つまりそれは個人の能力の問題ではなく，高齢化率の異常に高い地域やいわゆる「限界集落」[6]と呼ばれている地域などでは，社会資源が乏しく，そこに携わる人々の無理が結局「燃え尽き」となって顕在化する場合もある。

6 高齢者虐待防止法と地域包括支援センター

2006年4月厚生労働省老健局から「高齢者虐待の防止，高齢者の養護者に対する支援等に関する法律」（以下，「高齢者虐待防止法」と略す）の施行にあたり，その運用に関する解説として「市町村・都道府県高齢者虐待への対応と養護者支援について」（以下，「高齢者虐待防止マニュアル」と略す）が出版されている。それを参考にして，地域包括支援センターの職員の職務を概観してみることにする。

まず，「高齢者虐待防止ネットワークの構築」として，以下のように述べているので，要約して紹介する。

「市町村に設置される地域包括支援センターは，効率的・効果的に住民の実態把握を行い，地域からの支援を必要とする高齢者を見いだし，総合相談につなげるとともに，適切な支援，継続的な見守りを行い，更なる問題を防止するために，地域における様々な関係者とのネットワークを構築していくことが必要とされており，地域の実情に応じて『早期発見・見守りネットワーク』，『保健医療福祉サービス介入ネットワーク』，『関係専門機関介入支援ネットワーク』の3つの機能の構築も業務のひとつである。」と記されている。

つぎに，高齢者虐待関係業務の「事務の委託」に関する規定をみてみる。高齢者虐待防止法17条1項では，つぎのように規定している。

市町村は，高齢者虐待対応協力者のうち適当と認められるものに，「相談，指導及び助言」，「通報・届出の受理」，「高齢者の安全の確認による通報又は届出に係わる事実の確認のための措置」，「養護者の負担の軽減のための措置」に関する事務の全部または一部を委託することができるとしている。つまり，高齢者虐待やその疑いのある事案に対する相談の受付からその対処に至る機能の一

切を高齢者虐待対応協力者に期待していることがわかる。

そして，つぎに「高齢者虐待対応協力者」として，「地域包括支援センター」を挙げ，「社会福祉士や保健師，主任ケアマネジャー等がチームとなって連携・協力しながら，実態把握や情報の集約を行い，さらに関係機関につないでいくこととされ，いわば地域ケアの結節点としての役割を担うことが期待されています。」と記されている。

7 高齢者虐待防止における行政と地域包括支援センターの役割分担

さらに同書は，この後に続けて重要な指針を述べている。「高齢者虐待防止法17条を踏まえた市町村本庁との業務分担を行う場合には，立入調査のような行政権限の行使は市町村が担わなければならないことを踏まえつつ，迅速かつ適切な対応が図られるよう十分配慮した体制作りを図る必要がある。」つまり，裏を返せば，立入調査を必要とするような案件以外は，ほとんど行政の介入が期待できないとも読みとれる。

この行政責任の後退を示す画期として，いわゆる「地方分権一括法」(1998年)の成立以降，生活保護行政が「法定受託事務」となったことを挙げることができる。その結果，従来の機関委任事務としての生活保護の「相談，決定，実施」という3段階のプロセスのうち，一番重要な「相談」が地方自治体の「自治事務」となり，「保護の相談と自立助長」(生活保護法1条)が，地方自治体の裁量に任されたことが背景にあると考えられる。

その意味では，「地域包括支援センターに業務委託した場合の市町村及び地域包括支援センターの役割」については，相談・通報・届出等事案の初期段階に「地域包括支援センターの業務」が集中しており，市町村は，事案に対する「行政処分」行為や啓発などバックアップ体制をとるという役割になっていることと符合する。

これが，児童虐待等に対する「児童相談所」(→第2章参照)の機能と決定的に違うところである。児童相談所は公的な機関であることにより，行政責任や公的責任を問い問題解決のための制度や政策に反映させる回路が残っているの

に対して，地域包括支援センターの設置主体が下記に紹介するA市のような場合であれば，それが極めて薄く，被虐待者も虐待者も最終的に「自己責任」に矮小化されていく可能性が強いシステムとして出来上がっていることがわかる。

以下に紹介するA市は，地域包括支援センターの前身である「基幹型在宅介護支援センター」がなく，その業務を「保健センター」が担っていたために，地域包括支援センターは「公募」という方法が選択され，医療法人，社会福祉法人，介護系民間企業等々，さまざまな民間団体が応募し，選抜された団体が経営主体となっているが，経営主体が民間であれば，当然安定的な経営に支障を来すようなリスクを背負うはずはなく，高齢者虐待事案等のリスクフルなケースは敬遠されることは想像に難くないと思われる。

Ⅲ 応用への道標——地域包括支援センターの事例からみえてきたもの

現在，地方の地域包括支援センターで活躍する社会福祉士，主任ケアマネジャー，保健師が，日々の業務に追われ疲弊しバーンアウトしている現実に直面する。この現実は，地域包括支援センターに高齢者虐待などの困難事例がたくさん持ち込まれるから疲弊しバーンアウトしていくのかというと，必ずしもそうではない。膨大な介護予防業務（要支援高齢者への介護予防プランの作成など）など日常的にこなさなければならないノルマですでに疲弊し，さらにその上に複雑な事案を処理しなければならないところから起こるものと推測される。

1 A市B地域包括支援センターの概要

A市は，日本海側に面した比較的規模の大きい市であり，B地域包括支援センターは，この市のいわゆる「下町」で，古くから栄えた商業地域と歓楽街に隣接し，老朽化したビルやその隙間を縫うように新しいマンション，そして古さを感じさせる住居や低家賃住宅等が混在しており，市のなかでも高齢化が進んでいる地域である。

この地域では，ケアマネジャーは県や市の主催する研修会に何度となく参加し「連携」という言葉は理解できていても，それを日々の仕事のなかでどのようにしたら連携ができるのか悩んでいる。もっと具体的にいえば，医者や行政の窓口担当者にどのような言葉がけをすればよいのかがわからず，気が付いたら事案を1人で抱え込んでしまい身動きがとれなくなって悩んでいるケアマネジャーが多いと聞いていた。

　この背景には，地域包括支援センターの業務が，介護予防等の業務で忙殺され，地域包括支援センターの3専門職いずれもが困難事例に的確なアドバイスができる余裕がないこと，さらに，行政等の消極的な姿勢が背景にあるのか，ケアマネジャーの多くが「役所は冷たい，敷居が高い」などと愚痴をこぼすことが多く，行政との壁ができてしまっていること。また，この地域は，要介護認定に必要な「主治医の意見書」の作成にかかわる医師の約6割が，病院の勤務医によって占められていることから判断しても，開業医が少なく在宅医療に熱心な医師を確保することが非常に難しい地域でもある。

　多忙な勤務医には介護現場に耳を傾ける余裕がなく，ケアマネジャーからは「医師は雲の上の人」になっていると嘆きも聞いた。その結果，医療ニーズの高い事案であっても十分な医学的判断を得ぬままで，その対処を考えなくてはならない事案も多いと聞いている。このような事情を踏まえて，以下事例検討会の事案を要約して紹介してみることにする。なお，この事例についてはプライヴァシー保護のため，一部事実と異なるところがある。

2　事例——「孫の暴力に合い怪我をした祖母」への支援

　この家庭は，孫小学校3年生，祖母75歳の2人暮らしで，孫の両親は事情があり所在不明。祖母は，人工透析のために病院に週3回不安定な歩行状態で通院を続けている。生活保護を受給し孫は祖母が面倒をみている。

　事例検討の趣旨は，孫が祖母に暴力を振るい怪我をしたが，このまま見守りを続けていていいのだろうかという相談が地区のケアマネジャーからあがり，地域包括支援センターがかかわりをもつようになり，検討会の事案となった。

そして，事例検討会の結果を踏まえＢ地域包括支援センターの社会福祉士が主治医に相談に行ったところ，主治医はすでに通院による人工透析は限界と判断するも，祖母の孫に対する切実な養育責任の訴えを聞き，やむをえず通院を続けさせているとのこと。しかし，主治医も今後を苦慮し，地域包括支援センターの動きをむしろ歓迎していたとのことであった。

　その後，生活保護を受給していることで福祉事務所に相談に行ったところ状況は把握されてはおらず，危機的状況を再認識したとのことであった。福祉事務所担当ワーカーから，直ちに市の児童相談所へ状況が伝えられたとのことであったが，児童相談所の対応は緩慢であったと聞いている。

　この事案のポイントは，生活保護を受給し，週３回の人工透析を通院で続けている祖母が，同時に孫の養育責任も負っているという現実である。つまり，ケアマネジャーや地域包括支援センターは職務上祖母に注目しているが，児童福祉の観点からみると，理由はどうであれ小学校３年生の子に対する両親の養育放棄は明らかであり，ネグレクト段階の児童虐待が疑われても不思議でない事案である。その意味では孫の祖母に対する暴力や暴言は，本来なら親への庇護を求める子の自然な甘えが満たされていないことから起こる不安定な精神状態とみることもできる。もしそうであるとすれば，福祉事務所や児童相談所などの公的機関が積極的に現場と連携を深め，小学校３年生の子どもにより健全な養育環境が整えられるよう，かかわりがあって当然の事案といえる。

3　現場従事者の「声」

　この事例を担当した社会福祉士の「声」を原文のまま紹介する。

　「Ｂ地域包括支援センターから行政へ情報提供や依頼事をしても，その後どうなったのかという報告が返ってくることが少なく，当センターと行政担当者とのやりとりがうまくいかない現状があるとともに，保護課と児童相談所間の連携等『行政内での連携』がどのようになっているのか不明であり，個々バラバラにケース対応している様子が伺えます。

　『虐待』ケースのようなデリケートな事案については，定期的に集まる機会を

行政の主導で設けていただき，現状の確認と方針を再確認する場があることが望ましいと考えていますが，現状では『問題が起こらなければ』そのような場はありません。今回取り上げていただいたケースについては，家庭訪問するたびに行政関係者には，『(祖母に)傷がある』等の報告をしますが，結局当センターは報告し行政関係者は報告を『受ける』のみで，なかなか進展が見られない状況です。保護課担当者には『現在の生活は限界で，長男に連絡するよう』依頼していますが，その後返事は来ておりません。

　このケースに限らず，行政機関から当センターへの問い合わせや情報提供は無く，当センターからは情報提供や依頼をしてもその後どうなったのかという返答はない状況です。本当に『公的機関が積極的に現場と連携』を深めてほしいと思います。

　地域包括支援センターの職員は，『高度な専門性』を有する必要が在ると思いますが，配置される職員には私も含め，相談業務が初めてという職員もおり，ケアマネジャーの経験もないまま，予防プラン（要支援者等への介護予防プランの作成）と相談業務を並行して行わなければならない現状です。『どこと，どのようにネットワークを作っていけばよいのか』を考える間もなく，まず目の前の予防プランが第一に優先され，介護保険を使う上でのルールも分からぬまま，それに加え次々と来る相談に対応しているうちに一人で抱え込んでしまっているのではないかと考えます。予防プランに追われながら，ケアマネジャーさんや病院からの相談，さらに『虐待』の対応と本当に疲弊しています。」

さらにその先へ　～「孤立無援」にならないために

　この社会福祉士が指摘するように，「問題があってから動く」という最近の傾向は，関係機関に虐待等の事案が多すぎるからそうなのか，そもそも「早期発見・早期対応のシステム」がナショナル・ミニマムとして存在していないことが原因なのか，あるいは本論でも考察したように，このような事案は，すでに国家責任や公的責任の守備範囲を離れ，通報等によりお互いがお互いを監視することで問題の解決を図ることを暗黙の前提としているのか，あるいは冒頭で

も提起したように加害者と被害者に分け自己責任で片づけるような風潮を黙認せざるをえない現状になっているのか，おそらくこれらすべてが絡み合って混沌とした状況を作り出しているものと想像される。

　高齢者虐待問題等その本質において都会と地方の違いがないような事案であっても，その解決のためには，大都市のようにサービスカウンターにたくさんの商品が陳列されているところと，そうでない地方とでは歴然と差が出て来てしまう。たとえば，特別養護老人ホームの待機がほぼなくなっているような都会に比べ，待機者が400人，500人以上などと公然と囁かれている地域では，緊急避難的対応ですらおぼつかない状況である。

　また，事例検討会の別の事例では，認知症が進行し虚言・妄想・幻聴，火の不始末などが目立ってきた一人暮らし高齢者を在宅でどのように支えるかという事例を出されたこともある。この事案は，ここでは多くを語ることはできないが，結論として一人暮らしを支えることが不可能な事案であった。これは，行政側の消極的な対応へのあきらめからか，自分達でどうにかしなければと真剣に取り組んでいる事案であった。

　孤軍奮闘という言葉は聞こえが良いが，実態は「孤立無援」である。この閉塞状況を打破するためには，社会福祉基礎構造改革や地方分権で遠のいてしまった行政の機能を再び呼び戻し，従来の官僚的なリーダーシップではなく，多職種・多機関との連携を目的としたコーディネーターとしての役割の必要性がにわかに高まってきているものと思われる。いま一度，公的機関のあり方を見直し，地域包括支援センターの職員が，「孤立無縁」のなかで業務に従事せざるをえない環境が少しでもなくなるように願うばかりである。

《参考文献》
* 社団法人日本社会福祉士会 編『地域包括支援センターのソーシャルワーク実践』（中央法規，2006年）
　　……本書は，2006（平成18）年4月より施行された改正介護保険法で新たに規定された「社会包括支援センター」における社会福祉士のためのソーシャルワーク業務の手引き書として出版されたものである。

＊ 厚生労働省老健局 編『市町村・都道府県における高齢者虐待への対応と養護者支援について』（2006年）
　……本書は，2005（平成17）年11月に成立した「高齢者虐待の防止，高齢者の養護者に対する支援等に関する法律」（いわゆる「高齢者虐待防止法」）の施行にあたり，厚生労働省老健局が，市町村・都道府県に対し，その対応マニュアルとして出版されたものである。

《注》
1) 読売新聞2006年12月4日。
2) 医療ソーシャルワーカーの業務については，厚生労働省 編『医療ソーシャルワーカー業務指針〔改正版〕』（2002年）においてその詳細な指針が示されている。
3) 山路克文「一般病院における医療ソーシャルワークの一考察——アルコール依存症患者を事例とした『介入』と『社会的支援』に関する私論」新潟青陵大学紀要3号（2003年）。
4) 本論では，「危機介入」について，以下のような定義として使用している。「危機介入とは，危機が，日常生活において誰にでも起こりうるもので，危機の克服あるいは失敗がその人の成長あるいは崩壊につながるという考えに立ち，人が危機に陥ればできるだけ早くその状態に介入して元の状態に戻るように援助することを意図して進められる。」（日本社会福祉実践理論学会 編『社会福祉実践基本用語辞典〔改訂版〕』〔川島書店，1993年〕）
5) 前注2) の「業務指針」から，『医師の指示』に関する記述を抜粋して紹介する。「3. 業務の方法等」の(5)受診・受療援助と医師の指示「医療ソーシャルワーカーが業務を行うに当たっては，……中略……チームの一員として，医師の医学的判断を踏まえ，また，他の保健医療スタッフとの連携を密にすることが重要である。」そして具体的な項目として③では「医師の指示を受けるに際して，必要に応じ経済的，心理的，社会的観点から意見を述べること。」とある。
6)「限界集落」とは，過疎化などで人口の50％が65歳以上の高齢者になり，冠婚葬祭などの社会的共同生活の維持が困難になった集落のことを指す（参考文献として，大野晃『山村環境社会学序説——現代山村の限界集落化と流域共同管理』〔農山漁村文化協会，2005年〕）。

【山路　克文】

第8章 障害のある人と社会福祉法制

Introduction

障害のある人の自立を考える
——「自分の財布と相談しながら好きなように飯を食う」という自立——

　全盲ろうの東大准教授である福島智さんは、自らの日常体験に即して「障害者の自立」を以下のように説明している。
　　「障害者が、例えば今日の晩メシに何を食いたいかということを自分で決めて、自分の財布と相談をして実際に食べられること。自分がつくるか、人につくってもらうか、出前をとるか、外に行くかは別だけど、とにかく自分の食いたいものを食えること。これが自立生活の象徴だろうと私は思っております。」[1]
　ここで述べられているのは、どんなに障害が重くとも、日常生活において必要な人としての主体性を発揮できることが「自立」であるとする考え方である。経済的自立を確保するためには就労支援も重要かもしれないが、障害があり働けない、あるいは、介護なしでは生活の自由が確保できない人たちに対する所得保障や介護保障こそが、まず最初に確保されるべき「障害者に対する自立支援」であることを改めて確認しておかねばならない。

I　障害のある人の福祉法制と障害者の権利条約

1　障害の社会モデル

　障害の社会モデル（social model of disability：以下「社会モデル」という）とは、障害は個人には存在せず、社会的に構築された不利益や活動の制約が障害の本質である、とする障害観である。
　この考え方によれば、障害（disablement）の実体とは、「障害者（disabled person）」[2]といわれる人たちのことをまったくまたはほとんど考慮せずに社会

活動の主流から排除する社会的抑圧がもたらす障害化／無力化 (disablement) であり，世間で一般的に「障害」と思われている身体的欠損や変形，あるいは心身の機能不全など[3]は，単なるその人個人の属性にすぎない。

社会モデルの考え方は，それまでの医療やリハビリテーションのみに目を向ける障害者施策や福祉の制度のあり方に疑問をもつ70年代イギリスの障害当事者運動のなかで始まり，その後障害のある学者が中心となって立ち上げた障害学 (disability studies) という新しい学問の枠組みのなかで発展していった。そして，DPI (Disabled Peoples' International：障害者インターナショナル) をはじめとする国際的な障害当事者運動の理論的支柱となり，近年のバリアフリーや差別禁止を含む障害者の人権擁護施策，さらには**「障害者の権利に関する条約 (CONVENTION ON THE RIGHTS OF PERSONS WITH DISABILITIES：以下，「障害者の権利条約」という)」**[4]の考え方に大きな影響をあたえているのである。

2　障害者の権利条約

2006年12月の国連総会において，21世紀の初期に生まれた8番目の人権条約として，障害者の権利条約が採択された。

この条約においては，障害とはまず差別や不平等という社会的問題である。そして，条約制定の目的とは，以下のように，その不平等の是正を行うこととされている。

「この条約は，すべての障害者によるあらゆる人権及び基本的自由の完全かつ平等な享有を促進し，保護し，及び確保すること並びに障害者の固有の尊厳の尊重を促進することを目的とする。

障害者 (persons with disabilities) には，長期的な身体的，精神的，知的又は感覚的な機能障害 (impairments) を有する者を含む。これらの機能障害は，様々な障壁との相互作用により，障害者が他の者と平等に社会に完全かつ効果的に参加することを妨げることがある。(1条)[5]」

また，具体的な障害者の人権および基本的自由を確保するための方法論として，以下のように定義される「障害を理由とする差別」の禁止と是正を社会の

側に求める非差別アプローチ (non-discrimination approach) が採用されている。

「『障害を理由とする差別』とは,障害を理由とするあらゆる区別,排除又は制限であって,政治的,経済的,社会的,文化的,市民的その他のあらゆる分野において,他の者と平等にすべての人権および基本的自由を認識し,享受し,又は行使することを害し,又は妨げる目的又は効果を有するものをいう。障害を理由とする差別には,あらゆる形態の差別(合理的配慮の否定を含む)を含む(2条)。」

文末にある「**合理的配慮** (reasonable accommodation)」とは耳慣れない言葉かもしれないが,この条約の鍵となる概念である。歴史をたどれば,この考え方は,1960年代半ばのアメリカにおいて宗教差別との関連で生まれ,1973年リハビリテーション法を経て,1990年アメリカ障害者差別禁止法 (Americans with Disability Act of 1990:以下,ADA) に継承されたものであり[6],障害者の権利条約においては,以下のようにその定義が示されている。

「『合理的配慮』とは,障害者が,他の者と平等にすべての人権及び基本的自由を享有し,又は行使することを確保するための必要かつ適当な変更及び調整であって,特定の場合に必要とされるものであり,かつ,均衡を失した又は過度の負担を課さないものをいう(2条)。」

具体的には,「身体障害者が働く職場をバリアフリーにする」とか,「視覚障害者が受験する際に点字の試験問題を用意する」といったことなどを思い浮かべると,理解しやすいのではないだろうか。この合理的配慮という考え方を採用することにより,「障害があるから雇わない」といった明白な差別だけでなく,「障害者が働けない職場環境を放置する」等も差別であるとしてその解消を求めることが可能となるわけである。

3 合理的配慮と自立生活

この条約の19条においては,障害のある人の**自立生活**と地域への**インクルージョン** (inclusion) のために,以下のような事柄を確保することが締約国に義務付けられている。

(a)「障害者が、他の者と平等に居住地を選択し、及びどこで誰と生活するかを選択する機会を有することならびに、特定の生活様式で（in a particular living arrangement）生活する義務を負わないこと。」
(b)「障害者が、地域社会における生活及びインクルージョン（inclusion）を支援するために並びに地域社会からの孤立及び隔離を防止するために必要な在宅サービス、居住サービスその他の地域社会の支援サービス（パーソナル・アシスタンス〔personal assistance〕を含む）を障害者が利用することができること。」
(c)「一般住民向けの地域社会のサービス及び施設が、障害者にとって他の者と平等に利用可能であり、かつ、障害者のニーズに対応していること。」(19条)[7]

この条文をみると、障害のある人が施設ではなく地域において自由で自立した生活をおくることもまた「他の者との平等を基礎とした人権および自由」であり、そのために必要な支援を家族や狭い範囲の近隣社会にだけ求めることもまた明らかに「均衡を失した又は過度な負担」である、と考えることもできるのではないだろうか。これまで主として平等権・自由権の観点から位置付けられてきた合理的配慮の概念であるが、これを社会権の分野にまで拡張し、個々の障害のある人が地域で自立して生活するために必要な公的サービスを、国や自治体に求める際の根拠とするような発展的な理論構成も期待される。

障害者の権利条約は、2007年10月現在すでに100ヵ国を超える国連加盟国が署名しているが、日本も同年9月28日に署名を行い、さらに、早期の批准を前提として国内法制との整合性をはかる調整作業が進められているところである。有効に締結された条約が当事国の国内法制を拘束するのは、国際法によって規律される国際的合意である。障害者の権利条約の批准が、日本の福祉法制におけるプログラム規定説[8]や反射的利益の考え方[9]をブレーク・スルーする新たな実体的および手続的権利保障実現の契機となる可能性に注目していきたい。

Ⅱ 障害のある人の福祉法制の現在について

1 障害福祉の給付制度化および利用制度化

　2000年の介護保険制度開始に合わせて、その円滑な実施のための基盤整備を主な目的とする社会福祉事業法、および関連福祉法の改正が行われる。そして、関連して、身体障害者福祉法、知的障害者福祉法、児童福祉法に対しても、障害福祉サービスを現物として提供するのではなくその購入のための費用を利用者に支給する制度へと変更するための修正が行われ、2003年から実施されることになったのである。

　これがいわゆる「**障害福祉サービスの利用制度化**」であり、上記3つの対象者別の福祉法にまたがる障害福祉のための給付制度は「**支援費（支給）制度**」と呼ばれ、一連の法改正の前提となった政策動向は「**社会福祉基礎構造改革**」と総称されている。

　当時の厚生省の説明によれば、この「福祉サービスの利用制度化」とは、「行政が行政処分によりサービス内容を決定する措置制度から、利用者が事業者と対等な関係に基づきサービスを選択する利用制度への転換」[10]であり、そのようなシステム変更が、利用者側からの主体的なサービス利用を意味する「利用者本位」という理念の実現のために必要であるということだったのである。

　このように新たに主体性をもった「消費者」として位置付けられた障害福祉サービスの利用者は、当然のこととして、そこから「消費の拡大」というシグナルを読み取る。しかし、このようにして目覚めた「消費者」の旺盛な「購買意欲」に対し、残念ながらそれに相応する充分な給付予算が用意されることはなかった。

　その結果、対象が拡大されたホームヘルプサービスを中心として、利用実績の伸びに対して予算が大幅に不足する事態が生じ、支援費制度はその初年度から早くも暗礁に乗り上げてしまう。そして制度設計を行った厚生労働省自らが「支援費制度は欠陥制度であった」「支援費制度は破綻した」と繰り返し発言し、

介護保険制度というより大きな財源制度の傘のもとに入り安定を求める「障害保健福祉と介護保険制度との統合」という政策動向が顕在化していく。

しかし，被保険者の拡大に伴う経済的負担増を恐れる経済界団体や市町村会の強い反対があり，結果として介護保険制度との統合は実現せず，かわりに2005年10月に**障害者自立支援法**が成立し翌年から実施される。このようにして，支援費制度はわずか3年で消滅することになるのである。

2 障害者自立支援法の給付調整システムの問題点

障害者自立支援法の特徴は，「破綻」した支援費制度の轍を踏まないために，税財源の制度でありながらも介護保険制度に倣った骨格のもとに各福祉法におけるサービスおよび給付関連部分が抽出・統合され，国庫負担の抑制を目的とする財政コントロールのメカニズムが障害福祉法制度にビルドインされていることである。

しかし，このような制度設計は，障害者自立支援法によって確保される利用者の受給権には大きな問題を生じさせる。介護保険の要介護認定をまねて新たに設けられた障害程度区分やそれに基づくサービス区分別の国庫負担基準によって，利用者が主体的かつ能動的に受給を求めることが従来に比べても限定的かつ制限されたものとなってしまったのである。

このことを理解するためのステップとして，まず介護保険制度の給付調整の特徴を整理しておこう。

① 利用申請より先に要介護認定が必要である。
② 要介護認定により受給量に「枠（上限）」が設定される。
③ 抽象的な要介護度という基準を拠りどころとし，被保険者（利用者）でも保険者（自治体）でもなく第三者である審査会がイニシアティブをとる給付判定システムである。
④ 給付抑制メカニズムとして応益負担が用いられている。

これに対して，要介護認定をもたない従来の支援費制度の給付調整は，以下のような介護保険制度とは対照的なものであった。

図表 8 - 1　第三者判定モデルと交渉決定モデル[11]

給付調整モデル	第三者判定モデル	交渉決定モデル
分配のイニシアティブ	供給側（supply side）	需要側（demand side）
支配的な調整原理	適格性（eligibility）	折　衝（negotiation）
給付調整のあり方	抽象的／要介護度基準・第三者判定型	具体的／生活必要度基準・当事者参加型
現実の制度	介護保険制度	支援費制度

① 利用者が希望を申請するところから開始される。
② サービス受給量の「枠（上限）」はない。
③ 具体的かつ現実的な生活支援の必要度（ニーズ）について，利用者に自治体のケースワーカーがヒアリングを行い，話し合い（交渉：negotiation）を行いながら決定していく当事者参加型の給付決定システムである。
④ 給付抑制には働きにくい応能負担の制度となっている。

前者は，給付調整過程における利用者の主体性の関与が基本的には想定されておらず，供給側（supply side）からの給付コントロールが強く働きうる「**第三者判定モデル**」であり，後者は，利用者と行政裁量の関与度が高く，需要側（demand side）から必要を構築してゆく「**交渉決定モデル**」となっていることがわかるだろう。（**図表 8 - 1**）

これに対して，支援費制度に障害程度区分と市町村審査会という仕組みを組み込んだ障害者自立支援法は，以下のような両モデルの「折衷構造」である。
① 利用者が希望を申請するところから開始されるが，障害程度区分の判定は受けなくてはならず，一定の障害程度区分に該当する者しか支給申請できないサービスがある。
② サービス受給量の「枠（上限）」はないが，障害程度区分により，国庫負担基準が決められ，間接的なコントロールを受ける。
③ 「抽象的／要介護度基準・第三者型」の給付判定と「具体的／生活支援の必要度基準・当事者参加型」の給付判定という 2 つのプロセスが組み合わされている。

第8章　障害のある人と社会福祉法制

◆判　例◆　鈴木訴訟——移動介護費の上限設定は自治体の裁量権逸脱

　脳性まひで身体障害1級の認定を受け，外出する際は車いすの介護が必要な身体障害者の男性・鈴木敬治さんは，居住する自治体（東京都大田区）が，支援費制度の移動介護費に上限を設ける要綱を定めたため，それまで124時間分受給していた介護費を上限設定された32時間まで大幅に減額されたとして，「移動の自由を侵害された」として減額分の支給などを求めた訴訟を起こした。
　2006年11月29日東京地方裁判所の判決では，支給の根拠とされた身体障害者福祉法の規定が障害者自立支援法の施行に伴い廃止されたことを受けて「訴えの適格性が喪失された」という理由で請求そのものは退けられた。一方で，自治体の処分については「従来124時間分を認め，同程度が必要だったはずなのに個別事情を十分考慮せず，要綱に従って支給を激減させた処分は裁量権の範囲を逸脱し違法」と結論付けたことが注目されている。
　鈴木さんの弁護団は「内容的には勝訴。障害者一人一人の事情を考慮すべきというのが判決の考え。一律の上限を設ける傾向に一定の歯止めになるだろう」と話している。[12]

④　給付抑制に働きやすい応益（定率）負担の制度が，複雑な減免制度で補完されている。

　障害者自立支援法の給付調整システムが，このような形となったのは，1次的には，これまでの支援費制度に対して国庫負担抑制を主眼とする給付コントロールのメカニズムをビルトインすることであり，2次的には，将来の介護保険との統合に向けての制度の整合性を確保するためであると考えられる。
　加えて，障害程度区分や国庫負担基準などの給付コントロールメカニズムの実際は省令や通知を根拠としており，政策側のさじ加減次第では極端な給付抑制や利用制約を生じさせることも可能な仕組みとなっていることにも注意が必要であろう。
　このように考えれば，利用制度化が本来目指したはずの，「利用者本位」という福祉サービスの**消費者主権主義**（consumerism）を実現し利用者のイニシアティブに基づく福祉の供給を行うという理念は，給付抑制のメカニズムとも矛

盾しない単なる「形式的な契約関係」に矮小化され，障害者自立支援法に引き継がれたといわざるをえない現状がある。

III 応用への道標——障害のある人の福祉法制のこれからのために

1 障害認定と障害者の定義

　障害者自立支援法の成立過程において，「三障害の統合」が謳い文句の1つとされ，身体障害者福祉および知的障害者福祉に加えて，あらたに精神障害者福祉も法の対象に含まれたことは記憶に新しい。しかし，その障害者の定義については，基本的に各障害者福祉法（身体障害者福祉法・知的障害者福祉法・精神保健福祉法・児童福祉法）における障害者の定義を参照する形がとられ，現行各福祉法の対象とされていない難病や高次脳機能障害，高機能自閉症などのいわゆる「谷間の障害」については，関係当事者団体から多くの要望が寄せられたにもかかわらず，支援費制度のときと変わらずその対象とはされなかったのである。

　日本の障害関連各福祉法における障害者の定義は，機能障害別の障害認定等級基準によって構成される身体障害者福祉法，精神疾患名を制限列挙的に挙げることで定義にかえる精神保健福祉法，法そのものには明確な定義をもたない知的障害者福祉法と従来から個々ばらばらであり，これが**「谷間の障害」**を生じさせる構造的な原因ともなっている。少なくとも**「三障害の統合」**を謳う以上，「定義の統合」も早急に行われるべき積み残された課題である。

　また，社会モデルを採用する障害者の権利条約の国内批准を前提とするならば，それは，障害のある当事者の参画のもと，医学モデルの考え方を基本とする機能障害別・制限列挙的な障害の定義とその認定基準のあり方の全面的な見直しを含むものでなくてはならない。

　そもそも，障害関連の福祉法における障害の定義とは，その法で定める福祉サービスの**受給資格**（eligibility）を規定する法の基幹部分といえる。しかし，**発達障害者支援法**など近年に成立した障害者関連法をみても，それが行政側の政

策的判断あるいは財政的理由による制約のもとに、ほとんど議論もなく恣意的に決められてしまう傾向も否めない。

障害者基本法の次の見直しも近づいている。障害者自立支援法をはじめとする各福祉法を真の「利用者本位」に近づけるためにも、福祉法制における障害者の定義を社会モデルの考え方に基づいて統一的に再構成しなくてはならない。

2 必要な受給確保のメカニズム

障害認定はあくまで求めるサービスの「入り口」部分であり、必要とされる受給を実現するためには、「障害程度区分を根拠とする割当的配分」から「個々の必要(needs)を根拠とする構築的分配」への転換が求められている。

具体的には、現行の障害程度区分と第三者による認定審査会を核とする支給決定システムを、欧米諸国で一般的に行われているような利用者側とソーシャルワーカーと行政側の三者が協議し合意形成を行った個別援助計画に基づき支給決定を行うシステムへと移行することが検討されるべきであろう。

同時に、受給決定に対する不服審査の仕組みについても、現行の不服審査会のように上級行政官庁の判断に委ねるのではなく、裁判あるいは第三者による何らかの裁判外紛争解決手続(ADR)によって個別の受給権を問うことも可能となるようなメカニズムが必要である。

そして、障害者の権利条約に明記された合理的配慮という概念に期待されるのは、その際の判断基準や裁判規範としても活用されることではないだろうか。なぜなら、同じ格差の是正のための方式であっても、法定雇用率などのプログラム的性格が強いアファーマティブ・アクション (affirmative action)[13]に比べれば、互いの協議・交渉過程を経て諸事情を勘案して特定していくという主観的・個別的性格をもつ合理的配慮の概念に基づく調整は、個別の必要(needs)に対応した判断が求められる福祉サービス受給の調整過程には、はるかになじみやすいからである。

2004年に改正された障害者基本法では「何人も、障害者に対して、障害を理

由として差別することその他の権利権益を侵害する行為をしてはならない」(3条3項)という基本理念が追加されている。その理念を現実化するためにも,具体的な差別の判断根拠を示しその是正を求めることを可能とする障害者差別禁止法の制定が求められているのである。

社会政策実現の手段としての「給付」と「規制」は,元来相補うものとしてある。今後の障害福祉の分野においても,生存権を根拠とする各福祉法と,平等権・自由権を確保するための障害者差別禁止法の有機的連携が必要となっているのではないだろうか。

3　普遍的な所得保障

「好きなように飯を食う」ための主体的な福祉サービスの利用が可能となっても,そもそも「自分の財布」にお金が入っていなければ,夕食を得ることはできない。障害者自立支援法の成立に際しても,「障害者の所得の確保に係る施策の在り方について必要な検討を加え3年以内にその結論を得る」という国会附帯決議がなされているが,介護保障と同時に必要な**所得保障**の問題について,最後に述べておく必要がある。

日本における障害のある人に対する所得保障制度としては,障害年金や各種社会手当があり,さらに生活保護の受給者においては,高齢者に次いで障害者の占める割合が高い。しかし,これらの制度は,必ずしも統一的に整合性をもって構築されているとはいえず,また主として固定化した身体障害の程度に着目する支給決定基準及び機能障害が重度である障害のある人のみを対象とする考え方を共通してもっていることが,従来から問題視されている。

機能障害の種別やその程度を超え,より普遍的な障害のある人の所得保障を実現するためには,少なくとも以下の3点の見直しが必要であろう。

まず,1番目には,対象範囲の見直しがある。障害者自立支援法の附則との整合性も鑑みるならば,対象を現行の福祉法ではその対象とされない難病や高次脳機能障害,高機能自閉症などのいわゆる「谷間の障害」にも拡大されなくてはならない。

郵便はがき

6038789

料金受取人払郵便

京都北支店
承　認
2032

差出有効期限

2009年11月30日
まで〈切手不要〉

414

京都市北区上賀茂岩ヶ垣内町71

法律文化社
読者カード係　行

ご購読ありがとうございます。今後の企画・読者ニーズの参考，および刊行物等のご案内に利用させていただきます。なお，ご記入いただいた情報のうち，個人情報に該当する項目は上記の目的以外には使用いたしません。

お名前（ふりがな）	年　齢

ご住所　　〒

ご職業または学校名

ご購読の新聞・雑誌名

関心のある分野（複数回答可）

法律　政治　経済　経営　社会　福祉　歴史　哲学　教育

愛読者カード

◆書　名

◆お買上げの書店名と所在地

◆本書ご購読の動機
□広告をみて（媒体名：　　　　　　　　）　□書評をみて（媒体紙誌：　　　　　　　）
□小社のホームページをみて　　　　　　　□書店のホームページをみて
□出版案内・チラシをみて　　　　　　　　□教科書として（学校名：　　　　　　　）
□店頭でみて　　　□知人の紹介　　　　　□その他（　　　　　　　　　　　　　　）

◆本書についてのご感想
　内容：□良い　□普通　□悪い　　　　価格：□高い　□普通　□安い
その他ご自由にお書きください。

◆今後どのような書籍をご希望ですか（著者・ジャンル・テーマなど）。

＊ご希望の方には図書目録送付や新刊・改訂情報などをお知らせする
　メールニュースの配信を行っています。
　　図書目録（希望する・希望しない）
　　メールニュース配信（希望する・希望しない）
　　〔メールアドレス：　　　　　　　　　　　　　　　　　　　　　〕

2番目に，障害の状態の継続の考え方に対する再検討が必要である。改正された障害者基本法にも倣い，「永続性」や「長期にわたって回復しない状態」を要件とするのではなく，難病や精神障害のある人においてしばしばみられる断続的あるいは状態の好悪を含む「継続的な」状態であれば年金や手当の受給を認めるという方向での見直しが図られるべきである。

　3番目として，障害間の受給格差の解消のための具体的な方策の実施がある。現状においては，とりわけ制限的であり裁量に基づく実質的な受給抑制に結び付きやすい知的障害のある人や精神障害のある人の受給基準の改善と，現実的に必要とされる支給は必ず行うという方針に自治体の窓口行政が転換されることが必須であろう。

　つまり，福祉の受給だけでなく所得保障の領域においても，支給基準が社会モデルに基づくものへと転換され，あわせて個別のアドボカシーのメカニズムが確立されることが必要となっているのである。

　一方で，年金によるにせよ手当によるにせよ，あるいは生活保護制度を活用するにせよ，ただひたすら障害の分野のみの所得保障を追及し，その維持拡充を目指すことには，限界もあるのではないだろうか。

　無年金高齢者や母子家庭，さらにワーキング・プアから路上生活者に至るまで，今や貧困は現代日本の普遍的問題となっている。障害のある人の所得保障を求める議論が社会的な説得性をもつためには，障害だけでなく多くの他分野における貧困問題の当事者との連帯の地平を拓く普遍的な所得保障の視座が必要であり，その1つとして，障害の有無を含めあらゆる受給要件を廃し，高齢者から乳幼児まで，国民一人一人に一律の給付を行うという**ベーシック・インカム**[14]という方法などが注目されるところである。

　このように考えると，今後求められているのは，障害の種別や程度を超えた介護保障と障害の有無を超えた所得保障であり，そこから展望しなくてはならないのは，選別主義を超え，障害の分野も超えた「社会モデルに基づく普遍的な所得保障のしくみ」の構想ではないだろうか。

さらにその先へ 〜障害学の視点から障害程度区分について考える

　日本にまだ「障害学」という言葉がない1970年代に書かれた『反発達論』という本がある。その一部を，引用してみよう。

　「障害者が『社会・公共』から適切な援護措置を受けようとするならば，自分たちが障害者であることを「科学的」にも証明し，自他の確認を得る必要があるのである。これは具体的に言えば，行政当局が障害の程度を認定することである。

　そこで，障害者とそうでない人間をわけるところの，『科学的・客観的』な基準を設ける必要が生じてきて，それを専門家に作らせることになる。そして，行政当局はそのような専門家である医者や心理学者などの作った基準をただあてはめることによって障害者の認定を行うわけである。

　ここにみられるのは，一人一人の健常者が障害者に対する対応を行政当局に求め，行政の当事者は『大切な税金を使うのだから』というわけで，障害の認定やその対応を専門家としての科学者に求め，科学者は『障害者のための科学』と称してその要請に応えるという責任の押しつけごっこである。

　その結果，障害者の問題は，税金の何パーセントをどのように使ったら最も効率的かという，一種の社会工学の問題へと還元され，また政治のかけ引きの問題とされることで，私たち一人一人から遠ざけられていくのである。」

　山下恒男『反発達論――抑圧の人間学からの解放〔新装版〕』（現代書館，2002年〔初版1977年〕）

　この本が書かれてからすでに30年を経た現在，障害のある人と社会福祉法制をめぐる問題の本質的構造は，変わったといえるのであろうか。

《参考文献》
* マイケル・オリバー著，三島亜紀子ほか訳『障害の政治 イギリス障害学の原点』（1990年／邦訳＝明石書店，2006年）
　……イギリス障害学の代表的著作。
* 岡部耕典『障害者自立支援法とケアの自律 パーソナルアシスタンスとダイレクトペイメント』（明石書店，2006年）

……障害者福祉の政策動向および障害者の自立支援について論じた拙著。
＊ 東俊裕 監修＝DPI日本会議 編集『障害者の権利条約でこう変わる Q&A』(解放出版社, 2007年)
　　……障害者の権利条約に関するわかりやすい解説書。

《注》

1) 2004年10月12日第18回社会保障審議会障害者部会議事録より。
2) 北米を中心として，「障害のある人（person with disability）」という表記が用いられることが多くなっているが，英国の障害学においては，「障害はその人個人の属性ではなく，社会により構築されるものである」とする考え方から，あえて「（社会によって）無力化された存在」という含意を込めることができる「障害者（disabled person）」ということばが好んで用いられている。
3) これらはインペアメント（impairment）と呼ばれ，障害（disability）とは区別される。
4) 本条約の英文正文は，http://www.un.org/disabilities/convention/conventionfull.shtml（07.10.30）条約署名のために閣議に提出された外務省条約局作成の「障害者の権利に関する条約（仮訳）」（以下「政府仮訳」）はhttp://www.mofa.go.jp/mofaj/gaiko/treaty/shomei_32.html（07.10.30），民間訳としては「障害のある人の権利に関する条約 仮訳」（川島聡＝長瀬修）」（以下「川島＝長瀬訳」）http://www.normanet.ne.jp/~jdf/shiryo/convention/（07.10.30）などがある。本章では，国会での批准に向けた検討作業に用いられる政府仮訳を，英文原文および川島＝長瀬訳なども参照しつつ筆者の解釈に基づき修正した和訳とし，あわせて修正点を可能な範囲で注記したので参照してほしい。
5) 政府仮訳では同一の「障害」の訳語があてられている「障害（disability）」と「機能障害（impairment）」を訳し分け，また，障害者が機能障害をもつ者に限定されるかのような誤解を生じやすいところも改訳した。
6) 川島聡「国際人権法における障害差別禁止──障害のモデルと合理的配慮」松本健男＝横田耕一＝江橋崇＝友永健三 編『これからの人権保障　高野真澄先生退職記念』(有信堂高文社, 2007年) より。
7) 政府仮訳においては，in a particular living arrangementは「特定の居住施設で」，inclusionは「受け入れられること」，personal assistanceは「人的支援」と訳されている。しかし，「居住施設」に限定することで精神科病院が対象化されにくくなってしまうし，また「参加保障」を含意するinclusionや，日常生活の介護や支援を行わせるための支援者を障害者自らが雇用し利用することであるpersonal assistanceも，すでに定着しているカタカナ表記を用いるほうが誤解が生じにくいと思われる。
8) 日本国憲法25条おける生存権の法的性格は，国の政策指針を示すにとどまり，法的拘束力や裁判規範性はもたないとする学説。
9) 福祉の受給権とは，行政法上，法が公的目的の実施等のために命令・制限・禁止等の定めをしていることの反射として，ある人がたまたま受ける利益であるとする考え方。

10) 厚生省「社会福祉の増進のために社会福祉事業法等の一部を改正する等の法律の概要」（2000年6月）より。
11) 参考文献：岡部〔2006〕90頁。
12) 本件の判例としては，賃金と社会保障1439号（2007年）55-83頁。また，同書所収の関連論文として，藤岡毅「障害者の介護保障請求権をめぐる画期的判決」4-13頁，原田啓一郎「移動介護量の一律上限を定めた要綱に基づく障害者支援費の支給決定の違法性」14-21頁があるのであわせて参照されたい。
13) 差別をうけてきた少数民族や女性の雇用・高等教育などを積極的に推進するという積極的差別是正措置。
14) ベーシック・インカムについては，トニー・フィッツパトリック著，武川正吾＝菊地英明訳『自由と保障　ベーシック・インカム論争』（1999年／邦訳＝勁草書房，2005年）など。

【岡部　耕典】

第9章 「貧しさ」と社会福祉法制

Introduction

「貧しさ」にどう対峙するか

> ……1日の仕事を終えて帰った部屋で待っているのが，豆のスープとじゃが芋と，チーズのかけらと紅茶。テレビで刑事物のドラマをながめていると，団地のひと部屋に警察が踏み込む場面が出てきた。クラハムパーク団地の東側にそっくりだ。犯罪と，社会生活の崩壊と，悲劇。団地に住む人たちは国民の目には触れない。無法地帯で起きる騒動のお話にしか役割を持たない忘れられた人々，透明人間だ。

ポリー・トインビー著，椋田直子訳『ハードワーク——低賃金で働くということ』（東洋経済新報社，2005年）

　これは，イギリス人ジャーナリストによるルポルタージュ『ハードワーク』のなかの一節である。イギリスは，「貧しさ」という問題に先駆的に取り組み，そして今も格闘のさなかにある。

　時代の変遷，社会の変動，グローバリゼーションの進行にしたがって，「貧しさ」の内実は分散してゆく。家がない「貧しさ」，食べるものがない「貧しさ」，仕事がない「貧しさ」，頼るべき人がいない「貧しさ」，生きていく希望を見出せない「貧しさ」……。人が「貧しさ」を感じるのは，決して一様ではない。

　社会が「成熟する」ということの証左のひとつ，それは，「貧しさ」は「社会の産物」であると認識すること。だから，「貧しさ」の解消は，社会に課せられた責務であるということ。さらに，「貧しさ」から脱却したいと望むことは，すべての人々の正当な権利であるということ。本章に入る前に，まずはそうした「当たり前」のことを確認しておきたい。ともすれば，当たり前が当たり前にならない現実が，いまだに多くみられるから。

I 「貧しさ」について

1 「貧しさ」を再考する

(1) 「多様」化する「貧しさ」

「貧しい」状態と聞いたとき,どのような光景を思い浮かべるだろうか。各々が抱くイメージは,微妙に異なるものであろうが,生活のなかにおける何らかの「欠乏(欠如,欠落)」の存在があることは確かであろう。それでは,「欠乏」の中身は何だろうか。可視的なものから挙げるならば,「着るもの(衣)・食べるもの(食)・住むところ(住)」となる。確かに,生活を営む上で,この3つの欠乏は最も先鋭的に打撃を与えることは否定すべくもない。しかし,欠乏とはそれだけではない。身体的・精神的な健康状態,社会資源や人的資源へのアクセスの有無,社会参加への意思形成等々,「貧しさ」は,必ずしも可視的ならびに一元的なものではなくなりつつある[1]。いま,「多様」化する「貧しさ」に対して,公的扶助制度の中核である生活保護制度は,いかなる役割を果たしうるかという新たな難題に直面しているといえるだろう。

(2) 「公的扶助」とは

書店に行って,「**公的扶助**」という4文字がついたタイトルの本を覗いてみよう。「コウテキフジョ」とは,日常生活であまり聞きなれない言葉である。本をパラパラとめくってみると,その内容のほとんどは「生活保護法」の説明であることに気付くだろう。それでは,「公的扶助」=「生活保護法」と理解していいのだろうか。

まずは,「公的扶助」の意味について考えてみる。「公的扶助」の「公的(public)」とは,「私的(private)」の対義語である。「公的」とは,具体的には,国および地方自治体となる。そしてここでは,本人の拠出を伴うことなく,国や地方自治体の一般歳入を財源とした公費負担による実施を意味する。そして「扶助」の「扶」も「助」もともに「たすける(扶ける・助ける)」と読むことができる。すなわち「公的扶助」とは,「国および地方自治体が,全額公費によ

図表9-1　近年実施された「自立支援」政策

実 施 年	内　　容
1998（平成10）年	教護院の名称を児童自立支援施設に変更
	母子寮の名称を母子生活自立支援施設に変更
2000（平成12）年	ホームレスの自立支援事業開始
2002（平成14）年	ホームレスの自立の支援等に関する特別措置法成立
	母子家庭等自立支援対策大綱を発表
2003（平成15）年	母子相談員の名称を母子自立支援員に変更
	若者自立・挑戦プランを策定
	母子家庭等就業・自立支援センター設置開始
	母子家庭自立支援給付金事業開始
2005（平成17）年	障害者自立支援法成立
	生活保護自立支援プログラム実施

る負担で，貧困で生活に困っている状態にある人々を，力を添えてたすける」ことだといえる。その中核に位置する法律が「生活保護法」である。

　なお，「公的扶助」とは，「生活保護法」のみを指すかという冒頭の問いについてであるが，公的扶助と生活保護を同義に解する立場もあれば，児童扶養手当，特別児童扶養手当等の社会手当（→第2章参照）や，低所得者対策の一環である生活福祉資金貸付制度等をも公的扶助に含める立場もあり，一様ではない。

2　氾濫する「自立支援」

　社会福祉分野に限定するならば，「**自立支援**」という4文字は，いまや流行語大賞に匹敵するほどの勢いである。**図表9-1**に，近年推し進められている「自立支援」政策をまとめてみた。

　いったいこの動向を，どう分析し，評価すればよいだろうか。

　そもそも，社会福祉にとって「自立」は普遍的な目標であって，最近になって突然降って湧いてきたものではない。種々の社会福祉施策は，従来より「自分のことは自分でやれるようになる」状態になること，ないしは近づけること，を目標にしてきたといえる[2]。

　生活保護法1条のなかにも，目的の1つとして「自立」の助長が明記されている。ただ，法でいう「自立」が何を指すのかについては，必ずしも明らかに

されているわけではない。もしここで，字面どおりの「自立」を解するのであれば，「生活保護の廃止」を最大目標とし，他人の力を得ずに自らの力で生活を営むことになるだろう。

しかし，公的扶助制度における「最低限」の生活保障を求めるという，最も急迫性の高い場面における「自立」とはいかなるものなのか，またいかなるものであるべきなのか，突き詰めれば，多くの困難に遭遇する。「自立」の追求ゆえについには死に至ってしまうこともある[3]。「自立」概念をどう構築すべきなのか，いまこそ私たちは考えなくてはならない。

3 「ワーキング・プア」の顕在化

ワーキング・プアという言葉が広まりつつある。これは，「一生懸命働いても貧困のスパイラルから抜け出せない，働く低所得者層の人々」を指している。日本では，古来より「額に汗して働くことの美徳」が説かれ，「働かざる者食うべからず」といわれたくらい，勤勉を旨としてきた国である。しかし，ワーキング・プアは，額に汗して働いても生活が豊かにならない人たちであり，これまでの常識（「働くことさえできれば，生きていける」という）を覆す存在といえる[4]。

ワーキング・プアが生み出される背景に何があるのか，なぜ，一生懸命働いても生活が成り立たないほど低所得にとどまるのかについては，日本の労働市場で何が起こっているのかの検証なくしては語れない。ただ近年，ワーキング・プア，すなわち働く低所得者層と，生活保護受給世帯を比較して，後者のほうが水準が高いということを根拠にした「生活保護抑制論」が声高に唱えられるようになってきたのは気になる現象である。社会全体が，賃金の停滞，年金，社会保険等の負担増，過重な労働時間等々，生活の厳しさをある程度共有している現在，こうした主張が，ともすれば「世論」に支持される土壌があることは否めないが，ワーキング・プアと生活保護を所得の多寡からのみ論じることは問題の所在を取り違える要因ともなり，慎重な議論が求められる。

II 「貧しさ」にかかわる法律

1 現行生活保護法

(1) 基本原理とは

生活保護法は，日本国憲法25条（すべて国民は，健康で文化的な最低限度の生活を営む権利を有する）の理念に基づき，生存権の保障を実現するものである。本法の1～4条に，4つの基本原理が規定されている。

(a) 国家責任の原理（生活保護法1条）　生活に困窮する国民に対し，最低限度の生活保障を，国がその責任において行うこと，さらにあわせて，「自立の助長」を図ること。

(b) 無差別平等の原理（同法2条）　人種，信条，性別，社会的身分等はもとより，生活困窮に陥った原因を一切問わず，現在の困窮状態だけに着目して保護を行うこと。

(c) 最低生活の原理（同法3条）　憲法で定められた健康で文化的な生活水準を維持することができる最低限度の生活を保障すること。

(d) 保護の補足性の原理（同法4条）　保護を受けるための前提となる要件を定める（後述(3)）。

憲法25条をめぐる判例として必ず挙げられる「朝日訴訟」[5]では，何が健康で文化的な最低限度の生活であるかの判断は，厚生大臣（当時）の「合目的な裁量」に委ねられるものであるとされた。つまり，私たちの生活の最低基準というものは，全面的に行政の自由裁量の下におかれているということである。このような状況において，私たちの「保護請求権」がいかに実効的に発揮されるべきなのかということは，現在に至るまで連綿と続く課題となっている。

なお，生活保護法の条文では，対象を「国民」と規定している（たとえば，生活保護法1・2条）。そこで，日本に居住している「外国人」は生活保護を受給できるのか，という重大な疑問が湧いてくるが，その点については，第10章で扱うこととする。

(2) 保護の基本原則とは

生活保護法7～10条は，保護の実施に関する4つの原則を規定している。

(a) **申請保護の原則**(生活保護法7条)　保護は，要保護者等の申請に基づいて開始すること。なお，緊急の場合には，職権により必要な保護を行うこと。

(b) **基準および程度の原則**(同法8条)　保護の基準は，要保護者の年齢，性別，世帯構成その他必要な事情を考慮して最低限度の需要を十分満たすとともに，これを超えないものとすること。

(c) **必要即応の原則**（同法9条）　保護は，要保護者個人またはその世帯員の実情に即して行い，画一的な運用をしないよう配慮すること。

(d) **世帯単位の原則**（同法10条）　保護の要否および程度を，世帯単位によって定めること。ただし，これにより難いときは個人を単位とすることができる[6]。

上記のうち，「(d)世帯単位の原則」について，ここでいう「世帯」とは，原則として，同じ住居に住み生計をともにしている人の集まりのことを指す。したがって，戸籍や住民登録の内容より生活実態の方が優先されることになる。

(3) 保護の補足性の原理――「資産・能力活用」と「急迫保護」との間の軋み

生活保護法4条は「**保護の補足性の原理**」と呼ばれる規定である。これは，生活保護に至るまでに，まずは働く能力や保持している資産を最大限活用することが求められ，こうした努力を尽くしてもなお最低限度の生活を営むことができないと認められてはじめて生活保護が受給できるとする考え方である。

具体的には，**資産の活用**として，土地・家屋，預貯金，生命保険，有価証券，貴金属，車などがあれば，売ったり解約して生活費に充当したり，**能力の活用**として，能力に応じて働くことが求められる（生活保護法4条1項）。さらに，2項では，民法に定める扶養義務者による扶養の優先，すなわち親子，兄弟など扶養援助してくれる者がいる場合にはその援助を優先すべきとする「**扶養義務の優先**」，ならびに生活保護法の前に他の法律の適用が可能な場合にはそれらを優先させる「**他法の活用**」が規定されている。

ここで注意を要するのは，「扶養義務の優先」は，あくまでも要件とは性質が異なるものだということである。しかし残念なことに，実際の現場では，こ

れを過度に重視して「親族がいるならその人に援助をお願いしなさい」といって，窓口まで申請に訪れた人に対し，申請を受理しない扱いをする場面も多くみられるという。だが，生活保護法24条には，「申請があった場合，福祉事務所は14日以内に，保護の要否，種類，程度などを決定し，申請者に対して理由を明示したうえ，書面をもって通知しなければならない。」という規定が存在しており，申請を受理しないという行為は，24条に抵触するものである。

しかし，こうした明らかな申請権の侵害行為が，半ば慣行化している現実は認めなくてはならない。こうしたいわゆる「**水際作戦**」（申請の前に窓口で追い返し，申請数をなるべく低く抑えようとすること）が横行するのは，「申請を受け付けないこと」，「保護を廃止すること」に尽力できることこそが，「有能な公務員（ケースワーカー）」という評価につながるという，厳然たる現実である。

とりわけ最近，「三位一体の改革」の一環として，国と地方との間で，生活保護費の負担率の変更について議論が行われたところである[7]が，地方の負担感はいっそう増している。そうしたなかで，現業員であるケースワーカーに課せられるプレッシャーは相当なものがある。ケースワーカーの労働者としての過酷な労働環境も看過できない。こうした構造的な問題が，生活保護法4条3項に明記されている切迫した場面における「急迫保護の最優先」の実効化を妨げる要因となっているものと思われる。

(4) どのような保護があるか

生活保護には，つぎに挙げる8種類の扶助があり，国の定めた基準により，世帯の必要に応じて受給することができる。さらに，各種加算や一時的な需要に応じるための一時扶助もある[8]。

① 生活扶助（生活保護法12条）……食料，衣料，光熱費等，日常生活の費用。
② 教育扶助（同法13条）……義務教育に必要な費用（給食代，学級費を含む）。
③ 住宅扶助（同法14条）……家賃，地代など。
④ 医療扶助（同法15条）……病気や怪我の治療のための費用。
⑤ 介護扶助（同法15条の2）……介護を受けるための費用のうち，介護保険から支給されない分。

⑥　出産扶助（同法16条）……出産時の入院，衛生材料等の費用。
⑦　生業扶助（同法17条）……高等学校等就学費用，自立のために技能を身につけるための費用。
⑧　葬祭扶助（同法18条）……死亡時の火葬，葬儀，遺体運搬等の費用。

2　不服があるとき

　たとえば，生活保護の申請をしたAさんがその申請を却下されたとする。Aさんは行政の決定に納得がいかない。その場合，不服を申し立てることはできるのだろうか。

　もちろん，答えは「できる」。生活保護法にも行政不服申立ての規定があるが（生活保護法第9章），いわば行政不服申立ての一般法に該当する「**行政不服審査法**」という法律により整備されている。

　行政不服申立制度は，行政庁の処分その他公権力の行使にあたる行為に関し不服のある者が，行政機関に対し不服を申し立て，行政庁の違法または不当な行為を是正し，自己の権利利益の救済を図るものである。なお，訴訟との関係であるが，生活保護法は，審査請求を行った後でなければ訴訟を提起できない「**審査請求前置主義**」を採用しているため，まずは行政不服申立てをしてその裁決を待つことになる。

Ⅲ　応用への道標──再生，それとも衰退？「貧しさ」政策の今後

1　生活保護制度の再設計──専門委員会が目指すものとは

　2004（平成16）年，「**生活保護制度の在り方に関する専門委員会**」という政府の社会保障審議会が報告書を出した。これは，生活保護制度を「利用しやすく自立しやすい制度へ」というスローガンのもとに再構築を図ることを目的としたものとされている。内容は，今後の方向性，具体的基準，運用のあり方，実施体制等々，多岐にわたっている。

　委員会での議論は直ちに政策に結実する。母子加算の要件の変更，高等学校

図表9-2　近年の保護基準の改定の動き

	人工栄養費	技能習得費	老齢加算	母子加算
内　容	生活扶助の一種で、乳児（1歳未満）の発育に必要な栄養を人工栄養に依存しなくてはならない場合に支給されるもの	生業扶助の一種で、仕事に就く上で必要な技能を習得する際に支給されるもの	各種加算の一種で一定の要件を満たす高齢者に支給されるもの	各種加算の一種で母子・父子世帯の児童の養育にあたる者に支給されるもの
変更事項	廃　止	新たに「高等学校等就学費」を技能習得費として支給	段階的に廃止	児童の年齢要件を「18歳以下」から「15歳以下」に引き下げるとともに、16歳以上の子のみの世帯の加算は段階的（3年間）に廃止
変更実施年	2005年	2005年	2004年から	2005年から

等就学費の支給などはその一例である（近年の保護基準の変更については**図表9-2**参照）。ここで専門委員会が提言していることすべてを取り上げることはできないが、「経済的自立のための支援のみならず、日常生活自立支援や社会生活自立支援をも含めた自立支援」という、極めて広範囲にわたる包括的なものを志向しているということを踏まえておくことが肝要であろう。こうした志向性が、実際の生活保護政策のなかで、具体的にどのように反映されていくのか、今後の動向に注目する必要がある。

2　「自立支援プログラム」とは

先述した「生活保護制度の在り方に関する専門委員会」による報告書の提言のなかで、最も注目すべきものは、「**自立支援プログラム**」である。これは、要保護状態にある人を対象に、福祉事務所が多様な支援を整備し、とりわけ就労サポートの強化を図ったものとなっている[9]。具体的には、厚生労働省によって、2005（平成17）年に全国のハローワークに生活保護受給者の就労支援メニューを選定するコーディネーター100名、ナビゲーター70名が配置された。

これまで分断されていた福祉事務所とハローワークがネットワークを築いて，一丸となって就労支援に取り組もうというわけである。

　自立支援プログラムはスタートしたばかりであって，具体的な成果について評価を下すのは早計だろう。いくつかの文献やテレビの報道などでは，独創性や意欲にあふれる自治体の試みがいくつか紹介されているが[10]，一人の人間の「自立を支援する」ということは容易ではない。本報告書では，経済的自立にとどまらず，日常生活の自立や，社会生活の自立をも含めた自立概念を視野に入れていると述べているが，現在実施されている自立支援プログラムをみる限りにおいては，あくまでも「就労＝仕事に就くこと」に特化した内容といえる。

　だが，本来の生活保護制度は，「本人の努力にもかかわらず就労できない」人々に対して，最低限の生活保障をすることが原点である。想像をめぐらせてほしい。生活保護を受給している人のなかには，高齢者もいれば，病気で働けなくなった人，子どもをもつ親，頼るべきつてを何ももたないホームレスの人等々，その年齢も抱える事情もさまざまである。それらを一括りにして，「就労支援による自立」という唯一の処方箋を用いることは，あまり現実的とはいえない。

　決して就労支援が不要というわけではない。ただ，就労支援のみの単線的なプログラムを準備するだけでは，そこからこぼれ落ちる人々を掬い上げることはできないままである[11]。「就労による」自立支援システムを充実させることとは別個に，「就労によらない」自立像を確立し，社会福祉制度のなかに位置付けることが求められるのではないだろうか。

3　まとめ

　本章のテーマは，「貧しさ」に対して，社会福祉法制がいかなる役割を果たしうるか，ということであった。そして，その結果，現在進められている政策の最大のキーワードは「自立支援」であり，その具体策は「就労支援」であるということがわかってきた。そこで，最後に問題提起をしたいことは，このキーワードが「貧しさ」にとって万能であるのか，という点である。

第9章 「貧しさ」と社会福祉法制

「先ず就労ありき」の姿勢で臨むことによって，「稼働能力」（働ける能力を活用しているか）というこれまで生活保護の運用の際に厳しく判断されてきた要件が，より「スマートな」形で導入される結果を招くおそれはないのだろうか。

「一生懸命働きます！」と懸命にその意欲をアピールできない人は，「反道徳者」という烙印を押され，自立支援プログラムを受ける資格を喪失しかねない。これが度を超すと，気が付けば，かつての選民主義に逆戻りしていた，という皮肉な結果を導くことにはならないのだろうか。

さらに問題なのは，自立支援プログラムの法的性質の不明確性である。専門委員会の議論の過程では，自立支援に対して法的な根拠を作ることを主張する声や，保護の申請と決定という関係から分けて，多少契約的な要素を入れることができるのではないか，といった声も散見されたが[12]，結局のところは，契約にはなじまないということになり，あくまでも自立支援プログラムは実現手段の1つであり，保護の要件を満たす，ないしは勤労の努力義務の実現手段の1つとして位置付けることで落ち着いたようである。

しかし，前述の報告書には，自立支援プログラムの取り組みにまったく改善がみられない場合などには，「保護の変更，停止又は廃止も考慮する」とも記載されている。最低生活保障である生活保護の不利益変更は，生活への激烈な打撃をもたらすものである。にもかかわらず，法的根拠の明確ではない自立支援プログラムによってそれが可能となるならば，看過しえない問題である。さらに，プログラムを実際に実施する主体は，行政よりむしろ外部委託された民間団体であったりNPOであったりする。それら実施主体との間の法的関係もまだ解明されていない。いわば「見切り発車」的にスタートしてしまった感がある。

自立支援プログラムとは，行政と生活保護受給者との「契約」なのか，それとも，生活保護受給者に示された行政サービスの一種なのか，はたまた罰則付きの「義務」なのか……。グレーゾーンはまだ解明されていない[13]。

さらにその先へ ～ホームレスと「自立」について

本章でふれることができなかった，「ホームレス問題」，ひいては「ホームレ

◆コラム◆ 「ろくな者じゃの会」とは何じゃ？
——原点は"同じ働くなかま"として

「おっちゃん，寒くないか。」冷え込みの厳しい大阪の冬，寝袋を背負いながら，オフィス街や商店街を歩く一団がいる。その名は「ろくな者じゃの会」。発起人は編集プロダクションを経営する北出裕士氏。きっかけは，19年前，自身のオフィスの近くで野宿をしている男性に声をかけたことだった。大阪市は日本一ホームレスの多い街（2007〔平成19〕年は4911名・厚生労働省「ホームレスの実態に関する全国調査報告書」より）。「なんとかならへんのか」という一心で，たった一人ではじめた冬の夜の寝袋配り。それに共感した人々がいつしか集まり，主婦，学生，フリーター，失業者，サラリーマン……さまざまな人間が入り混じって，寝袋配りの輪が広がっていった。

「私がやっているのは，まさに焼け石に水。大阪市，そして国の貧困対策が抜本的に変わらない限り，路上で死ぬ人は減ることはないでしょう。それでも，同じ仲間としてほっとけない。そういう気持ちだけで動いています。配っている私達と，受け取っているホームレスの人たち。それは，そんなに遠いものではないと思うんです。寝袋を配っている人の中には失業して仕事がなかなか見つからん人もいるし，給料が下がって生活が厳しい人もいる。つまり，同じ働くなかまとして，困ったときに力を出し合おうじゃないかという，ごくごく単純な発想が出発点です。」と北出さんは話す。

今年の冬もまた，ろくな者じゃの会は，大阪の街を歩く。ときに寝袋を受け取ったホームレスの人に，「兄ちゃん，まだ若いんやから，がんばって仕事見つけや。」と励まされ（？）ながら……。

※ 『ろくな者じゃの会』では，ホームレスの人に配るための寝袋の提供を常時募っています。不要な寝袋があれば，ぜひお送りください。

　送り先：〒540-0018　大阪市中央区粉川町4－8－101　㈱GU企画内
『ろくな者じゃの会』代表世話人 北出裕士まで。 tel 06-6768-0454　fax 06-6768-4464

スを生み出す社会構造上の問題」についても、各自で考えをめぐらせてほしい。
2002（平成14）年成立の「ホームレスの自立の支援等に関する特別措置法」におけるホームレスの定義は、「都市公園、河川、道路、駅舎その他の施設を故なく起居の場所とし、日常生活を営んでいる者」（2条）となっている。日本のホームレスの全体的な傾向として、平均年齢が57.5歳と中高年齢層の人が多数を占めている点、仕事をしている人が70.4％（仕事の内容は「廃品回収」が75.5％で最多）と、これまた多数を占めている点などに留意して、こうした傾向から何を読み解くことができるか、考えてほしい[14]。また、「住居もなく、雇われる仕事もない中で、何とかして寝場所と日々の糧を手に入れている野宿生活者の生き様は究極の自立形態」ではないかと評する声[15]もある。ホームレスの「自立」について、あなたはどう考えるだろうか。

《参考文献》
* 阿部真大『搾取される若者たち──バイク便ライダーは見た！』（集英社、2006年）
  …… 労働者性が曖昧なバイク便ライダーに魅かれる若者の矜持と自虐がないまぜになった職業観を、軽妙なタッチで描いたもの。現代の「貧しさ」について、少し違う角度から考えてみたいときにおすすめしたい。
* 湯浅誠『貧困襲来』（山吹書店、2007年）
  …… 90年代より貧困問題に取り組んできたNPOの事務局長が日本社会の貧困の最前線を抉る。筆者は貧困を「"溜め"がない」状態であると表現している。「溜め」とはいったい何なのか、それは本書に詳しく書かれている。
* デイヴィッド・K・シプラー 著、森岡孝二ほか訳『ワーキング・プア──アメリカの下層社会』（岩波書店、2007年）
  …… アメリカでも進行しているワーキング・プア現象を追ったルポルタージュ。日本と何が共通していて、何が異なるのか、比較しながら考えてみたい人に読んでほしい。

《注》
1) たとえば、若年者の「ネットカフェ・マンガ喫茶難民現象」などを思い起こしてみよう。彼らは外見上は極めて清潔でこぎれいだし、「即座に日払いの仕事に応じられるように」携帯電話も所持していることが多い。しかし、仕事を失った上、地域社会や家族の支援からも断絶された若年者は、明らかに「貧しい」状態にあるといえる。
2) たとえば、1950（昭和25）年「社会保障制度に関する勧告」（社会保障制度審議会）には、「ここに、社会福祉とは、国家扶助の適用をうけている者、身体障害者、児童、その他援護

育成を要する者が，自立してその能力を発揮できるよう，必要な生活指導，更生補導，その他の援護育成を行うこと」と記されている（下線筆者）。
3）たとえば，生活保護打ち切り後，38歳の男性が自宅アパートでミイラ化した遺体で発見された「京都市山科区生活保護廃止事件」（京都地判平17・4・28賃金と社会保障1397号18頁）など。
4）ただし，1970年代にすでに「ワーキング・プア」の存在を認識していた研究者も存在した。江口英一は，1979年に刊行された著書のなかでこう述べている。「『貧困』を『階層』－『低所得階層』としてとらえることは，『貧困』を単なる低生活とするのではなく，また労働力を失った，またはもたない階層のものではなく，現に働きながら『貧困』の中にある広汎な就業階層までを含む，もっと広い深い概念として把えることを意味し，そのことは政策的実践的に大きな変化を必要とすることを意味するであろう。」（江口英一『現代の「低所得層」（上）』〔未來社，1979年〕8頁）。
5）朝日訴訟（第一審：東京地判昭35・10・19判時241号2頁，第二審：東京高判昭38・11・4判時351号11頁，最高裁：最判昭42・5・24判時481号9頁）。
6）一定の条件に該当する場合には，「世帯分離」を行うことができる。同じ世帯のなかに困窮する人がいて，そのことが原因となって世帯全体の生活の安定がおびやかされるような場合である。しかし，世帯分離はあくまでも例外的な取扱いとされ，詳細な条件や制約が存在する。
7）現制度では支給される保護費について，国3/4，地方1/4の割合で負担しているが，これを国1/2，地方1/2に変更し，さらに住宅扶助の一般財源化（地方交付税交付金に含めて国が交付），保護基準（最低生活費）を地方が独自に設定することが提案された。
8）各種加算には，たとえば，妊産婦加算，母子加算，障害者加算，老齢加算，在宅患者加算などがある。また，一時的な需要に応じるための一時扶助には，被服費，家具什器費，移送費，入学準備金などがある。さらにその他として，転居する場合の敷金・礼金・運送費，契約更新料や配電設備費と水道・井戸または下水道設備費などが考えられる。
9）「社会保障審議会福祉部会生活保護制度の在り方に関する専門委員会の報告書」参照。厚生労働省のHPからみることができる（http://www.mhlw.go.jp/shingi/2004/12/s1215-8.html）。
10）たとえば，東京都板橋区の自立支援プログラムは，賃金と社会保障1419号（2006年6月上旬号），大阪市の自立支援プログラムは，賃金と社会保障1436号（2007年2月下旬号）に紹介されている。
11）この点については，渋谷望『魂の労働――ネオリベラリズムの権力論』（青土社，2003年）46頁以下に端的に述べられている。
12）社会保障審議会福祉部会生活保護制度の在り方に関する専門委員会第18回議事録を参照。なお，この議事録は厚生労働省のHPからみることができる（http://www.mhlw.go.jp/shingi/hosho.html#fukusi3）。
13）ここで参考として，ドイツの政策を挙げておく。日本の自立支援プログラムとはシステムは異なるが，ドイツでは「統合協定」という「契約」を締結することになっている。「労働政策研究報告書69号――ドイツにおける労働市場改革 その評価と展望」（労働政策研究・研

修機構，2006年）41頁より。
14) このデータは，厚生労働省による「ホームレスの実態に関する全国調査報告書（2007年）に基づくものである。調査結果は，厚生労働省のHPからみることができる（http://www.mhlw.go.jp/houdou/2007/04/dl/h0406-5a.pdf）。
15) 高沢幸男「自立とは自分を追い出した社会に戻ることなのか？」現代思想，2006年12月号188頁以下参照。

【奥貫　妃文】

第10章 外国籍住民と社会福祉法制

Introduction

同じ風景のなかで……

　日本のとある地方都市A。かつてこの街は，縫製業を営む中小零細業者が多く，小規模ながら底力を発揮し，戦後高度経済成長を支えてきた。日本全国の百貨店に，この街から大量の衣料品が送り出されていた。

　今，彼らが次々と姿を消している。かつて繊維問屋で賑わっていた街の中心部のアーケードでは，シャッターが下ろされたままの店がイヤでも目につく。海外との熾烈な価格競争，メーカーからのコストダウンの要求……。加速するグローバル化の波に翻弄され，長年掲げてきた家業の看板を下ろす人々が後を絶たない。

　他方，この街には，至るところで外国語を話す人々がみられるようになった。日本をめざしてやってきた外国からの人々である。彼らの多くは，労働者扱いされない「研修生」と呼ばれる人々であり，日本人の若者が次々と離れ黄昏期を迎えた縫製工場で，貴重な「労働力」として受け入れられている。つまり，労働者ではないとしながら，実際は安価な労働力が流入している。終わりなきコストダウン競争はこうして続いていく。

　この図式のなかに幸せな人は見当たらない。廃業に追い込まれる日本人も，安い労働力となっている外国の人々も，いずれも富を享受することはできないままでいる。こうした現象は，日本の地方の至るところで散見される。こうしてみると，「外国人問題」と呼ばれる問題にも，日本の「構造改革」の影響が深い影を落としていることがわかる。本章では，外国籍住民の目線から，日本社会と社会福祉法制を鳥瞰してみたい。

I　日本のなかの「外国人」

1　「外国人」とは

(1) 国籍法による定義

　私たちは，日頃何気なく交わす会話のなかで，「外国人は……」という言葉

を使っている。しかし,「外国人」とは,いったい誰を指しているのだろうか。どんな人をイメージして,「外国人」という言葉を使っているのだろうか。

日本国憲法10条には,「日本国民たる要件は,法律でこれを定める。」という規定がある。これを受けて制定されたのが国籍法である[1]。すなわち,外国人とは,国籍法に基づく日本国民の要件に合致しない者であり,外国の国籍を有する者だということになる。

(2) 「国民」から「市民」へ

これまで外国人の比率が比較的低かった日本においては,「日本人か,そうでないか。」という二分法に依拠するところが大きかった。しかし,そうした「国民国家主義」的思考では追いつかないほど,国境を超えた人々の移動が加速している現状がある。

そうした現況を踏まえ,国籍よりも,人民を構成する主権者個人としての市民の位置付けを重視し,国籍からの解放を進める見解もみられるようになった[2]。さらに,「日本人」⇔「外国人」という区別を克服するため,「外国人」の呼称をなるべく避け,広く外国にルーツをもつ住民を「外国籍住民」と総称するNGOも現れている[3]。本章のタイトルを「外国籍住民」としているのもこうした発想に基づくものである。こうした潮流は,ヨーロッパ（EU）の市民権思想に端を発するものだと思われる[4]。いずれにせよ,今後の日本の社会福祉法制の対象を考えるとき,「国民」と「市民」との差異を意識的に考えることは不可欠である。

2 日本で生きる外国人

(1) 概　略

日本に住む外国人は,2006（平成18）年末現在,約230万人と推定される。これは,外国人登録数約208万人に,オーバーステイ（超過滞在）の約20万人を加えたものである。

そのうち,約50万人が**「特別永住者」**と呼ばれる人々である。このカテゴリーに属するのは,かつて日本により植民地とされた韓国・朝鮮や中国の一部など

155

図表10-1　国籍（出身地）別外国人登録者数の推移

↓国　籍 （出身地）	2002年 （平14）	2003年 （平15）	2004年 （平16）	2005年 （平17）	2006年 （平18）
→総　数	1,851,758	1,915,030	1,973,747	2,011,555	2,084,919
韓国・朝鮮	625,422	613,791	607,419	598,687	598,219
構成比（%）	33.8	32.1	30.8	29.8	28.7
中　国	424,282	462,396	487,570	519,561	560,741
構成比（%）	22.9	24.1	24.7	25.8	26.9
ブラジル	268,332	274,700	286,557	302,080	312,979
構成比（%）	14.5	14.3	14.5	15.0	15.0
フィリピン	169,359	185,237	199,394	187,261	193,488
構成比（%）	9.1	9.7	10.1	9.3	9.3
ペルー	51,772	53,649	55,750	57,728	58,721
構成比（%）	2.8	2.8	2.8	2.9	2.8
アメリカ	47,970	47,836	48,844	49,390	51,321
構成比（%）	2.6	2.5	2.5	2.5	2.5
その他	264,621	277,421	288,213	296,848	309,450
構成比（%）	14.3	14.5	14.6	14.8	14.8

出所：法務省入国管理局広報資料（2007〔平成19〕年5月）。

から日本に移り住むことを余儀なくされた人々とその子孫で，「**オールドカマー**」と呼ばれる。

　これに対して，あとの約180万人は，主として1980年代から日本に働きに来た人々で，「**ニューカマー**」と呼ばれる。とりわけ，1989（平成元）年の出入国管理及び難民認定法の改正により，日本国籍をもたない日系人が「定住者」の資格で制限のない就労を行うことが可能となったことを契機に，多数の日系人が来日するようになった。

　なお，外国人登録者数の内訳は，最も多いのが韓国・朝鮮（約60万人），ついで中国（約56万人），ブラジル（約31万人），フィリピン（約19万人），ペルー（約5万8000人），アメリカ（約5万人）となっている（**図表10-1**）。

(2) 在留資格について

　外国人が日本で生活をするためには許可が必要となる。その許可を与える権

限を有するのが，法務省の**入国管理局**（以下，入管という）である。その許可の具体的な内容が「**在留資格**」と呼ばれるもので，「**出入国管理及び難民認定法**」（以下，**入管法**という）に定められており，全部で28種類ある（**図表10-2**参照）。

「日本では，外国人の単純労働は認められていない。」と耳にすることがあると思う。それは一部正しいが，一部不正確な表現である。**図表10-2**のなかの，「就労活動が認められている在留資格」に挙げられている16の在留資格はその仕事内容によって細かくカテゴライズされており，「外交」や「芸術」といった在留資格をみると，確かに，外国人には特別の技能を伴う仕事に限定されているとの印象を受けるだろう。しかし，**図表10-2**のなかの一番下に眼を転じると，「身分・地位に基づく在留活動が認められるもの」というカテゴリーがある。これは，日本人と結婚したり，永住・定住許可を受けた者であるが，いずれも，活動の制限がないので当然就労制限もない。よって，日本人とまったく同じ労働市場で就労活動が展開できるのである。たとえば，先述したように「日系人」の多くは「定住者」の在留資格に属するので，就労制限もない。

さらに，冒頭のイントロダクションで例に挙げた「**外国人研修生制度**」は，このなかの「研修」という在留資格に属する。研修生は，あくまでも研修を目的としたものであり，そこで行われる活動は労働ではないと解されているので，労働者扱いにはならず，労働者が受けられる種々の権利保障からは一切除外されている。しかし，日本の地方各地で後継者不足に悩む農業や製造業にとっては，研修生はまさに渡りに船の存在であった。すなわち，欠くべからざる「労働者」として，研修生が位置付けられている現状があるということである。

Ⅱ　法政策のなかの外国人──社会福祉・社会保障分野において

1　総　　論

国際人権規約の批准（1979年）および**難民条約**（「難民の地位に関する条約」〔1951年国連で採択〕，「難民の地位に関する議定書」〔1966年国連で採択〕の2つをあわせる）

図表10-2　在留資格一覧表

◎活動に基づく在留資格
- ○各在留資格に定められた範囲での就労が可能
  - 〈入管法別表第1の1の表〉
    - 外　　交（外国政府の大使，公使，総領事等およびその家族）
    - 公　　用（外国政府の大使館，領事官の職員等およびその家族）
    - 教　　授（大学教授等）
    - 芸　　術（作曲家，画家，著述家等）
    - 宗　　教（外国の宗教団体から派遣される宣教師等）
    - 報　　道（外国の報道機関の記者，写真家等）
  - 〈入管法別表第1の2の表〉
    - 投資・経営（外資系企業の経営者・管理者）
    - 法律・会計業務（弁護士・公認会計士等）
    - 医　　療（医師・歯科医師等）
    - 研　　究（政府関係機関や企業等の研究者）
    - 教　　育（高等学校・中学校等の語学教師）
    - 技　　術（機械工学等の技術者）
    - 人文知識・国際業務（通訳，デザイナー，企業の語学教師等）
    - 企業内転勤（外国の事業所からの転勤者で，上2つに同じ）
    - 興　　行（俳優，歌手，ダンサー，プロスポーツ選手等）
    - 技　　能（外国料理の調理師，スポーツ指導者，貴金属等の加工職人等）
- ○就労はできない
  - 〈入管法別表第1の3の表〉
    - 文化活動（日本文化の研究者等）
    - 短期滞在（観光客，会議参加者等）
  - 〈入管法別表第1の4の表〉
    - 留　　学（大学，短期大学，専修学校（専門課程）等の学生）
    - 就　　学（高等学校，専修学校（高等または一般課程）等の生徒）
    - 研　　修（研修生）
    - 家族滞在（上記の教授から文化活動まで，留学から研修までの在留資格を有する外国人が扶養する配偶者・子）
- ○個々の外国人に与えられた許可の内容により就労の可否が決められる
  - 〈入管法別表第1の5の表〉
    - 特定活動（外交官等の家事使用人，ワーキング・ホリデーおよび技能実習の対象者等）

◎身分または地位に基づく在留資格
- ○活動に制限なし
  - 〈入管法別表第2〉
    - 永住者（法務大臣から永住の許可を受けた者）
    - 日本人の配偶者等（日本人の配偶者，実子・特別養子）
    - 永住者の配偶者等（永住者・特別永住者の配偶者およびわが国で出生し引き続き在留している実子）
    - 定住者（インドシナ難民，日系3世等）

生活保護適用

の批准（1981年）を契機に，日本の社会保障制度にも「内外人平等原則」の適用が求められるようになり，その動きに背中を押されるように，社会保障法各法において，「日本国民」のみを対象とすると規定した**「国籍要件」の撤廃**が次々と行われた（**図表10-3**参照）。すなわち，現制度において，「外国人」であることを理由に対象から除外されることは，本来考えにくいことである。

にもかかわらず，実際は，無保険・無年金・無福祉状態のままの外国人が相当数いると思われる。それはなぜか。理由の1つは，国際条約や社会福祉・社会保障制度の原則にかかわらず，適用の判断基準を「在留資格」1本に収斂させる方針を貫徹する日本の出入国管理制度ならびに外国人労働者政策にある。これにより，入管法上「就労」していても「労働者」とされない層や，オーバーステイの外国人労働者が出現することとなる。

さらに，1990年代から厚生省（当時）の口頭指示，通達，通知等の手段により，在留資格外の外国人に対する社会保障権の制限が加速していくと（**図表10-3**参照），自治体毎に解釈や運用が異なるという事態を招き，日本人でさえ理解するのが困難な社会保障・社会福祉制度が，外国人にとってさらに複雑なものへと変貌を遂げていったのである。

2 各　　論
(1) 生活保護法

生活保護法は，1条で本法の目的について規定しているが，そこで対象としているのは「国民」である。また，2条では保護の無差別平等を謳っているが，ここでも対象は「国民」である。このように生活保護法には国籍要件がいまだに存在しているが，では，外国人には一切適用されないのかといえば，答えは「ノー」である。

その根拠は，かなり遡るが，1954（昭和29）年に出された「生活に困窮する外国人に対する生活保護の措置について」（昭29・5・8社発382号厚生省社会局通知）という通知にある。この通知では，「外国人は法の適用対象とならないのであるが，当分の間，生活に困窮する外国人に対しては，一般国民に対する生活

図表10−3　社会福祉・社会保障分野の法律における外国人の位置づけ

法　律	国籍要件	適用および制限の内容
生活保護法	あり（保護請求権を認めない形で外国人に準用）	1990年厚生省（当時）の口頭指示により，就労制限のない在留資格（特別永住者，永住者，定住者，日本人配偶者等）のみ認める。
国民年金法	なし（1982年に撤廃）	国籍条項撤廃以前には加入することができず，年金受給年齢に達しても受給資格を得られない外国人が出現。さらに1982年撤廃時には35歳以上の加入を認めず，後の1986年改正においても，その時点で60歳以上の加入ができず多数の無年金外国人を生み出した。
国民健康保険法	なし（1986年に撤廃）	1992年厚生省（当時）通知，2004年省令変更により，原則として在留資格が1年以上のものに限定。

保護の決定実施の取扱に準じて保護を行う」とされており，すなわち，本来ならば外国人は生活保護を受ける権利がないのだが，あくまでも人道上の観点から，予算措置として保護することがある，という態度である。これを，生活保護法の「**準用**」という。

さらに，1990（平成2）年10月25日に，厚生省社会局保護課企画法令係長の口頭指示によって，在留資格によって保護を利用できる外国人が限定されることとなった[5]。これにより，オーバーステイや留学生等は生活保護を利用することができなくなった（**判例◆東京都中野区オーバーステイ外国人生活保護申請却下事件**参照）。

このような限定がなされた理由が，第9章でも紹介した「生活保護制度の在り方に関する専門委員会」の第12回説明（平成16・6・8）資料で述べられている。それによれば，外国人に対して生活保護法を準用するためには，日本人と同様にこの要件を満たすこと，とくに，日本人に生活保護を適用する場合とのバランスを考えて，自由に働くことができることが必要であるとする。これを満たす外国人とは，「適法に日本に滞在」し，「活動に制限を受けない」者である。すなわち，「適法に日本に滞在」する外国人とは，在留資格を取得している者等であり，「活動に制限を受けない」外国人とは，身分または地位に基づ

◆判　例◆　東京都中野区オーバーステイ外国人生活保護申請却下事件
〔第一審：東京地判平8・5・29行集47巻4・5号421頁〕〔第二審：東京高判平9・4・24行集48巻4号272頁〕〔上告審：最判平13・9・25判時1768号47頁〕
　オーバーステイ状態であった中国籍の原告が，交通事故に遭い重傷を負ったが，医療費が払えず中野福祉事務所に生活保護を申請したところ，オーバーステイであることを理由に申請が却下された事件。原告は，福祉事務所の処分の違法性を主張して提訴した。
　結果は，第一審から上告審に至るまで一貫して原告の主張をしりぞけるものとなった。その根拠は，「生活保護法が不法残留者を保護の対象とするものでないことは，その規定及び趣旨に照らして明らか」であり，広範な立法裁量を認めた上で，憲法25条に違反しないというものである。

いて与えられる「入管法別表第2」(**図表10-2参照**)の在留資格を有する者等である，とのことである。

　しかし，通知ならびに口頭指示といったいかにも「付け焼刃」的取扱いが，50年以上も変わることなく継続しているのは，明らかに法制度の不備である。この通知が発せられた時代とは，外国人の質量共に大きく変貌している。50年以上前の通知における「当分の間」の措置を，いったいいつまで維持するつもりであろうか。権利性がないということは，すなわち，生活保護を受給する人が当然に有している「不服申立権」も有しないということを意味する。前述の「生活保護制度の在り方に関する専門委員会」のメンバーからも，生活保護といういわば「最後の砦」である制度を，外国人に対して狭量な姿勢で貫くことに対する鋭い批判が出ている[6]。

(2)　国民年金法・厚生年金保険法

　「国民」と冠されたこの年金制度であるが，外国人に対しても，日本人と全く同様に適用されることになっている。国民年金法7条1項には，日本国内に住所のある20歳以上60歳未満のすべての者が，国籍に関係なく**国民年金**に加入すると規定されている（なお，加入手続は外国人登録をしている区役所で行う）。

　しかし，最初からそうであったわけではない。法律制定当時は国籍要件が存

在した。だが，国籍による差別の廃止を謳った「**難民条約**」（難民の地位に関する条約）の批准を契機に，1982（昭和57）年に撤廃されたという経緯がある。

それでもなお，問題は残存している。国民年金制度が創設された1961（昭和36）年以後の期間は「合算対象期間」（いわゆるカラ期間）とされ，年金額には反映されないのである。さらに，情報周知が十分なされなかったこともあって，多くの**無年金外国人**が生み出されることになった。

なお，いわゆる2階部分を構成する**厚生年金保険**の根拠法である厚生年金保険法にはもともと国籍条項はない。被保険者の適用範囲は，同法9条に「適用事業所に使用される70歳未満の者」と規定されている。厚生年金保険は適用事業所で働く会社員など常時雇用されている者が加入する保険で事業所単位で加入することになっており，外国人と自国人の区別は一切ない。

現行制度では，25年以上保険料を納めていなければ受給資格が得られない。それを補う意味で，1994（平成6）年には，「**脱退一時金制度**」が新設された（厚生年金は厚生年金保険法附則29条，国民年金は国民年金法附則9条3の2に根拠規定あり）。この制度は，国内において年金制度に加入した者が，受給権を得ることなく制度を脱退する場合に，一定の条件のもと，支払った保険料の一部が返還されるというものである。しかしこの制度も，返還額が不十分であるといった背景があり，まだ多くの課題を残している。

近年，急激に増加した日系人の年金未加入問題がある。多くの日系人が労働者派遣や業務請負といった間接雇用関係のもとで働いているが，派遣会社が雇用主としての責任を果たさず，社会保険への加入を怠っているケースが常態化してしまっているのである。皮肉なことに，これは，労使双方の利害が一致した結果であるともいえるだろう。

日系人サイドも，いずれ母国に帰る一時的滞在者としての意識が強ければ強いほど，日本の年金制度にコミットメントしようという動機が薄くなる。とくに若い世代は，いま社会保険でお金を払うのであれば，それを削っても手取りの給料を多く手にしたいと考える傾向があり，それも無理なからぬことであろう。

しかし,「いずれ母国に帰るのだから……」というつもりで日本に来た日系人の多くが長期滞在に及んでおり,結果的に日本で結婚したり,子どもが生まれたりして,日本での定住化が進んでいるのも事実である。そうしたときに,年金未加入状態が継続していたとすれば,少なからぬ打撃を受けるのは明らかである。さらに,年金未加入は,「障害年金」と「遺族年金」への道も閉ざされることになる。今後,日本に住む外国人がさらに増えることは確実であり,外国人がより参加しやすい年金システムを,早急に構想し整備する必要がある。

(3) 国民健康保険法

国民健康保険法は,1986（昭和61）年に国籍条項が撤廃されたが,1992（平成4）年には,「在留資格」を保険適用の要件とするようにとの方針が,「外国人に対する国民健康保険の適用について」（平4・3・31保険発41号）という通知によって発せられ,在留資格がなければ国民健康保険に加入できないという原則が立てられることとなった。オーバーステイの人々は,この通知によって,最も医療から遠い場所に固定されたといえるだろう。

しかし,そんな最中に出された2004（平成16）年1月15日の最高裁判決は,一定の条件があれば在留資格を有しない外国人であっても資格を有すると判断した[7]。オーバーステイ状態での国民健康保険の受給資格をめぐる初の最高裁の判断として,大きなインパクトを与えるものであった。

しかし,その直後に厚生労働省令（平16・6・8厚労省令103号）が出され,在留資格を有しない外国人,1年未満の在留期間しかない外国人は,国民健康保険の加入が認められないこととなった。再び,元に戻ってしまった感があるが,医療へのアプローチが困難になればなるほど,事態はより複雑化し,かつ深刻化していくことは自明であろう。つまり,「保険に入れない」から,身体に異変を感じても極限まで病院に行くことを抑制し,結局,重篤な状態になってはじめて病院に運ばれても手遅れとなってしまうという流れを,半ば人為的に作り出しているのである。

これは,外国人のみならず,経済上の理由で国民健康保険の保険料が払えなくなったすべての人に共通する問題であろう。中長期的に見据えたとき,この

ような「医療難民」の層が増すことは決して得策でないはずである。

Ⅲ　応用への道標——「管理」そして「促進」

　ここでは，外国人をめぐる対極的な2つの大きな動き——すなわち，「管理」の対象としての外国人政策と，受け入れ「促進」の対象としての外国人政策——に言及する。

1　「管理」のための法制度——改正入管法・改正雇用対策法
(1)　「日本版US-VISIT」の導入——改正入管法

　2006（平成18）年5月に公布された**改正入管法**では，「テロ防止」の一環ということで，入国審査時に個人識別情報を利用したテロ対策が実施されることになった（改正入管法6条3項）。これは，すでにアメリカで実施されている「US-VISIT」を参考にしたもので，「**日本版US-VISIT**」などと称されている[8]。この新たな入国審査手続では，入国申請時に指紋および顔写真の提供を受け，その後，入国審査官の審査を受けることになる。個人識別情報の提供が義務付けられている外国人が，指紋または顔写真の提供を拒否した場合は入国は許可されず，日本からの退去を命じられるという，極めて厳格なものである。

　かつて，日本には外国人に対する指紋押捺制度が存在した。1999（平成11）年に外国人登録法の改正によって制度の全廃が達成されるまでには，実に長きにわたる当事者の反対運動があった。そういった過去の苦難の歴史を忘れたかのように，日本版US-VISITは意外とすんなりと実施を果たした。その背景にあるものは何なのか，歴史を紐解いて考え直すことが求められている。

(2)　外国人雇用管理の義務化——改正雇用対策法

　2007（平成19）年5月，「改正雇用対策法及び地域雇用開発促進法」（**改正雇用対策法**）が成立した。本法によって，外国人労働者が雇入れされたり，離職をした際に，事業主は，当該外国人の氏名，在留資格，在留期間，活動内容等を厚生労働大臣に届け出ることが義務付けられることとなった（改正雇用対策法28

条)。違反した事業主に対しては，罰則規定（罰金30万円）が設けられている。

2 「促進」に向けた動き

外国人を「管理」する動きと時を同じくして，政府や財界からは，「外国人労働者」を積極的に受け入れようとする議論が活発に展開されてきた。一例を挙げれば，2006（平成18）年の内閣府の規制改革・民間開放推進会議の答申（第3次）や，内閣官房の外国人労働者問題関係省庁連絡会議の「『生活者としての外国人』に関する総合的対策」，2007（平成19）年の日本経済団体連合会による提言（第2次）などである。

そこでは，専門的な技能をもつ「高度人材」や，看護師や介護士など今後人材不足が予想される分野への外国人労働者の投入，といったことが提言されている。しかし，こうした一連の傾向には，受入れ国側の事情にあわせて，最初から受け入れる外国人の職種を厳密に絞りこもうとする姿勢が明確に表れている。手放しの「促進」策ではないことに留意する必要がある。

3 まとめ——外国人・自国人の間の「フェアネス」とは

グローバリゼーションの潮流は，低賃金外国人労働者を固定化すると同時に，いわゆる「高資格・高技能移民」の優遇措置も促進させている[9]。これは世界各国で，ほぼ時を同じくして起こっている現象である。こうした「移民の選別」を，国家の政策の裁量の範囲内として容認しうるのか，容認しうるとすれば，その射程範囲はどのように定めるべきなのか，そして，どこまで逸脱すれば「公正」（fairness）な状態ではなくなるのか，市民法，社会法の垣根を超えた広範な観点からの法的考察が必要だろう。

あるシンポジウムでゲストスピーカーとして来られたドイツの移民担当の政治家の印象深い言葉を，最後に紹介しておこう。

「WILLKOMMEN！（ようこそ！）の気持ちが迎える側にあるだろうか。自分達の利害関係ばかりに気をとられすぎていないだろうか。われわれの例でいえば，ドイツの社会制度を教えることだけが必要だと思っていないだろうか。相

手の国のことを知る努力というものも同時に重要だということを，どれだけの人が理解しているだろうか。」

この言葉は，グローバリゼーションのなかで，ともすれば画一的になりがちな思考に対して，鋭く課題提起をするものといえるのではないだろうか。

さらにその先へ ～隣にいる難民

本章ではふれられなかったが，難民認定者ならびに難民申請者の社会保障の整備も見逃せない。日本における難民とは，「難民の地位に関する条約」（1951年）と同条約議定書に規定された難民のうち，入管法上の難民と認定された人を指す。2004（平成16）年の入管法改正によって，難民申請者の「仮滞在許可制度」が新設されたものの，仮滞在中の就労活動は一切禁止されている（入管法施行規則56条の2第3項3号）。代替となる生活援助施策は皆無である。放り出されたまま生活の術をもたず，身元保証人を引き受けたボランティアや知人の支援で辛うじて生きる難民申請者が，この日本国内にひっそりと存在している。日本において庇護を求めている難民申請者について，生活保護を適用すべき生活状態にある人には生活保護の適用を提言する声[10]もあるが，難民申請者の生存権を脅かすこのような深刻な事態に対し，社会の関心は概して稀薄である。

世界中で，なぜ難民が生まれるのか，難民が遥か遠い国に逃れてくるのはなぜか，難民はいつ難民でなくなるのか……。遠い国のことだと思わずに考えてみてほしい。

《参考文献》

* ななころびやおき『ブエノス・ディアス，ニッポン——外国人が生きる「もうひとつの日本」』（ラティーナ，2005年）
  …… 外国人が抱える問題を専門に扱う弁護士によるエッセイ。あくまでも軽妙に，「仕事相手としての外国人」ではなく，「友人としての外国人」としての視点で，日常の情景を綴っているのが良い。しかし行間からは，法律の不備や行政の不条理な対応などへの怒りも読み取れる。エッセイとはいえ，法制度や裁判手続などに関してはかなり正確な説明がなされており，勉強になる。

＊ 北村暁夫『ナポリのマラドーナ——イタリアにおける「南」とは何か』(山川出版社，2005年)
　……1990年，地元イタリアとマラドーナ率いるアルゼンチンとのワールドカップ準決勝は，サッカーの枠を超えた国家ぐるみの関心を集めるものだった……。その背景にひそむイタリアの南北問題や移民の歴史を紐解いていく。ヨーロッパの移民の歴史のダイナミズム，そしてそれに伴う軋轢が手にとるように伝わり，まるで物語を読むように惹きこまれていく。ヨーロッパや南米のサッカーが好きな人にもおすすめする。
＊ 樋口直人＝稲葉奈々子ほか『国境を超える——滞日ムスリム移民の社会学』(青弓社，2007年)
　……日本に働きにきた「外国人労働者」の「その後」を追った貴重な1冊。副題にあるように，ムスリム（イスラム教徒）が多数を占めるイラン，パキスタン，バングラデシュの外国人労働者にスポットをあて，それぞれの軌跡をたどる。

《注》
1) 国籍法2条には，つぎのように日本国民の要件が規定されている。
　　第2条（出生による国籍の取得）　子は，次の場合には，日本国民とする。
　　　1．出生の時に父または母が日本国民であるとき。
　　　2．出生前に死亡した父が死亡の時に日本国民であつたとき。
　　　3．日本で生まれた場合において，父母がともに知れないとき，又は国籍を有しないとき。
　国籍法2条1号には，1985（昭和59）年まで「父」しか規定されていなかった。これは，「家父長制」を規範とする日本の家族観を象徴したものであるといえる。
2) 憲法学者である辻村みよ子教授は，永住外国人のうち政治的意思決定能力をもつ年齢に達した者に対し，『永住市民』と位置付け，国政，地方を問わず選挙権・被選挙権を認めるべきと主張している（辻村みよ子『憲法』〔有斐閣，2000年〕162頁参照）。
3) 詳細は，移住労働者と連帯する全国ネットワーク（略称：移住連）編『外国籍住民との共生にむけて——NGOからの政策提言』（現代人文社，2006年）を参照。
4) ドイツでは，人権についての言語表現において厳密な区別が用いられている。まず「人権」(Menschenrechte) は，前国家的な性質をもつ何人にも保障される権利であるとし，「市民権」(Bürgerrechte) は，ドイツ人に対してのみ保障された権利を指す。さらに，「人権」と「市民権」をあわせたものを「基本権」(Grundrechte) と呼ぶ。ちなみに，ドイツでは「憲法」を「基本法」(Grundgesetz) という。日本で一般的に用いられる「人権」は，ドイツにおける「基本権」に該当するものと解されている（芦部信喜『憲法〔第三版〕』〔岩波書店，2002年〕81頁）。
5) この口頭指示によれば，生活保護が利用できる外国人は，以下の3つに該当する人である。
　　①出入国管理及び難民認定法（以下「入管法」という）別表第2の在留資格を有する者（永住者，定住者，永住者の配偶者等，日本人の配偶者等）

②日本国との平和条約哀悼に基づき日本の国籍を離脱した者等の出入国管理に関する特例法の特別永住者（在日韓国人，在日朝鮮人，在日台湾人）
　③入管法上の認定難民
6）たとえば，第14回委員会（2004・7・14）で大川昭博委員は，国際人権規約，難民の保護に関する条約における均等処遇の原則に現行の「準用」という取扱いはなじまないのではないか，との疑問を投げかけ，さらに同委員会において布川日佐史委員は，準用であっても外国人への保護の決定に処分性があることは明らかであり，不服申立ての権利があることを明らかにすべきである，と主張している。
7）在留資格がないことを理由に国民健康保険へ加入できなかったために高額な医療費を支払わされたとして，台湾籍の原告が国と横浜市に損害賠償を求めていた訴訟で，最高裁は，「在留資格がない外国人を一律に排除するのは許されない」との判断を初めて示し，加入を認めなかった処分を違法であると認めた。ただし，国ならびに市に過失はなかったとして賠償請求は認めなかった（最判平16・1・31民集58巻1号226頁）。
8）日本版US-VISITの詳細については，「移住労働者と連帯するネットワーク情報誌Mネット103号――日本版US-VISIT施行前夜」（移住連，2007年）を参照。
9）たとえば，ヨーロッパでは，2007年10月23日，欧州委員会が高資格移民の受入れに関する指令案（通称ブルーカード指令案）を出している（対象は最低賃金の3倍の報酬を雇用契約で明記した第三国民〔非EU圏の外国人〕）。一方，日本でも，2006年に規制改革・民間開放推進会議（内閣府）の第3次答申において，「高度人材」の在留期間の延長や再入国許可制度の見直しを提言している。
10）たとえば，2004年のRINK（すべての外国人労働者とその家族の人権を守る関西ネットワーク）による「外国人の生活保護の運用に関する意見書」参照。

【奥貫　妃文】

第Ⅲ部
変貌する社会福祉法制
───福祉政策のこれから───

第11章 「家族」と社会福祉法制

Introduction

家族は愛情の場，それとも束縛する枷？

　「(介護を)して当たり前と思われるのが一番いやでしたね，つらいというか。おばあちゃんの世話をするとか，おじいちゃんの世話をするとか，やることに対してはそんなに思いませんでしたけどね。感謝までしなくてもね，うれしいよとかね，ちょっとひとこと言ってもらったら…。当たり前っていうか。というよりむしろ，常にものの言い方が悪いって言われるくらいですから。当然なんですよ，私がやるのは当然って感じなんですから。」　　　(春日キスヨ『介護問題の社会学』〔世界思想社，2001年〕159頁)

　これは夫の父親が認知症にかかり，途中同居することになったDさん夫婦の妻の言葉だ。このDさんの言葉に代表されるように，介護問題では嫁に介護を頼むものという意識が非常に強かった。それは，介護に対して常に家族，とくに夫の妻や実の娘といった女性にその役割が担わされていたからだ。
　もちろんDさんは，家族の介護が嫌なわけではない。Dさんが憤りを感じているのは，家族内の「嫁」の立場として介護が当たり前と解釈され，その役割を押し付けられる状況だ。ある意味Dさんは，家族という関係性が作りあげる愛と役割分担にからめとられながら，日々夫の親の介護に向き合っているのだ。
　読者はこの事例をみて「家族」についてどう考えるだろう。温かみのあるすばらしいもの，それとも自分を縛る枷なのか，そして社会福祉法制はそれにどのようにかかわるか。本章ではそのことについて考えていこう。

I　法からみえる「家族」とその変化

1　家族概念

　私たちが何気なく使っている「家族」とは，どの範囲までを指すのだろう。

人々はどのくらいの範囲を「家族」と認識しているかについて，社会学の分野でこのことを尋ねる調査が実施されており，しばしば興味深い回答が出てくる。たとえば「父・母・ペットのチョコちゃん」「夫・実家の両親」「自分は一人暮らしだけど一人でも家族」など。また同性愛者のカップルに問えば「法的には認められていないけど，私にとっての家族はこのパートナーだ」と答える場合もあるだろう。

実家の両親，という答えは読者もうなずくかもしれないが，一人暮らし，ペット，同性愛のカップルも家族なのだろうか。

実は学問的にも「家族」は客観的に定義できるものではない。ある文化人類学者は，家族を「一緒にゴハンを食べる関係」と称した。また家族の定義は論者によってさまざまである。一般的な特質としては，① 血縁と婚姻，② 同居と協力，③ 意識と制度，の3点から説明されることが多い。

2 法からみる「家族」の描かれ方

ではこのような「家族」を社会福祉法制はいかにとらえるか。そのことを知る手がかりとして，法にみられる「**家族**」やその類似概念である「**世帯**」「**家庭**」「**親族**」という言葉がどのように表現されているかをみていこう。

(1) 家　　族

「家族」という言葉が含まれる法律は現在94ある[1]。日本の憲法・法律は1789（2007年8月3日現在）あるから，全憲法・法律の5％に「家族」という言葉が含まれる。だがここに共通の定義は存在しない。憲法24条2項にも「家族」という言葉があるが，これは「個人の尊厳と両性の本質的平等」を家族生活の公序として定める趣旨であり家族そのものを対象としていないため，この条文では定義はおかれていない。社会保障法制では雇用保険法および介護休業法に介護休業給付の「対象家族」が規定されているが，その他の法では規定がない。

筆者はたまに，講義で大学生に対し「入っている医療保険は何か」を尋ねる。返ってくる答えで多いのは「親の会社の健康保険」という答えだ。大学生であり自分でお金を稼いで生活しているわけではないから，親の健康保険に加入し

第11章 「家族」と社会福祉法制

図表11-1　健康保険の被扶養者

〔3親等内の親族図〕　□＝生計維持の関係が必要　　○＝生計維持関係と同一世帯が必要

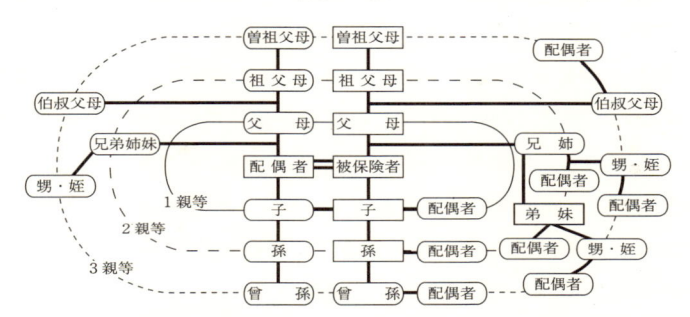

```
                    曽祖父母―曽祖父母                       配偶者
                        │       │
              祖父母―――祖父母
                │       │
  伯叔父母―――父　母―父　母―――――――――――――伯叔父母
                │       │
        兄弟姉妹    配偶者―被保険者          兄　姉
  甥・姪                                      配偶者    甥・姪
          1親等     子       子―配偶者
                                              弟　妹
          2親等                                配偶者    甥・姪
                   孫       孫―配偶者         配偶者
          3親等
                  曾孫     曾孫―配偶者        配偶者
```

注 1）健康保険では，被保険者の扶養家族についても，被扶養者として保険給付を行うが，被扶養者の範囲はつぎのようになっている。
　　2）被保険者の父母，祖父母などの直系尊属と配偶者（内縁でもよい），子，孫および弟妹で，主として被保険者の収入によって生計を維持している人（これらの場合は，必ずしも被保険者と一緒に生活していなくてもよいことになっている）。
　　3）被保険者といっしょに生活しており，主として被保険者の収入により生計を維持しているつぎの人。
　　　① 被保険者の兄，姉，伯叔父母，甥，姪などとその配偶者，被保険者の孫と弟妹の配偶者，および被保険者の配偶者の父母や連れ子など，注1）以外の3親等内の親族。
　　　② 被保険者と内縁関係にある配偶者の父母および子（その配偶者が死んだあと，引き続き一緒に生活している場合でもよいことになっている）。

出所：社会保険庁監修『社会保険のてびき平成19年度版』（社会保険研究所，2007年）27頁。

て医療をまかなっているといえる。ここでの子どもの医療は，健康保険法110条の「家族療養費」の規定により行われている。これは健康保険など被用者保険の被保険者に扶養される一定範囲を「家族」（これらを**被扶養者**と呼ぶ）とし，医療の諸支給を行うものだ（健康保険など医療保険法については→第4章参照）。この被扶養者の範囲は，親族関係，居住関係，生計維持関係に基づき判断されるのだが，**図表11-1**のように大変幅広い。

同じ「家族」でも発達障害者支援法13条や精神保健福祉法47条では，当事者を擁する家族への相談援助として「家族」という言葉が現れる。このときは実際に当事者のケアをする身近な者を家族として想定しているようだ。

(2) 世　　帯

家族の類似する概念で「世帯」という言葉が使われることもある[2]。たとえば生活保護法10条のように世帯単位を原則とする条文がある[3]。ここでは生活

保護の受給単位として「世帯」を採用しているが，条文に世帯の概念は定められていない。行政実務では，世帯とは「居住および生計を同一にする者の集合体」と解釈されているが，その具体的範疇は年代により変動している[4]。

国民年金法88条2項では，国民年金における世帯主の**連帯納付義務**を定める[5]。すなわち世帯には保険料について最終責任を負うべき長としての世帯主が定められており，保険料の徴収は世帯単位で縛られているのだ。この点につき，社会保障は家族単位でなく個人化して考えられるべきという考え（**社会保障の個人単位化**）が強くなっており，世帯主が代表して責任を負うという観点は，この点から時代にあっていないとの批判もある。

(3) 家　　庭

「家庭」は92法律に登場する[6]。社会福祉法制においては「家庭」は「家族」「世帯」概念と異なり，多くは日常生活単位としての集団を理念的・抽象的に規定したものであり，直接，給付に影響を与える概念ではない[7]。

(4) 親　　族

人の身分関係を規定する基本的な法として民法が挙げられるが，民法では「家族」「世帯」は使用されず「親族」という言葉が使われる。民法でこれらの言葉が使われない理由だが，これは日本古来の「家」制度の概念と密接に関連する。戦前の民法では，「家」制度が身分法における基本原理であり，相続でも「家」の承継，つまり家督相続に重点がおかれた[8]。戦後，新しい憲法の制定とともに民法の手直しが必要となったが，その中心が「家」制度の廃止に伴う改正であった。戦後の民法は，戦前の「家」の影響を払拭しようとしたため「家」を連想させる言葉を入れなかったといえる。

民法725条では親族を，① 6親等内の血族，② 配偶者，③ 3親等内の姻族とする。血族とは血がつながりのある者であり配偶者とは婚姻相手のこと，また姻族は婚姻により親族となった者である[9]。

3　法は家庭に入らず

ここまで法の「家族」および類似概念としての「世帯」「家庭」「親族」をみ

てきた。さまざまな概念があり定義もされておらず混乱する，と感じた読者もいることだろう。なぜ法は「切り分け」（→第1章参照）が得意なはずなのに，家族概念の切り分けをはっきりしなかったのだろう。それは家族という存在に従来から法が積極的に介入しなかったことと関係するかもしれない。

法の世界では「**法は家庭に入らず**」という有名な言葉がある。家族問題のすべてに国家法が干渉・介入することは，家族にとっては望ましいことではないし，とくに家族間の紛争は訴訟ではなく合意により解決されるべきと考えられたことから出てきた言葉だ。つまり家族生活は外部から遮断されたものとして法の立ち入らない領域（＝「非法」の領域）とされていた[10]。戦前の「家」制度も実はこの概念と密接な関係がある。家長を中心とした「家」制度が中をがっちり束ねていたから，法が介入する必要がなかったともいえる。

だが，その考えは変化しつつある。社会の変化や家庭内の虐待が問題とされた結果，家族に積極的に介入する法も制定されている（→本章のⅢ参照）。

Ⅱ　家族にかかわる社会福祉の法律たち

Ⅰで法からみえる「家族」について述べてきた。Ⅱでは，家族にかかわる社会福祉の法律についてみていこう。

1　家族を支援する社会福祉の法律たち

(1)　育児介護休業法──育児休業給付と介護休業給付

(a)　沿革と概要　　(i)　沿革　**育児介護休業法**（以下「育介法」という。正式名称は「育児休業・介護休業等育児又は家族介護を行う労働者の福祉に関する法律」）は1995（平成7）年に日本がILO156号条約（家族的責任を有する男女労働者の機会及び待遇の均等に関する条約）を批准した際，育児休業法を改正して作られた[11]。

育介法は3度の大改正を経ており，1997年には育児・介護責任を有する一定の労働者に対し時間外・深夜労働を制限する目的で改正された。2001年には，育児・介護責任を有する男女労働者に一定時間を越える時間外労働の免除請求

権を認め，病気の子どものための看護休暇を事業所の努力義務として定めた。2004年には，法の対象者を一定の要件を満たす有期契約の労働者に広げ，**育児休業**の期間延長，**介護休業**の取得回数制限の緩和，看護休暇の制度化を図った。

(ⅱ) 育児休業の概要　　育介法は，1歳未満の子を養育する労働者が，1年間育児休業を取得することを認める。ただし休業することが雇用の継続のためにとくに必要な場合(保育所の空きがないなど)は，休業期間の6ヵ月延長ができる。育児休業の申出は原則，1人の子につき1回である（育介法5条2項）。育児休業中および休業後をあわせ，労働者の従前所得の5割が雇用保険により保障され，育児休業中の社会保険料は免除される（2007年現在）[12]。

(ⅲ) 介護休業の概要　　介護休業を請求できる労働者は，「対象家族」が「要介護状態にある者」である[13]。介護休業は家族の要介護状態1回につき1回取得でき(11条)，1回の休業期間の上限は93日である(15条)。介護休業中は労働者の従前の所得の4割が雇用保険により保障されるものの，育児とは違い介護休業中の社会保険料は免除されない。

(b)　パパも育児できるよ——日本ではまだ遠い途？　　育介法は労働者に対し，男女ともに育児・介護を理由として休業をすることを認める。だが日本では，育児は女性が行うものとの固定観念が強い。1985年の男女雇用機会均等法が育児のために便宜を図ることを事業主の努力義務として定めたが，対象は女性のみであった。だが前述のILO165号条約は，家族的責任を男女労働者が平等に果たすべきとしており，育児休業法と育介法にもこの理念が取り入れられた。

しかし，実際にはどうだろう？　2006年度の男女労働者の育児休業取得率(在職中に出産した者または配偶者が出産した者に占める育児休業取得者の割合)は女性が88.5％，男性が0.57％，2005年度の男女別常用労働者に占める介護休業取得率(常用労働者に占める介護休業取得者の割合) は女性が0.08％，男性が0.02％であり，育児・介護とも女性の割合が高い[14]。政府は2014年度までに育児休業取得率について女性80％（すでに達成），男性10％の目標を定めているが，男性が育児休業を取得することについては周囲の眼や本人の遠慮もあり，途は険しい。

父親の育児休業取得を促す制度として，海外では「**パパ・クオータ制**」がある。ノルウェーでは育児休業は最長で3年間取得できるが，このうち子どもが1歳になるまでの間に，父親に4週間の期間が割りあてられる。もし父親が取得しない場合には，親に支払われる出産・育児休暇手当の支給期間がその分短縮される。スウェーデンでは育児休業は子どもが8歳になるまで両親あわせて480労働日あり，ここには配偶者に譲ることのできない休日「パパ・クオータ」「ママ・クオータ」各60労働日が含まれている。

なお厚生労働省は2006年，企業経営者・経営者団体・有識者による「男性が育児参加できるワーク・ライフ・バランス推進協議会」を開催し，企業経営の視点から男性が育児参加できるワーク・ライフ・バランスのとれた働き方について検討したものの，男性の育児休業の取得例や企業の取り組み状況等について紹介したにとどまっている[15]。

(2) 児童手当法

児童手当法は1971（昭和46）年成立，1972（昭和47）年施行の法律である。本法は児童手当を支給することにより，家庭における生活の安定（社会保障・所得保障の観点）と次世代の社会を担う児童の健全育成と資質の向上に資すること（児童福祉の観点）を目的とする（児童手当法1条）。

法制定当時の支給対象児童は5歳未満，手当額は児童1人につき3000円，支給児童数は111万人であったが，その後，支給対象児童数および手当額が随時拡大されている。2007年4月現在，支給対象児童は小学校終了前児童，手当額は3歳未満一律1万円，3歳以上は第1子・第2子5000円，第3子以降1万円，支給児童数は748万人（2005年度）である。

2 ひとり親家庭をとりまく社会福祉の法律たち

(1) 母子及び寡婦福祉法

(a) 沿革 1964（昭和39）年に母子福祉法，1981（昭和56）年に同法を改正した**母子及び寡婦福祉法**が成立した。本法は母子家庭等及び寡婦に対し，生活の安定と向上のための措置を講じることによりその福祉を図ることを目的と

する（1条）。

日本の母子寡婦福祉対策は，1952年の戦争未亡人対策から始まり50年以上の歴史がある。だが，離婚母子家庭の増加などの状況変化もあり，2002年，母子及び寡婦福祉法は大幅に見直され現在に至る。

(b) **改正法の概要と就業支援のための特別措置法**　改正法では，ひとり親家庭等に対するきめ細やかな福祉サービスの展開と母子家庭の母等に対する自立支援を柱としている。このため就業相談や情報の提供等を行う都道府県・政令市・中核市による母子家庭就業・自立支援センター事業の創設，専門的な能力を身につけることを支援する自立支援教育訓練給付金制度の創設，母子家庭の子どもの保育所への優先入所等，総合的支援策を盛り込んだ。あわせて国が母子家庭等施策に関する基本的な方針を策定している。

就業支援については2002（平成14）年8月「母子家庭の母の就業の支援に関する特別措置法」が成立し，母子福祉団体等への受注機会の増大への配慮等の規定が盛り込まれた（ただし本法は2008年3月末までの時限立法）。さらに2006年より，児童扶養手当（次項参照）受給者に対し，就労支援の個別プログラムを用意する「母子自立支援プログラム」が展開されている。2006年度の策定件数は2171件，就職件数は1006件である。

(2) 児童扶養手当法

児童扶養手当法は1961（昭和36）年成立，1962（昭和37）年に施行された。本法は，父と生計を同じくしていない児童が育成される家庭の生活の安定と自立の促進に寄与するため，児童扶養手当を支給して児童福祉の増進を図ることを目的としている（児童扶養手当法1条）。

支給対象児童は，18歳に達する日以後の最初の3月31日までの間にある者または20歳未満であり政令で定める程度の障害の状態にある者である。手当額は子ども1人の場合，全部支給で月額4万1720円，一部支給の場合は所得に応じ月額4万1710円〜9850円の10円きざみの額となる（2007年現在）。

母である申請者に対する手当は，2008年4月より一部が減額される予定である[16]。母子家庭になって以後の一定期間に手当を集中して支給し，その間に前

述の就業支援策を活用し自立をうながすという最近の国の方向性から決定された。だが全国調査によると母子家庭の85％がすでに就業しており，就業意欲は十分高い。にもかかわらず母子家庭に対する就業支援で力を入れられているのはもっぱら無職の者が就職するための対策であり，現実の状況とギャップがある。母子家庭により必要とされる就業支援策は，安定した雇用継続を可能にする条件整備やより良い雇用条件での就業を可能にする施策であり，この点が課題であるといえる。

(3) 父子家庭へのサービスは？

そもそも母子及び寡婦福祉法は父子家庭を対象としていなかった。このことは社会保障のジェンダー性を示すものとして問題視されており，2002年にようやく同法6条で父子家庭が位置付けられた。このような経緯から母子家庭と比べ，父子家庭へのサービスはいまだ十分でない。

前述の就業支援策や児童扶養手当も，父子家庭は対象外である。「男性は就労できているので就労支援や経済的支援は必要ない」という考えによるものだ。だが，父子家庭の経済状況も一般家庭と比べ楽ではなく，食事や身の回りの事に悩みを抱える割合も高い。「サービスが必要ない」と言い切れるだろうか？

3　家族のトラブルに介入する社会福祉の法律たち

前述のとおり，家族のトラブルに積極介入する法も整備されている。児童については児童虐待防止法が2000（平成12）年に成立し，DV（配偶者間暴力）に関しては「配偶者からの暴力の防止及び被害者の保護に関する法律（**DV防止法**）」が2001（平成13）年成立，高齢者虐待に関しては「高齢者虐待の防止，高齢者の養護者に対する支援等に関する法律（高齢者虐待防止法）」が2005（平成17）年に成立した。

児童虐待防止法と高齢者虐待防止法については第2章および第7章を参照いただくこととし，本章ではDV防止法に関して説明する。

DV防止法は，配偶者からの暴力を防止し，被害者を保護するため，配偶者からの暴力にかかる通報，相談，保護，自立支援の体系を整備している。配偶者

からの暴力を発見した者および医療関係者からの通報を6条で定めており，配偶者暴力相談支援センターで相談に応じる（3条）。保護施設として配偶者暴力相談支援センターや婦人保護施設，母子生活支援施設，民間シェルターなどがあり，そこでの自立支援を図る[17]。

また，裁判所が接近禁止命令（被害者の身辺へのつきまといを6ヵ月間禁止する命令：10条1項1号），退去命令（加害者に対し被害者の住居から2ヵ月間退去を命じる命令：10条1項2号），2007年の改正では接近禁止命令とともに電話等禁止命令を出すこともできる。加害者が違反した場合，懲役または罰金が課せられる（29条）。

Ⅲ 応用への道標──変化する家族

社会の変化に伴い「家族」も変化しつつある。変化は「個人化」「多様化」「家族関係の希薄化」「子ども虐待」などのフレーズで特徴付けられる。

1 パラサイト・シングル──成年子と親の関係

読者は「パラサイト・シングル」という言葉を聞いたことがあるだろうか？社会学者の山田昌弘が提唱した言葉で，学卒後も親と同居し基礎的生活条件を親に依存する未婚者を指す[18]。当時のパラサイト・シングルは，30歳を過ぎても親元に同居し，レジャーに旅行にブランド物にとリッチな生活を謳歌する気ままな独身男女というイメージで語られたが，最近では不安定雇用で低収入のため独立できず，成人後も親と生活をともにするパターンもみられる。

本来，民法では親族間の扶養について，①配偶者（752条），②直系血族と兄弟姉妹，③3親等内の親族で，特別な事情がある場合には家庭裁判所の審判により，その扶養義務を負う（877条）とする。扶養義務の程度だが，①②は絶対的扶養義務，③は相対的扶養義務とされる。さらに①の夫婦間の扶養と②未成熟の子に対する親の扶養は，一片のパンも分かち合う関係であり相手の生活を自分と同程度の水準まで維持する義務（生活保持義務）であり，その他の親族の

第11章 「家族」と社会福祉法制

> ◆判　例◆　**戸籍のない子どもたち**
> ──東京地判平19・5・31（判時1981号9頁，判タ1252号182頁）
>
> 　東京都世田谷区のAさん夫婦は事実婚（婚姻届を提出しない事実上の夫婦）である。同夫婦は二女の出生届の際，「父母の続柄」の欄に婚姻していない夫婦の子どもを示す「嫡出でない子」と記載する点を拒んだため，出生届が受理されず二女は無戸籍のままとなった。そして世田谷区は，出生届不受理を理由に住民票に二女の存在を記載しなかった。
> 　東京地裁は住民票がない場合，選挙権が行使できなくなる可能性を指摘し「住民票の不作成が続けば重要な問題になる」と指摘。自治体の住民票作成を規定した住民基本台帳法は「出生届不受理の場合，住民票作成を禁止しているとはいえない」とし，「住民票を作成しなかったことは裁量権の逸脱にあたり違法」として子どもの住民票作成を命じた。

扶養は生活に余裕があれば援助するべきという義務（生活扶助義務）である[19]。子が自活できる場合，法的には成年子に対する親の扶養義務は発生しないのだが，パラサイト・シングルでは親が進んであるいはやむをえず子どもを扶養するという形なのだ。

2　「婚姻届を提出しない」選択と家族

2007年5月31日，東京地裁で注目すべき判決が出た（**判例◆戸籍のない子どもたち**を参照）。

婚姻届を提出した人たちを夫婦と考える人もいるかもしれないが，裁判で問題となったこの夫婦は**事実婚**であり，婚姻届は提出していない[20]。婚姻届を提出しない男女間に生まれた子は，民法では「嫡出でない子（非嫡出子）」とされ出生届にもそのように記載せねばならない。この夫婦はそれを拒んだため子どもの出生届が受理されず，住民票がなく無戸籍となった事例である[21]。

婚姻をしないで事実婚を貫く選択をした場合，子どもにも両親にもさまざまな困難が付きまとう。子どもは非嫡出子となるが，非嫡出子の扱いについて，以前は住民票および戸籍にも嫡出子と異なる記載がされており問題となっていた。その後，住民票については1995年，戸籍については2004年より記載が改善

されることとなった。だが非嫡出子については裁判例のように出生届の記載は改善されていないし、相続についても非嫡出子は嫡出子の2分の1しか相続分がない（民法900条4号但書前段）。

また事実婚のカップルは、社会保障の給付は法律上の夫婦と同様に認められているが、税法上の配偶者控除は適用されず、相続の場合の相続権はない。

事実上、夫婦のような関係なのに法的に認められていないという意味で、同性愛のカップルについて言及しておく。彼ら彼女らも、配偶者としての税や相続の権利は一切認められていない。さらに同性愛カップルの場合、社会保障の配偶者としての権利も認められていない。

このような日本の状況に対し、多様な家族のあり方を認めるという意味で事実婚や同性愛の家族に、社会保障や相続の権利を保障する国もある。フランスでは1999年、同性・異性のカップルの共同生活を保護する法律として**パクス法**が成立した。パクス（PACS＝pacte civil de solidarité：民事連帯契約）を締結すると、そのカップルには所得税・相続・社会保障給付等の権利が認められる。2000年末までに3万件弱のパクスが締結された。このパクス法成立時には、フランス国内でもこれを認めるか否かの論争があったが、多様な家族のあり方を選択できる選択肢の1つとして、パクスは支持されたのである。

3 介護と家族──日本型福祉社会といわれたもの

介護と家族という問題を考える際には、1970年代に提唱された「**日本型福祉社会**」の概念が重要になってくる。これは介護を含む高齢者の扶養や育児は家族が第一義的な責任をもつとし、家族が日本における「福祉の含み資産」であると位置付けるものだ。日本型福祉社会では家族や家庭における自助が中心にあり、その回りに地域における相互扶助（共助）、どちらも機能しないときに公が補完する（公助）とし、家族を介護の担い手として積極的に位置付けた。

日本型福祉社会は、三世代家族が多くの割合を占めていた時代には効力を発揮した。だが、三世代家族の割合の減少とともに家族を介護の担い手とするのは難しくなる。また冒頭のイントロダクションの事例にあるように、家族介護

の担い手の大半は妻・嫁など女性であり，介護の大部分が女性の負担によりまかなわれるという点も問題があった。このような状況から，家族を介護の担い手とするのではなく，社会全体で介護を担っていこうという論調が強くなり，介護保険法の成立につながることとなった（→第5章）。

さらにその先へ　～擬似家族は可能か

　本章の締めくくりとして，家族を作ることは可能か，つまり血縁のつながりばかりで構成されない擬似家族は可能か，について考えてみよう。

　血縁のつながりのない家族として，いわゆる民法の養子制度がある。民法では「普通養子」と「特別養子」の2つが定められており，特別養子は，子の福祉という観点から乳幼児に家庭を与えることを目的としている。であるから普通養子と特別養子では特別養子のほうが条件は厳しい。養子となる者は原則6歳未満でなければならないし，養親となる者は夫婦で年齢は原則25歳以上でなくてはならない（民法817条の4）。また6ヵ月以上の試験養育期間を設けそれを考慮する必要がある（民法817条の8）。

　特別養子は子の福祉を目的とするため，戸籍等も実親子の関係にできるだけ近づけようと工夫しているが，それ以外にも擬似家族的な関係を作る方法もある。児童福祉法に基づく里親制度がそれであり，生みの親が育てない子どもを預かり「社会的な親」として子どもを育てる制度のことだ。

　児童虐待の急激な増加に伴い，その受け皿としての里親制度が，注目を集めている。児童虐待を受けた子どもたちには，1対1で細やかに対応できる大人が必要だが，こういった子どもたちを保護する一時保護施設や児童養護施設は定員がいっぱいであり，どうしても1対1の関係が望みにくい。厚生労働省でも虐待された子どもを受け止める場としての里親制度に注目し，2007年の「子ども・子育て応援プラン」では里親委託率（里親へ委託される要保護児童の割合）を現在の8.1％を2009年までに15％まで引き上げるとする。

　だが，日本では里親はその存在を知られていないし，里親になる人も少なく，親とともに暮らせない子どもは残念ながら大半が施設にいるのが現状である。

理由としては欧米と違いキリスト教に基づくボランティア精神がないから，血縁を重視する国民性があるから，などとされる。

現状の法政策は，法律上や血縁上の家族を中心にどうしても回っていく。これらを否定するわけではないが，里親のように血のつながりがなくても「家族」，事実婚や同性婚のような少し違った形も「家族」として認識し，柔軟な家族の形を認めつつ，それをうまく支えるような社会福祉の法政策を作っていくことが，いま求められているのではないだろうか？

《参考文献》
* 牧園清子『家族政策としての生活保護 生活保護制度における世帯分離の研究』（法律文化社，1999年）
  …… 生活保護制度における「世帯」の意味を詳細に分析した好著。
* 平田厚『家族と扶養 社会福祉は家族をどう捉えるか』（筒井書房，2005年）
  …… 扶養義務を中心に，介護や公的扶助との関係を詳細に検討したもの。
* 村田和木『「家族」をつくる 養育里親という生き方』（中公新書ラクレ，2005年）
  …… 養育里親についての事例をインタビュー形式でまとめたもの。

《注》
1）法令データ提供システム/総務省行政管理局にて検索。2007年8月3日現在。http://law.e-gov.go.jp/cgi-bin/idxsearch.cgi
2）51法律。検索方法および基準日は前注1）と同じ。
3）生活保護法10条（世帯単位の原則）「保護は，世帯を単位としてその要否及び程度を定めるものとする。但し，これによりがたいときは，個人を単位として定めることができる。」
4）生活保護における世帯概念の変遷については，参考文献：牧園著を参照。
5）国民年金法88条（保険料の納付義務）「1 被保険者は保険料を納付しなければならない。2 世帯主は，その世帯に属する被保険者の保険料を連帯して納付する義務を負う。3 配偶者の一方は，被保険者たる他方の保険料を連帯して納付する義務を負う。」
6）検索方法および基準日は前注1）と同じ。
7）児童虐待防止法13条の2，少子化社会対策基本法5条等を参照。
8）家督相続とは，「家」の財産と「家」の構成員に対する支配権を戸主が承継する相続。
9）親等とは親族関係の数え方で数字が小さいほど間柄が近い（本人からみて父母は1親等，おじおばは3親等）。
10）大村敦志『家族法〔第2版補訂版〕』（有斐閣，2004年）26頁。
11）ILOは，International Labour Organizationの略。1919年創設。国連の経済社会理事会と協力関係にある専門機関として，労働条件と社会保障について国際基準（条約・勧告等）を採

12) 育児休業給付には，育児休業基本給付金と育児休業者職場復帰給付金があり，それぞれ休業開始時の賃金の30％相当額と休業開始時月額賃金の20％相当額が支給される。ただし後者の受給には職場復帰後6ヵ月経過することが必要である。
13) 対象家族は，「配偶者（婚姻の届出をしていないが，事実上婚姻関係と同様の事情にある者を含む），父母及び子（これらの者に準じる者として厚生労働省令で定めるものを含む）並びに配偶者」（雇用保険法61条の7，介護休業法2条）である。
14) 育児休業の取得状況については厚生労働省「平成18年度女性雇用管理基本調査」（http://www.mhlw.go.jp/houdou/2007/08/h0809-1/index.html）。
介護休業の取得状況については厚生労働省「平成17年度女性雇用管理基本調査」（http://www.mhlw.go.jp/houdou/2006/08/h0809-1/index.html）。
15) 厚生労働省・男性が育児参加できるワーク・ライフ・バランス協議会「男性も育児参加できるワーク・ライフ・バランス企業へ——これからの時代の企業経営——」2006年10月（http://www.mhlw.go.jp/shingi/2006/10/s1013-3.html）。
16) 2007年11月16日，自民・公明両党は2008年4月に予定していた児童扶養手当の削減について，支給額の一部削減の凍結で合意した。母子家庭の平均収入が低水準である実情に配慮し「就業意欲がみられない者」に限定し支給額を半減する制度方向を進める。
17) 婦人保護施設は，都道府県・社会福祉法人等が設置する施設で，売春のおそれのある女子を収容保護するためのものだったが，現在では配偶者からの暴力の被害者等の保護にも利用される。南野知恵子ほか監修『詳解　改正DV防止法』（ぎょうせい，2004年）101頁。
18) 山田昌弘『パラサイトシングルの時代』（ちくま新書，1999年）11頁。
19) 生活保持義務の根拠として，親子や夫婦は緊密な共同生活を送っているのだからより高い義務を負うべきという考えや，子に対する親や夫婦関係は本人の自由意志に基づく関係形成だからより高い義務を負うべきとの考えがある。参考文献：平田著を参照。
20) 婚姻届を提出しない理由として，婚姻をすると夫婦同氏になる抵抗感，婚姻というプライベートな事情を国家に公示することに対する抵抗感などもある。二宮周平『結婚届　出す理由と出さない理由』（毎日新聞社，1991年）を参照。
21) 戸籍とは，戸籍法に基づいて作成される国民各個人の身分関係を公証する公文書のこと。原則，その市町村の区域内に本籍を定める夫婦およびこれと氏を同じくする子ごとに編製される。住民票とは，市町村の住民の氏名，出生年月日，男女の別，世帯主との関係，住民となった日などを記載したもの。戸籍は「日本国民についての身分関係を公証するもの」であり住民票は「居住関係を公証するもの」である。

【金川　めぐみ】

第12章 社会福祉における行政責任

Introduction

保育所民営化の動き

2006年7月17日朝日新聞朝刊「きょうの論点」では保育所民営化をめぐる動きをつぎのコラムのように記述している。

〈コラム　保育所民営化と訴訟〉　公立保育所の民営化が増えている。自治体側は財政難や多様な保育サービスの実現を理由とするが，反対論は強く，撤回を求める訴えも相次いでいる。民営化をどうみるべきなのか。また，厚生労働省よると，2005年4月までに，民営化されたのは，公立保育所12,090箇所のうち828箇所，保護者らの訴訟も相次ぎ，大阪高等裁判所では2006年4月，大阪府大東市が設定した3ヶ月の引継ぎ期間は短すぎるとの判断が示された。横浜地方裁判所でも2006年5月，横浜市が民営化で，保育所の選択権や特定の保育所で保育を受ける権利を侵害したと認定した。

本章では保育所民営化への行政手続きや裁判例などを素材として，社会福祉における行政責任について考えていくこととしたい。

I　行政責任と民営化

1　措置制度から利用契約制度へ

1997年の児童福祉法の改正では，保育が必要な子どもたちに行政の判断でサービスを提供する措置制度を，行政との利用契約によりサービスの利用を行う利用契約制度に改めた。各々の制度の概略は**図表12-1・2**のとおりである。

図表12-1での措置制度は，保育を要する子どもを有する保護者が市町村に保育所入所の申請を行い，市町村は行政の判断としての行政処分としての措置として入所を決定する。措置開始決定とは，行政機関が具体的なサービス対象者について，保育に欠けるかどうかの法律の要件を充足しているかどうかを判定

第12章 社会福祉における行政責任

図表12-1　措置制度

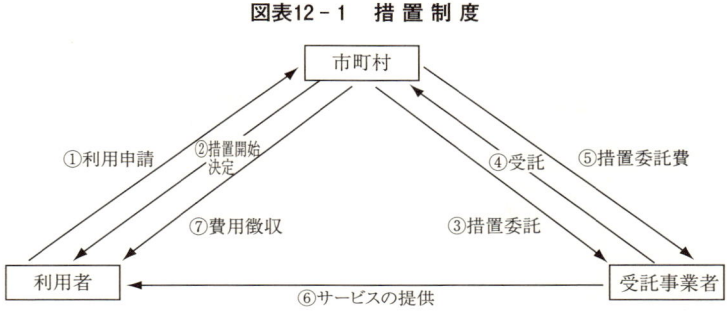

```
                        市町村
        ②措置開始                    ④受託  ⑤措置委託費
 ①利用申請  決定              ③措置委託
        ⑦費用徴収
    利用者 ←――――⑥サービスの提供――――→ 受託事業者
```

図表12-2　行政との利用契約制度

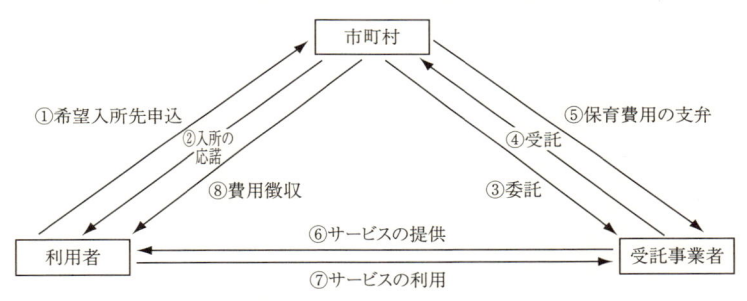

```
                        市町村
                                    ⑤保育費用の支弁
 ①希望入所先申込  ②入所の                ④受託
              応諾         ③委託
        ⑧費用徴収
    利用者 ←――――⑥サービスの提供――――→ 受託事業者
           ←――――⑦サービスの利用――――→
```

出所：図表12-1, 12-2ともに厚生労働省資料を一部訂正。

し，保育サービスの開始を行うことである。それゆえ，民間保育所等の受託事業者は，措置受託事業者として行政の決定の結果としてサービスを措置委託に基づき提供していると説明されてきている。**図表12-2**での行政との利用契約制度では，利用者は，保育所を選択して市町村の利用の申込みを行い入所の応諾により保育所サービスの開始を行うこととしている。そして，受託事業者と市町村の間では措置の言葉が消えて，受託・委託の関係となっており，また，利用者と受託事業者間においても，受託事業者のサービスの提供と利用者が受けるサービスの利用の双方関係が生じてくると説明される。

　国の説明では，行政が職権で行う行政処分である措置を，市町村と利用者間で対等関係とした，**選択権**を有する申込みによる利用契約にしたとしている。

　しかし，措置制度のもとにおいても保育所入所については**図表12-1**①のとお

187

図表12-3　公営・民営別にみた保育所の延長保育の年次推移

		2001年	2002年	2003年	2004年	2005年	増減数(2005年／2001年)
公営	延長保育	3,315	3,766	4,233	4,743	5,049	1,734 (152.31%)
	11時間以下	9,265	8,648	8,003	7,270	6,703	▲2,562 (72.35%)
	総数	12,580	12,414	12,236	12,013	11,752	▲ 828 (93.42%)
民営	延長保育	6,692	7,266	7,822	8,423	9,001	2,309 (134.50%)
	11時間以下	2,959	2,608	2,333	2,058	1,871	▲1,088 (63.23%)
	総数	9,651	9,874	10,155	10,481	10,872	1,221 (112.65%)
合計	延長保育	10,007	11,032	12,055	13,166	14,050	4,043 (140.40%)
	11時間以下	12,224	11,256	10,336	9,328	8,574	▲3,650 (70.14%)
	総数	22,231	22,288	22,391	22,494	22,624	393 (101.76%)

注1）保育所数，22,624のうち，14,050が延長保育を実施（62%）（2005年）。
　2）14,050の延長保育の実施保育所のうち，公営では5,049（36%），民営では9,001（64%）が実施している。
出所：厚生労働省「社会福祉施設等調査」から編成。

りの「利用申請」により保育所入所決定を行っており，利用契約制度でどのように変わったのか，すなわち，図表12-2②での「入所の応諾」も行政が行う決定であり，図表12-1②での「措置開始決定」と，どのように異なるのかわかりにくいものとなっていることが，保育の現場での混乱を生じさせている。

児童福祉法24条の改正では，「保護者からの申し込みがあったとき」の文言が明記されることにより，かつて保育所選択については，一部の裁判例において保育所の選択は行政の裁量に委ねられるとしていたものもあり，従前の規定では選択権として不明確であったものが，選択権として明確となったといえる。このことが，本章Ⅱで説明される横浜地裁での裁判例においても，論点となっている。そして，選択制の強調は，入所児童の確保のための保育所間の競争激化がもたらされ，図表12-3に示すように時間延長保育などを実施する保育所の充実・活性化の保育所経営が問われ，公立の保育所のあり方がより問われていくこととなっている。以下では公的事業の民営化の類型と背景，ならびに課題などを説明していくこととする。

2　民営化の類型

公的事業の民営化といっても，その類型[1]は，まちまちであり，類型により

行政責任の内容も異なってくる。そこで、民営化における行政と民間事業者などの間のかかわり方の類型についての説明から始めることとしよう。

行政で担ってきた施設の運営を民営化する場合の類型は、つぎのように指定管理者型・民間事業主体型・支援費制度型に区分できる。

① 指定管理者型……国や自治体で行われてきた財やサービスの提供が、民間の事業者に契約によって委託されるもの。

② 民間事業主体型……財やサービスの提供主体が公的機関から民間の事業者に代わったり、公的機関とならんで、民間の事業主体で財やサービスが提供されるもの。

③ 支援費制度型……国・自治体や公共機関によってなされてきた財やサービスが、民間事業者が提供者としてなり、受給者との間での契約関係に切り替わるもの。

ここでの3つの類型は、それぞれに法律により根拠付けられている。① **指定管理者型**については、地方自治法244条の2で、普通地方公共団体は、公の施設の設置の目的を効果的に達成するために必要があると認めるときは、条例の定めるところにより法人その他の団体で普通地方公共団体が指定するもの（指定管理者）に公の施設の管理を行わせることができると定めている。② **民間事業主体型**については、郵政民営化法等を定め、国営事業の民営化を進める場合と、地方自治法238条の4の定めによる行政財産の管理及び処分により、公共施設を社会福祉法人等に売り払い、貸付、譲渡されることによりサービスの提供が民間事業者に変わる場合とがある。③ **支援費制度型**では、2003年4月の身体障害者福祉法・知的障害者福祉法・児童福祉法等の改正法の施行による「措置」から「利用契約」の定めにより、居宅介護・デイサービス・ショートスティや更生施設・授産施設などが民間事業者と施設を利用する者との間の契約（支援費制度）となっている。

保育所民営化に際しては、②民間事業主体型の後者の手法により、保育の提供主体が社会福祉法人などの民間事業者に変わる場合と、①の指定管理者型の場合のように、民間事業者に指定管理者をおかせて保育所を運営管理させる2

つの類型により民営化が進められている。ちなみに2002年の児童福祉法改正では，児童福祉法56条の7で「保育の需要が増大している市町村は，公有財産の貸付けその他の必要な措置を積極的に講ずることにより，社会福祉法人その他の多様な事業者の能力を活用した保育所の設置又は運営を促進し，保育の実施に係る供給を効率的かつ計画的に増大させるものとする。」と定めている。

3　公私役割分担の理論の変遷

近年において公的事業分野において種々の民営化が進んでいる。社会福祉分野における公的役割の変遷の背景となる理論を整理しておこう。

(1)　市場の失敗

社会福祉における施設の設置・運営および社会福祉事業は，公共財の性質を有するものとして経済学においては「市場の失敗」により説明されてきた。

「市場の失敗」とは，市場に委ねることにより公平や機会均等などの社会問題が生じ，政府が登場せざるをえないと説明する。人々は，生活を行うに際して必要な財やサービスを，社会が創り出した種々の市場において受けることにより，生活を営んできている。しかし，すべての財やサービスの提供を市場に任してしまっては問題が生じることがある。具体的には，① 財やサービスの受け手が対価を支払うと否とにかかわりなく便益を受けられることを要する財やサービス，② 当事者間での契約に任してしまうと財やサービスが必要な人に供給されないなどの社会的な不効率性が生じる場合，③ 社会にとって有用な財であるが，個人の判断に委ねると最適量より少ない量の需要しか生まれないなどの場合，市場に任してしまっては問題が生じてくる。

社会福祉による財やサービスの供給は，所得の有無・大小にかかわらず個人のニーズに基づき保障されるものである。誰もが必要となったときに，必要なサービスが受けられることが必要となる財やサービスとして，公共財と位置付けてきた。したがって市場による失敗では，市場に任せてしまっては，必要な財やサービスが提供されにくい公共財としての社会福祉の財やサービスには，政府や地方自治体による関与が必要となってくると説明されている。

(2) 政府の失敗

　市場の失敗により登場した社会福祉の財やサービスの提供を行う政府・地方自治体の役割は，右肩あがりの経済成長に支えられ拡大してきた。しかし，近年の経済の低迷において高度経済成長のなかで形成してきた「大きな政府」に国民が期待したとおりの機能を果たすことができるか。また，政府・地方自治体の官僚機構や行財政機能に機能不全を起こしていないかが問われだしてきた。政府の失敗とは，市場の失敗で形成されてきた「大きな政府」の機能そのものを問うているものであり，つぎのような指摘が行われている。

　① 効率的資源配分のために競争が有効であるように，効率的政府のためには政治・行政の組織内および組織外との競争が有効である。② 政治過程および行政過程における透明性，情報公開，説明責任が必要。③ 官僚組織や政治組織の制度の疲労を防止し，国民のニーズに応じた組織が必要となっている。

　こうした「政府の失敗」により，近年「小さな政府」を目指した効率的な行財政運営と業務の民営化の要請，ならびに行政の透明性と説明責任が問われてきたといえよう。「市場の失敗」と「政府の失敗」ならびに「大きい政府」と「小さい政府」の論議を反映して，社会保障制度を審議する社会保障制度審議会勧告も時代の流れとともに勧告内容に変遷が生じている。つぎに，1950年勧告と1995年勧告を対比してみよう。

(3) 社会保障制度審議会（勧告：1950年）

　1950年10月25日の社会保障制度審議会勧告では「憲法25条を踏まえて国家には生活保障の義務があるという意である。」としている。また，社会保障の概念として「社会保障制度とは，疾病，負傷，分娩，廃疾，死亡，多子，その他困窮の原因に対し，保険的方法または直接公の負担において経済保障の途を講じ，生活困窮に陥った者に対しては，**国家扶助**によって最低限度の生活を保障するとともに，公衆衛生および社会福祉の向上をはかり，もってすべての国民が文化的社会の成員たるに値する生活を営むことができるようにすることをいう。」と説明している。また「この制度は，もちろんすべての国民を対象とし，公平と機会均等とを原則としなくてはならぬ。」と説明している。

この勧告では国家扶助，公平と機会均等の原則を明確化している。

(4) 社会保障体制の再構築（勧告）――社会保障制度審議会（1995年）

1995年7月4日「社会保障体制の再構築（勧告）」では，「**公私の役割分担**」についてつぎのように記載している。

「社会保障を巡る公私の役割分担を考える場合，公的部門と私的部門が相互に連携して，国民の生活を安心できるものにしていくという視点が重要である。」として「民間の活動が国民のニーズに合ったサービスを提供し，より効率的に行うものであれば，規制緩和を含めて競争条件を整え，積極的にこれらの民間サービスを活用していく必要がある。」また「サービスの提供は国や地方公共団体が直接行わなくとも，必要な助成を行い，また民間サービスの質が確保されるよう規制を行う必要がある場合もある。」としている。

この勧告は，2000年に始まる社会福祉基礎構造改革での「措置」から「利用契約」へと引き継がれていくこととなる。

4 社会福祉サービスの性質と行政の役割

(1) 利用契約の性質

社会福祉基礎構造改革でいわれる「利用契約」とは，いかなる性質を有する契約なのか。この項での説明はこの点から始めたい。民法を代表する私法においては，「私的自治の原則」として対等な当事者間の意思に基づいて「申込み」「承諾」により契約が成立することとされる。そこでは「公序良俗」に反しない限り，契約は当事者の意思によって成立すると理解していただいていいだろう。しかし，社会福祉サービスを利用する「利用契約」に当事者のみ，すなわち社会福祉事業者と社会福祉利用者の間に任せてしまっていいのだろうか。社会福祉制度における「利用契約」を行うにあたっては，利用しようとする「社会福祉サービス」の目的・性質と「利用契約」との関係を検討することが必要となる。そこで，契約にて利用する「社会福祉サービス」の目的・性質をつぎのように整理したい。

① 福祉サービスは，受給者としての資格を有する者に平等に差別なく提供

されなくてはならない。

② 福祉サービスの給付の内容や手続きについては透明性が確保され，サービスの提供者は，受給者に対して説明責任を負う。福祉サービスは「人としての生命や健康」を維持するための給付であることから，より透明性と説明責任を負わなければならないと考えられている。

③ 個別の当事者間において個別の契約条件を交渉し，個別に合意することが社会としての正義・公平に反する場合が生じる。生活機能において介護の必要がない者を，介護認定も受けずに当事者間の合意のみで介護療養病床に入院させていいのだろうか。社会正義・公平の視点より個別契約は制約される。

(2) 利用契約と社会的合意

福祉サービスを供給するに際して，上記での①②③の制約から契約自由の原則が制約され，受給者としてどのような者を対象とすべきか，どの範囲で給付することが社会的に適切なのかが問われ，そのため受給要件と受給内容が設定される。したがって，社会福祉利用契約は，国や地方自治体といった政府・地方政府と国民・住民間の国会や地方議会を通じた社会的合意を得て，制度設定が行われ，この制度で定められた受給要件・受給内容の枠組みのなかで利用契約が締結されている。介護保険制度を例にとってみよう。介護保険制度は，法律・政省令において制度の枠組みが決められている。また，市町村での要介護認定において介護サービスの必要性とサービス量が定められる。そして，こうした制度の枠組みの範囲のなかで，福祉サービス提供者と福祉サービス受給者間での利用契約が行われていくこととなる。

こうして制度に制限された「利用契約」は「私的自由の原則」を越えて社会的な合意が図られることが前提となっている。それでは，いかなる視点での社会的合意がなされるのだろうか。社会的な合意を得るためには，制度を創設する理念や制度の内容と制度の運営方法の社会的合意形成が問われる。

社会福祉法では福祉サービスの基本理念として「個人の尊厳を旨とし，その有する能力に応じ自立した日常生活を営むことができるように支援するものとして良質かつ適切なものでなければならない。」(社会福祉法3条) と規定してい

る。また，福祉サービスの質の向上のために同法78条2項では「国は社会福祉事業の経営者が行う福祉サービスの質の向上のための措置を援助するために福祉サービスの質の公正かつ適切な評価の実施に資するための措置を講ずるよう努めなければならない」としている。すなわち，多様な社会福祉事業の民間事業者の出現を前提に，国や地方公共団体の財政的・技術的な支援と規制や罰則といった監督的な行政の責任を規定している。

社会福祉事業が国民・住民にとって良質かつ適切なものであるために，社会福祉事業者が質の向上を図ることとともに，国や地方自治体が福祉事業者への支援・介入と社会福祉制度の設計をどのように行うかが問われている。

そして，行政の責任を考える場合，地方自治法，行政手続法，行政事件訴訟法，国家賠償法などの行政法のあり方を学習することが必要となる。

Ⅱ　行政手続きと行政訴訟について──保育所民営化と裁判

本節では，保育所民営化にかかる行政手続と行政訴訟において，行政責任がどのように問われているかを説明していくこととしたい。

1　保育所民営化の行政手続き

保育所民営化に関して行政手続きは，つぎのように行われている。

各市町村において，市町村の児童福祉審議会（市町村は任意設置）に「今後の重点保育施策のあり方」について市町村長より諮問を行い，審議会において「多様な保育サービスに応えるサービス展開」「保育所の質の向上」「延長保育・一時保育・休日保育などのさまざまな保育ニーズに柔軟に対応する保育所の民営化」などが答申として出されている。

その後，この答申を踏まえて市町村において，保育所民営化計画が策定され，どの保育所をどの方法で民営化されるかが決定される。そして，地方自治法224条の2の「公の施設の設置及びその管理に関する事項は，条例でこれを定めなければならない。」の規定を踏まえて，施設の廃止の条例（案）を市議会に提

案することとなる。条例が可決された後，行政内部において「法人選定委員会」を設置，社会福祉法人等に移管し保育所を運営させる基準を策定し，この基準により移管先の社会福祉法人を募集，選考委員会の選考を得て民営化の移管先の社会福祉法人を決定している（**民間事業主体型**）。なお，公設民営といわれる公立保育所の運営委託する場合には，地方自治法244条の2第3項により条例において指定管理者の指定を行うこととなる（**指定管理者型**）。

そして，こうした行政の一連の行政手続の流れのなか，保護者説明会の開催や保育所・保護者・市による三者協議会が設けられ説明と協議が行われ，一方，保護者等から請願が市議会に提出されている。

以上の行政手続きは，地方自治法を根拠に手続きが進められている。

行政手続きを規定した行政手続法では，「議会の議決によってされる処分」「議会の議決を得て，またはこれらの同意若しくは承諾を得た上でされるべきものとされている処分」は，行政処分・行政指導などの手続きで適用除外されると規定（3条）している。行政手続きを定めた一般法としての行政手続法は，議会で決定した事柄や行政の行為で，自由裁量をより広く尊重する規定となっている。

2 保育所民営化の司法での判断

(1) 横浜市保育園廃止処分取消事件の概要

司法の場で保育所民営化は，何が問われたのか。ここでは，平成18年5月22日，横浜市立保育園廃止処分取消請求事件での判決を説明していきたい。本事件は，2003年12月5日に横浜市議会で横浜市保育所条例の一部改正する条例が可決され，これにより同市の設置する保育所のうち4つの保育所が2004年3月末をもって廃止され，その施設等を利用して民間の社会福祉法人が事実上引き継ぐこととなった。このことに対し民間移管の保育所に入所している児童の保護者らが保育所選択権等を侵害する違法なものであるとして，条例制定行為の取消しを求めるとともに，横浜市に対して慰謝料等の損害賠償請求を求めて提訴した事例である。なお，横浜市の保育所民営化計画では，2004年度から，市

立保育所の多い区から順に各区1園ずつ民間に移管し，年4園程度ずつ民営化するものとなっている。

(2) 裁判の争点と判決

裁判での争点は主につぎの3点で争われている。

① 条例制定の行為は，訴訟の対象として司法での審査対象となるのか。

② 児童福祉法とのかかわりにおいて，保育所廃止は**行政裁量行為**として許され，違法性はなかったのか。

③ 国家賠償法において損害賠償請求できるか否か。

①については，裁判所において保護者ら原告が訴えた議会の議決を得た民営化の処分が行政事件訴訟法の取消し訴訟の対象として裁判することが適法なのかの審理である。行政事件訴訟法3条2項では「処分の取消しの訴えとは，行政庁の処分その他公権力行使に当たる行為の取消しを求める訴訟をいう」と規定している。したがって，条例制定行為が「処分その他公権力行使に当たる行為」となるかどうかが争われたものである。原告（保護者ら）は「特定の保育所で保育の実施を受ける利益はいずれも法律上保護された利益であり，本件改正条例の制定はこのような訴訟の対象となる処分に該当する。」と主張し，被告（横浜市）は「保育所選択権は，児童福祉法24条が市町村に応諾義務を課していることに事実上享受し得る反射的利益[2]であり，法によって具体的に保障された法的利益・権利ということはできない。」としている。判決は「児童福祉法24条は，保護者に対して，その監護する乳幼児にどの保育所で保育の実施を受けさせるかを選択する機会を与え，市町村はその選択を可能な限り尊重すべしとしており，児童及び保護者の特定の保育所で保育を受ける利益は，いずれも法律上保護された利益であり行政事件訴訟法3条2項所定の処分に該当する。」として，裁判所は本訴訟を司法審査の対象として認めている。

②は行政の行った行為が，法律の規定（児童福祉法24条）に依拠された行為として適法か違法かの判断である。三権分権のわが国では，立法（法律）は国会，行政は法律に基づいて行政行為を行う。そして，司法（裁判所）では行政の行為が法律に照らして適法，違法を判断することとなる。しかし，すべての行政

行為について法律で定めることはできないから、一定の行為は行政の判断で行う（行政の裁量権）こととなる。

それゆえ、行政が行う行為において、裁量としての行為が生じ、訴訟において法律の規定に照らして法律の趣旨に合っているかどうかが問われる。

裁判では、原告は「本件民営化は、保育所選択権等を侵害するものであり、横浜市の保育所廃止の裁量を逸脱するものとして違法である。」と主張し、被告は「横浜市としては、児童福祉審議会での意見具申を踏まえて、これらのニーズに迅速かつ柔軟に対応することとしたものであり、民営化に伴う本件4園の廃止措置には合理的な理由がある。」と主張している。判決は「民営化するという判断自体にはなお裁量の範囲内のことと解する余地もないではないが、不利益を被る可能性のある児童・保護者の存在することを思えば、早急な民営化を正当化する根拠として不十分であり、条例の制定によって民営化を実施するとしたことは、その裁量の範囲を逸脱、濫用したものであり、違法であると認めるのが相当である。」としている。しかし「本件条例の制定を取り消すことは公の利益に著しい障害を生じるものであり公共の福祉に適合しないものと認められ、行政事件訴訟法31条1項を適用して、本件条例の制定が違法であることを宣言することにとどめ、取消しを求める原告らの請求は棄却する。」と判決している。

過去に行われた行為が違法であっても、新しい秩序（児童が新しい保育所になじんでいる）が形成されることにより、取消しを認めることが望ましくない場合もあることを、行政事件訴訟法では規定している。

③については、原告は「性急・拙速な保育所の廃止及びそれに向けた一連の民営化の過程、新しい保育所での保育等によって耐え難い苦痛をこうむった。」と主張し、被告は「保育所の廃止が裁量権の逸脱・濫用がない限り、違法の評価を受けず、手続き違反もなく違法な点がない。」と主張。判決は「民営化による保育所の廃止は違法と解され、国家賠償法上も違法行為となるものと解される。」として損害賠償を認めている。この横浜地裁判決は、児童福祉法24条の規定での保育所の選択を可能な限り尊重すべきとしており、また、民営化の手

続きについて行政への説明責任を問うた判決となっており，不利益を被る可能性のある児童・保護者に十分に配慮しない早急な民営化は，違法としている。

(3) 保育所民営化をめぐる他の裁判所判決

保育所民営化での裁判例では，大阪高等裁判所において，平成18年1月20日高石市保育園廃止処分取消請求事件，同年4月20日大東市保育園廃止処分取消請求事件，同年4月27日枚方市保育園廃止処分取消請求事件が判決されている。いずれの判決も，保育所の民営化は合法としているものであり大東市保育園廃止処分取消請求事件のみ，公法上の利用契約関係に伴う信義則上の義務違反として損害賠償請求を認めている。

大東市保育園廃止処分取消請求事件では，平成19年11月15日最高裁第一小法廷決定で，廃止処分の取消しを大阪高裁判決と同様に保護者の主張を退けているものの，民営化にあたっての引継ぎ期間は少なくとも1年程度設定する義務があったのに，市は違反したとして慰謝料などの支払いを命じている。

3 利用契約と義務付け訴訟

2007年の行政事件訴訟法の改正では**義務付けの訴え**の規定（3条6項）と，本案前の仮の救済制度として新設（37条の5）している。

ここで，東京地裁平成18年1月25日決定，保育園入園承諾に関する仮の義務付け申立事件について紹介しよう。本件は，市立肢体不自由児通園施設に通所してきた児童の保護者が普通保育所への入所申込みを行い，その入所申込みに対して，福祉事務所長が，気管切開手術を受けて喉に障害の残る児童であることをもって，保育所への入所申込みに対する承諾をしなかったことは，児童福祉法24条1項但書にいう「やむを得ない事由」の有無の判断において裁量権の逸脱または濫用があり，違法であるとして市に対して行政事件訴訟法37条の5に基づき，同児童が普通保育所に入園することを仮に義務付けた。司法においては，従前は，行政の第1次的判断権を尊重し，行政の裁量権を広く尊重してきた。

こうした義務付け規定の法律の創設は，行政の自由裁量を収縮させ，事前救

済を図る，社会福祉の利用者の権利を拡大させる役割を担っている。

Ⅲ　応用への道標──社会福祉における行政責任と社会福祉の理念

　社会福祉基礎構造改革において，再々いわれている「措置」から「利用契約」は利用者の選択権を保障しようとするものである。利用者の選択権を保障するための条件整備での行政責任は欠かすことができない。しかし，行政の責任がかかる条件整備に限定されるとすれば問題が生じよう。措置から利用契約の名のもとで，多くの社会福祉施策から行政の役割が後退していくとすれば，極めて問題が生じるだろう。国や地方公共団体の制度設計等の政策形成や事業運営の行政責任が問われていることは，措置から利用契約に変わっても，また従前に公営で進められてきた事業が民営化されてきても変わらない。「民間でできることは民間で」の掛け声が強調されるなか「我々は何ゆえに政府や地方自治体を創設したのだろうか」を問い直してみる必要があるだろう。

　2006年版男女共同参画白書によると，出産1年前に職を有していた女性のうち，約74％が出産を機会に離職している。また，厚生労働省「2003年地域児童福祉事業等調査結果の概要」によると保育所利用の母の就業形態では常勤が35.7％にとどまり，臨時・パート・アルバイトが42.6％を占めている。

　こうした現状を踏まえたとき，国は，常勤として働きつづけられる労働法制[3]の整備と，就労と子育てを両立できる施策を実施していかなければならないだろう。また非正規雇用が増大しているなか，所得格差が生じており，子育てへの経済的支援や，核家族化・地域のコミュニティの欠落化のなか，社会的支援としての地域子育て支援への拡充が必要となっている。あらためて，国や地方公共団体の役割が問われており，行政の役割の再構築を行っていく作業を行うなかで，行政責任のあり方も模索していかなければならないのだろう。

さらにその先へ　～問われる社会福祉の理念とは

　政府や地方自治体が，行政責任を踏まえて社会福祉政策を行うとき，社会福

祉の理念が問われる。本章での最後にジョン・ロールズとアマルティア・セン[4]を紹介することとしたい。「公正としての正義」を執筆したジョン・ロールズは「無知のベールに覆われた原初状態において人々は最も不遇な人々の利益の最大化を図ることに賛成するだろう」としている。また，アマルティア・センは「人間は様々な生き方，すなわち機能の充足を実現される生き物であり，個人が選択できる生き方の幅を広げることが，福祉＝生活の良さ のために重要」として「潜在能力アプローチ論」を提案している。従前の社会福祉の原理は**「生存権」**により説明されてきた。現在では，生存権とともに**「格差原理」**や**「自己実現」**の原理が社会福祉の理念としていわれている。社会福祉の理念が多様化してくるならば，また，行政の役割と責任も多様化し，拡充していくこととならざるをえないだろう。

《参考文献》
* 武川正吾＝大曽根寛 編『福祉政策Ⅱ〔新訂〕』（放送大学教育振興会，2006年）
　…… 福祉国家や福祉社会のあり方について総合的考察ができます。
* 林　敏彦『経済政策Ⅰ』（放送大学教育振興会，2002年）
　…… 福祉政策を経済政策の観点から考える態度を身につけたい人におすすめします。
* 藤田宙靖『行政法入門〔第5版〕』（有斐閣，2006年）
　…… わかりづらい行政法を，具体例を用いながらやさしい語り口で書かれています。

《注》
1) 内田貴「民営化と契約」ジュリスト1305－1309号，1311号参照。
2) 行政行為の保護する目的外で利益を受けることがあったとき，その利益は法規の反射から生じたものという。
3) 2008年4月1日より，短時間労働者の雇用管理の改善等に関する改正法（パート労働改正法）が施行されている。
4) ジョン・ロールズ著，田中成明＝亀本洋＝平井亮輔訳『公正としての正義　再説』（岩波書店，2004年），アマルティア・セン著，池本幸生＝野上裕生＝佐藤仁訳『不平等の再検討』（岩波書店，2002年）

【志賀　一彦】

第13章 「契約化」と事業所の責任

Introduction

――Aさんのこと――

　原田はかつて特別養護老人ホームの生活相談員兼任のケアマネジャーであった。以下の話は、そのときの経験に基づくフィクションである。

　Aさんはベッドの近くにあるタンスまで歩いていく途中に転倒し足を骨折した。しかも半年の間に2回も、である。本人は自分でできることはしたいが、家族はまたけがをしたら命にかかわる、として身体拘束をしてでも本人には歩かせないようにして、安全に生活できるようにしてほしい、と希望してきた。

　この方は専門職の目からみて、ADL[1]的には自宅で十分生活できる状態ではないかと感じていた。だが、同居の家族は「共働きで面倒がみられないから」ということで入所させた。そして施設の中で楽しみを見つけ、自宅より活動的で充実した生活を送ってほしいと願っている。しかし、Aさんはいまよりも ADLが向上すれば家に帰れると思い、脚力を維持するためにも自分でできることを何でもしたい。「何をしたら帰ることができるのだろうか」それがAさんの希望である。

　ケアマネジャーは本人と家族との板ばさみになった。契約書はAさん本人と取り交わした。でも、実際には家族の方が「代筆」した。いったいケアマネージャーは誰に対してケアをアレンジしているのだろうか。

　契約化の流れのなかで法的な論点を考えてみよう。

I　社会福祉の契約化

　ここでは高齢者に対するサービス提供と契約の関係について論じてみよう。

1 「措置」から「契約」へ——このスローガンから得られるもの

(1) 「措置」時代の背景と問題点

　措置時代において特別養護老人ホーム（以下「特養」と略す）の入所決定は，身体的，精神的，経済的に自宅で生活できない人を対象にしており，いわば生活の保護を行うためにスタートした施設である。利用するにあたっては行政機関より施設側に決定通知書とともに家族状況，入所までの経緯などが書面で提出される。また，費用は措置費として行政から支給されるために，利用者から徴収することはほとんどない。つまり，契約主体は施設にとっては利用者個人ではなく，行政からの措置命令に沿ってサービスを提供するというスタンスであったため，サービス提供者も施設利用者も契約という意識がなく利用していたと考えられる。さらに，デイサービスやホームヘルパーなど介護のみを提供するサービスが開始されてからも，特養は措置費による住居と食事費用などの「所得保障」と，介護を提供する「サービス保障」の両方を提供し続けた。その結果，特養は2つの保障が同時に提供される施設として認識されていった。

(2) 「契約」制度の導入で生まれた問題点とは

　施設利用者の経済的負担は，在宅サービスで生活する人よりも明らかに低廉であり，2000年の介護保険制度開始後も状況は変わらなかった。また，高齢者世帯の増加，景気の状況がなかなか好転しないなど，さまざまな要因で施設利用に対するニーズは上昇の一途をたどり，都市部においては入所待機者が500人を超えたなどという新聞報道がなされたほどである。

　一方，利用者と事業所の対等性については，40歳以上の人すべてが原則として介護保険料を徴収されていることから大きく変化を遂げた。とくに，主として年金を収入源としている世帯においても介護保険料が徴収されていることや，サービスの利用時には料金を支払うことから権利意識が高まった。利用者やその家族は，自らの要望や希望を遠慮なく事業所に伝えることが当然のこととして認識されるようになった。ただし，なかには過剰な自己主張から事業所とのトラブルが発生することもある。双方が契約による義務と権利を意識した「成熟した」関係を築くことに理解が必要であることも問題として顕在化した。

一連の社会福祉基礎構造改革のなかで，行政主導の措置制度から利用者本位の契約制度への転換が謳われた。確かに給付をめぐる当事者間の権利義務関係は，法形式上では大きく修正したといえよう。しかし，現場担当者，利用者やその家族を含めて当事者の意識は，本質的な部分についてそれほど大きく変わっていない。

その理由として，従来の措置制度時代からおおむね当事者主義的に運用されてきたことがある。確かに措置制度は法文上では市町村が職権に基づいて運用することになっていた。しかし，実際は担当者が相談援助を行いながら高齢者の希望を聴取し，できる限り本人の意向に沿えるよう努力してきた面もある。また，通常は受け入れる側，つまり施設側の意向が市町村の判断に重大な影響を及ぼすこともあり，それに反してまで入所委託が行われるというケースは生じえなかった。

高齢者に対して生活に必要な社会福祉給付を確保し，その権利を擁護するために契約制度を導入できたことは大きな前進である。しかし，給付の開始にかかる行政処分（**要介護認定**）を市町村に対して自ら申請すること，介護サービスや生活支援サービスの実施にかかる契約を施設，事業者との間で締結することが必須となった。いずれも自らの判断に基づいて自らの意思を確定的に外部に表明することや，そこから生じる法的効果を自らの責任において引き受けるという点においては，大きな不安を感じる人が決して少なくない。

確かに介護保険では利用者，事業者間の契約上の合意が成立すれば法的に両者は拘束され，安定したともいえる。しかし，認知症や寝たきりの状態の人がどの程度自分の意思表示を明確にできて，しかも自分にとっても有利な契約上の合意を得られるかどうか考えれば，限界は明白である。

2 福祉契約論について

(1) 「福祉」と「契約」の関係とは

民法が考える契約という手段は，私たちの生活やビジネスを支えるために不可欠なものであるが，決して万能ではない。つまり，契約にかかわる人がすべ

て同じ程度の精神的な能力をもち，利益とリスクを予測，判断し，経済的にも均衡のとれた状況にある場合には，契約内容が適切にもたらされる。しかし，とくに福祉サービスを必要とする人に限らず，生身の人間である私たち，もしくは法人においてもその能力やおかれている状況もさまざまである。このことは契約の交渉において力関係の差，つまり交渉力の不均等となり，締結された契約の内容に反映されることになる。

たとえば，高齢者が在宅で福祉サービスを利用している場合，訪問介護（ヘルパー）の利用回数が週4回必要であると思っていても，担当する**介護支援専門員**（ケアマネジャー）が2回しか手配ができないといわれれば，現実にはそれに従うしかない。介護サービスは需要より供給が下回っていると一般的にはいわれているが，はたして本当にそのとおりであるのかどうか，また複数ある**サービス提供事業所**から利用者本人に最も適切なサービスを提供できるものを選択しているかなど，利用者は適切に判断ができるのだろうか。ごく一部の例外を除き，情報量，質，交渉能力の差は歴然としており，困難な作業である。

これらの不均衡な状況を是正するために，契約の成立や内容に規制を行うことが必要になる。それは，当事者が適切な判断をすることができるような交渉の環境を整え，不当な契約条項を直接規制するために，社会福祉法や厚生労働省令の規定が契約のあり方について基準を設けているのである。

(2) 「福祉」と「医療」の違い

医療契約が前提とする場面と介護サービス提供契約との相違点については，以下のとおり整理できる。

第1に，想定する場面の緊急性の違いである。緊急手術を必要とする人に対して同意を得ることはできないため，家族などに**代理権**があるとみなして治療を行うが，介護サービスではそこまでひっ迫した状況にない。

第2に，本人の判断能力の程度に違いがあることである。医療では，治療の後に回復することによって家族などの代理行為を追認することもできるが，介護の場合は長期的なサービスを受けるなかで徐々に判断能力が低下していくことも考えられる。

第3に，契約の代替可能性の違いである。医療は医師や看護師など業務独占の有資格者のみ提供するため，代わりに治療する人をみつけることはできない。しかし，介護は徐々に専門性が高まっているものの，家族に依存する部分も相当あるなど，現実に専門職以外の人が介護に携わっている。

たとえば，後見人の役割として，医療行為が必要となる場面において，たとえば手術，輸血，人工呼吸器装着といった高度な延命措置など，侵襲的または高度・不可逆的な医療行為の前に，本人に代わって説明を受け，その同意を後見人に求めるケースがある。しかし法的には，後見人等は遺言や婚姻などの身分行為や，治療に関する同意など，本人の一身に専属する行為を代理して行う権限はないと考えられている。一方，介護はサービスの選択，ケアプランの同意など，実際に提供を受けてから結論が出るまでに長い期間を必要とするため，結果として目標を達成できないこともありうる。そのことを前提に福祉サービスの契約は締結されている。

福祉は医療との十分な連携が必要であることはいうまでもないが，それぞれの役割について十分理解し，どのような手続きを踏むことが必要か専門職として理解しておくことが重要である。

3　権利擁護のための制度と契約について

福祉にかかわる契約は施設サービスだけではなく，在宅サービスや一般企業とのかかわりもある。判断能力の低下した利用者の権利を守る手段として，二つの制度について論じてみよう。

(1)　成年後見制度と福祉サービス利用援助事業の役割について

成年後見制度は旧制度において財産管理に偏り，身上配慮が乏しかった部分を抜本的に見直し，「自己決定の尊重」「ノーマライゼーションの理念」を踏まえ，精神的障害によって判断能力が不十分であるために，法律行為における意思決定が困難な人の権利を擁護することを目的に創設された制度である。後見人には同意権，取消権，代理権があるが，成年後見の類型（補助・補佐・後見）によってその範囲や本人同意の必要が変わる。

成年後見人の選任は本人，配偶者，4親等以内の親族，他の類型の援助者・監督人，検察官，任意後見受任者，任意後見監督者，区市町村長がその選任開始手続きを請求し，家庭裁判所が決定する。つまり，措置と同様であり，契約ではない。もし成年後見の類型を変更する場合には，家庭裁判所の決定が必要になる。

　福祉サービス利用援助事業は精神上の理由により日常生活を営むのに支障がある者に対して，無料または低額な料金で，福祉サービスの利用に関し相談に応じ，および助言を行い，ならびに福祉サービスの提供を受けるために必要な手続または福祉サービスの利用に要する費用の支払に関する便宜を供与すること，その他の福祉サービスの適切な利用のための一連の援助を一体的に行う事業である。実施主体は各都道府県**社会福祉協議会**であり，そこから基幹的な市区町村社会福祉協議会に事業の一部を委託運営している。

　この制度で生活支援員は，判断能力が不十分な人に対して福祉サービスの利用に必要な手続き，利用料の支払い，苦情対応制度の利用手続きなどを助言，相談，代行，一部代理の方法により援助を行う。具体的には日常的金銭管理と書類などの預かりサービスを実施し，本人と事業所の間で契約を締結して行う。

(2) 成年後見制度の実際

　現在の法律では，利用者が自らの判断で必要なサービスを受けるために必要な判断ができない認知症や寝たきりの老人が，契約を有効に締結するために用いるための制度は成年後見制度である。しかし，介護保険制度と同時に施行されたこの制度は，実際に必要な状況にある利用者が多数入所している特養においても活用している人はほとんどいない。

　その理由の1つは，制度を利用するまでに多くの時間と費用が必要なことが上げられる。手続きとして申立書，戸籍謄本，診断書などの必要書類を準備して，家庭裁判所に申立てを行う。審判手続きのなかでは審問や調査（家事審判官が直接事情を尋ねたり問い合わせをすること），鑑定を行う。その後審判が行われ，成年後見登記が行われるが，申立てから登記まで順調に進められても3〜6ヵ

月はかかる。また，費用について，申立て費用，診断書や鑑定を含めた一連の申請から審判に至る費用は5～20万円程度かかることが見込まれる，というのがその業務にかかわる社会福祉士などの認識である。

とくに資産的に裕福ではないが，家族で利用者の面倒を見る意欲のある人にとって，制度上不可欠とはいえこれだけ多額の費用を支払ってまで審判を受けるメリットを見出すことができない。施設側も家庭事情や経済状況を理解した上で入所の手続きを行っているわけで，それなりのコミュニケーションがとれている家族に対して，費用がかかるこの制度を無理に勧めることに抵抗を感じているのも事実である。だから，法的に問題のあることを承知で福祉サービス契約の締結を利用者の家族が「代理」「代行」することが，いまだに当然のごとく行われている実態がある。

また，この制度の適用範囲は広い意味での財産管理に関することとしているが，**身上監護**や**身上配慮義務**を負うことも明記されている。これにより利用者の人生観や人間関係，生活環境を十分考慮した，生きることに前向きになれるような援助が望まれるところである。しかし，援助者の資質によるところが大きく，残念ながら利用者の資産を食い物にする犯罪者がいるのも事実である。

「その人らしい人生」を実現するための選択を誰がどのように行うか，非常に難しい。しかし，後見制度を必要とする人にとっては誰が担うか，今後議論を重ねて課題に取り組むことが必要である。

(3) 福祉サービス利用援助事業の実際

徐々に実績は増加しているものの，十分に活用されているといえる状況には程遠い。とくに精神上の障害が比較的軽度である人の活用事例として，福祉サービス利用援助事業については相談件数に比べ，契約を締結して活用に至ったケースが少ない（同様に成年後見制度の補助類型も，補佐，後見と比較して少ない）。たとえば，東京都社会福祉協議会福祉部権利擁護担当による2005年度事業報告の参考資料によれば，福祉サービス利用援助事業に対する問い合わせ，相談，連絡調整の延べ回数は7万2184件に対して，契約の合計数は959件である。

このように停滞している原因として，制度の周知が図られていないことがあ

る。とくに福祉サービスは長い間措置制度のもとに行政がサービスを決定し，一方的に提供される構図があった。契約制度への移行後もサービス自体は継続して提供されていて表面上は変化がない場合が多いため，あらためてこのようなサービスを受ける必要性について認識しているとは言い難い。

また，家族での扶養を基本としていた歴史が長いため，親子，兄弟の間で起きる諸問題に対しては契約という問題はなじまなかった。たとえば財産を管理する，福祉サービスの契約を締結するといったことは，本来であればこれらの制度を利用して，代理権の付与を行われた後に契約を締結して行われるべきものである。しかし，現実には代理権の付与されることなしに，事実上本人に代わって行っている。

上記2つの問題は成年後見制度とも共通した課題であるが，福祉サービス利用援助事業については契約によってサービスが提供されるため，利用するための条件が整わなくなれば終了することになる。つまりそれは，契約締結能力がなくなったということである。そのときには成年後見制度への移行が必要になるが，前述のとおりスムーズに行えていない。そもそもこの制度は福祉サービスを利用するための契約を結ぶときに，援助を受けるための契約である。つまり，「契約のための契約」であり，手続きが煩雑になり，利用者にとって必要なケアが提供するまでに時間も労力もかけなければならない。

II 「契約化」にかかわる法律たち

1 民　　法

条文が1044もある法律であり，社会生活における経済活動が円滑に行うことができるようにするために，権利を明確にすることを目的とした法律である。そのため，契約は「誰が行ったのか」ということが重要である。

(1) 「契約当事者」とはなにか——契約を結ぶ3つの能力

たとえば，認知症や寝たきりの方で，自分の意思表示がまったくできず，本人は署名捺印ができないという場面で，家族が代筆した場合について検討しよ

う。契約で重要なことは「**意思能力**」があること，つまり自分自身の判断で決定することが前提となっている。つまり意思能力がある人同志で，双方が自分の意思で合意に達して結ばれた契約が「正しいこと」と定義している。つまり正しいことを行うための大前提を「意思能力」に求めているのである。

「意思能力」がある，ということは以下の3点があるということである。つまり，① 契約の意味を認識しうる知的能力がある，② 当事者が正常な意思決定をなしうる能力がある，③ 結果を認識し判断できる知的能力がある，ということである。現状の法律では「意思表示」のできない利用者が契約する場合，成年後見制度を活用して契約締結しなければ，無効になる可能性がある。

(2) 代理による契約の成立

代理制度とは，民法99条において「代理人がその権限内において本人のためにすることを示して第三者に対して意思表示を行い，また，第三者からの意思表示を受けた場合には，その効果が直接本人に対して生ずる」(下線：筆者)旨を規定している。つまり，他人の行ったことが自分の身に降りかかることである。

ビジネスシーンにおいては，自分以外の人が一定の条件のもと自分が行ったように仕事ができるため，大変便利な制度ともいえる。しかし，福祉サービス契約のように，ことによっては人生を左右する重大な判断もあり，安易に代理行為ができるようなものではない。また，代理権の授与は本人の意思表示があってはじめて成立するものであって，とくに意思表示のできない，もしくは援助が必要となる方に関しては「成年後見制度」または「福祉サービス利用援助事業」によって裁判所より成年後見人等として選任されることが必要になる。これが現在の法律では，意思表示のできない人に対して代理権の移行が認められる唯一の方法である。

(3) 消費者契約法とは何か

消費者契約法とは，2001年4月1日より施行された，消費者と事業者との間で締結される消費者契約において一般的に適用される法律である。1条において「消費者とその当事者との間の情報の質及び量並びに交渉力の格差」が構造

的にあるため,意に反した契約を締結してしまう恐れがある。このため「契約の申込み又はその承諾の意思表示を取り消すことができる」ことや,「消費者の利益を不当に害することとなる条項」を無効にしたり,被害防止のために「適格消費者団体が事業者等に対し差止請求をすることができる」こととするなど,消費者が不当な契約の拘束力を免れるための手段を整備し,消費者の擁護が図られている。

2　福祉サービスと契約

(1)　消費者契約

　適切な福祉サービス利用契約を締結するためには,利用者本人の自己決定を尊重し,より自立した生活を支援するために必要なサービスを適切に提供する事業所を選択する必要がある。そして,サービス内容を含む契約内容に関する事業者との合意に至るまでのプロセスが適正に行われなければならない。そのためには消費者契約法の要請することに関して,十分注意を払う必要がある。

　まず,利用者と事業所間の情報の非対称性や交渉力の非均等性という特性について,社会福祉法は75条において社会福祉事業の経営者に対して情報の提供を義務付け,76条において申込者への説明義務を課し,さらに77条では利用契約時の書面交付を義務付けている。

　また,指定介護老人福祉施設の人員,設備及び運営に関する基準(平成11年3月31日厚生省令第39号) 4条によって,その内容を具体的に「23条に規定する運営規程の概要,従業者の勤務の体制その他の入所申込者のサービスの選択に資すると認められる重要事項を記した文書」を交付,説明を行い,「同意を得なければならない」としている。

　詳しい内容は各自で法律および運営規定の該当箇所を確認していただくこととして,ここで指摘しておきたいことは,利用者がサービスを選択するにあたって必要なサービスを選択するための必要事項について,事業者側は障害や病気の程度や特性にあわせて,わかりやすく丁寧に説明を尽くさなければならないことである。

書面を用いて説明することについて社会福祉法および各運営基準においては義務付けられていない。しかし、消費者契約法により事業者の説明不足による誤った契約をしたことを利用者が主張すれば、取消権が発生することになる。また、高齢者や障害者と事業者の情報非対称性や交渉力の非均衡性を考えれば、口頭での説明で足りるものとは到底考えられない。

(2) 利用者以外に契約にかかわる人

福祉サービスを利用するときに締結する契約書の多くには、利用者以外にさまざまな名称で署名・捺印を求められている。そのいくつかの例を検討しよう。

まず、「身元引受人」であるが、これは法律用語にはない。似たようなニュアンスで使われる言葉として「**身元保証人**」という言葉がある。「身元保証ニ関スル法律」というもののなかに規定されていて、雇用契約の締結時によく用いられる「間違いのない人物であることを保証する」という趣旨のものである。

「**扶養者**」は、生活保護法および民法によって規定されている。とくに民法877条1項は、「直系血族及び兄弟姉妹は、互に扶養をする義務がある。」と定めている。具体的にどの者が扶養義務を履行するかは、当事者の協議または家庭裁判所が各人の資力に応じて決定する、としている。つまり、状況によっては扶養することを拒否することもできることになる。

「立会人」は、とくに法的根拠もない。本人とともに契約書の内容を確認するとともに、利用者の状態変化等の際に連絡・調整を行う相手方となる人を、施設側で事前に把握することを大きな目的としている。契約上の法的責任を負わず、利用者の立場に立って事実関係を確認したり、病院への入院、認知症の進行などの場合、事業所からの連絡相談窓口となる人という位置付けである。

(3) 利用者以外の署名・捺印はなぜ必要なのか

特養への入所契約の際、利用者本人以外にも家族などに署名、捺印を求めることが多い。それは、入所者には意思能力が不十分な方も多く存在するため、本人の希望するケアが行えるように、普段から施設の対応を説明し意見を伺うことが、より質の高いケアを提供できる方法であると現場では考えている。また、現実の問題として、利用料の支払いが滞ることがないようにすることや、

財産の管理についても適正に行っていることを理解していただくことが，トラブルを未然に防ぐことができるからである。このようなことを署名・捺印する身元引受人などには期待している。それはなぜか。

　第1に「真の契約当事者」は誰か，ということが制度と現場の認識が乖離しているからである。制度上は利用者本人と施設との直接契約であるが，判断能力の低下に伴いさまざまな援助が必要となる。そのような時，これまでは家族等がサービスの選択，本人の性格や生活歴を基にした本人の意向を代弁する，というような役割を担っていた。そして，介護保険制度の施行後であっても，ある県での調査において，事業所側の意識としては契約書にサインをした人に何らかの責任を負うべき義務があると考えていることがわかった。その背景には成年後見制度を利用していない人でも契約するために，制度上は認められない代理権のない人に当事者としての役割を担うことを求めるためでもある。このことが，施設独自の解釈を生み出しているといえる。

　第2に，サービスの選択，判断能力の変化，介護の代替性など，契約締結後も刻々と利用者の状態は変化するからである。適切なケアを提供できるように事業者はサービスを検討し，利用者は自らの意思を表出し，ケアを選択してサービスを受けることを求められている。しかし，このような判断能力は利用者すべてにあるわけではない。また身体機能の低下に伴い，判断能力の低下は避けてはとおれない事実である。このような変化に対して家族などは重大な役割を担ってきたが，これを代替する制度は現在のところない。

　第3に，家族などの思いや意見が利用者にとって有益であると考えられるからである。たしかに家族介護から介護サービスの外部化を目標にした社会福祉基礎構造改革の流れを受けて制度は変化した。扶養義務として担ってきた介護や経済時負担をできるだけ外部化，社会化しようとしている。しかし，制度として医療では必須となっている扶養者による契約締結の義務は，介護保険法上，サービス契約については義務付けていない。

　したがって，正式に代理権の移行が行われていない以上，家族は利用者本人の契約に関して義務も権利もないことになる。つまり，その後の生活を左右す

るようなサービスの選択を必要とする場面であっても，肝心なところで拘束力がない。まさに利用者と家族と事業所の関係は，人間関係によって成り立っているといって過言ではないであろう。そのため契約に不安定さを感じ，結果として署名・捺印を求めるのである。だから事業所側は身元引受人などの役割は生活全般に及ぶことが期待されているのである。いずれにせよ利用者本人のこれまでの人生を尊重し，「生き方としての死」を安心して迎えるためにも，これらの事を整理して，役割を明確にすることが必要である。

III 応用への道標——これからの福祉サービス契約とは

1 全国的な身元保証人に関する動向
——株式会社による身元保証人斡旋事業を例として

近年，身元保証人になる人を斡旋することを目的とするビジネスが盛んに行われるようになっている。利用者は入会金，紹介料，成約時の成功報酬を支払うことで目的を達成するものである。このような業者が存在する背景には，親族などに身元保証人を頼むことができない人が多く存在することにある。たとえば近隣に親族がいない，付き合いのある親族は高齢者ばかりで頼めない，付き合いがない，もしくは薄い，親族間でトラブルがあった，子どもにもしくは親に迷惑をかけたくない，などである。

しかし，このような業者とトラブルになっている例として，身元保証人になる予定の人が決まらず，候補者が変わるたびに紹介料を払わせるケースや，身元保証人になる予定の人に書類と報酬の前払いをしたにもかかわらず，契約が実行されないなどの詐欺行為が多数報告されるようになってきた。また，1契約につき30万円程度かかるといわれるが，実態はよくわからない。

このような被害が広まる根本的な問題として，人的な信用を元にした保証によってなされる契約の限界があるのではないかと感じる。つまり，これまで親族等によって支えられてきた施設での契約についても，社会情勢や環境の変化，人間関係の軽薄などが指摘されて久しいが，そのような内面の変化に合っ

た形で行うことが求められるべきである。

2 福祉サービス契約は誰のためにあるのか

　家族などが「代理」で契約書に署名・捺印することは，現在の契約制度がおかれている当事者性の曖昧さであり，措置時代から培われた悪しき慣習が引きずられている，と解すこともできる。しかし，現実に身元引受人が利用者の生活において積極的な役割を果たすことで，より潤いのある生活を目指すために重要な役割を果たすこともあることを，現場の職員は感じているともとれる。確かに一律に求めることは介護の社会化の必要性から考えて否定されるべきであろう。しかし，家族も契約当事者としてかかわることも念頭において，利用者の権利擁護にかかる体制の制度構築も検討の価値は十分にあるのではないか。

　現状の契約制度では，家族などが身元引受人として契約の締結にかかわる，ということは法定代理でもなく，「第三者のための契約」[2]でもなく，後見人としての契約ともいえない。しかし，利用者のためにできることをしたい，と思っている家族も多く存在する。つまり，解釈としては利用者本人のための契約ともとれるし，また自己の介護負担軽減のために行う契約ともとれる。結局は「自己と他者のために行う契約」が必要なのである。

　もっとも，このような結論は，ともすると「自己決定の尊重」「介護の外部化」「事業者との対等性」を目指した社会福祉基礎構造改革の基本理念に反する可能性を秘めているともいえる。しかし，現実には人間関係，とりわけ家族関係の配慮なしに生活することは，実社会のなかで考えられないことを考えれば，利用者本人の自己決定に関して家族の配慮を何らかの形で実現することは必要ではないか。私たちの日常生活のなかで考えても，自らの意思を決定するにあたって家族，知人などへの相談を行い，重要な示唆を得ることは決してまれなことではない。つまり，利用者の自己決定を尊重することは，意思決定の段階において家族などの介在を否定するものではない。

第13章 「契約化」と事業所の責任

さらにその先へ ～福祉サービス利用契約書の新たな形とは

　現在の福祉サービス利用契約書は利用者本人と事業所の間で取り交わすものである。この内容に身元引受人などの役割を誤った解釈で用い、しかも同時に同じ書式でまかなうようにしているため、わかりづらくなっているように感じる。

　あくまでも私見だが、利用者と事業所との福祉サービス利用契約書とは別に事業所と身元引受人等との間で契約書を作成して、利用者への円滑なサービス提供に協力することを内容とするものを別途作成するほうがわかりやすいのではないかと思う。そして、この契約が締結できない、履行できなくなったときには成年後見制度を活用する、ということを契約内容に織り込むことで、利用者の権利擁護が切れ目なく提供できる流れができる。ただし、この考え方はすでに民法の考える契約のあり方の範囲を超えている。雇用契約などのように特別な法律、いうなれば「福祉契約法」なるものを検討すべきだろう。

《参考文献》

* 笠井修＝鹿野菜穂子＝滝沢昌彦＝野澤正充『はじめての契約法〔第2版〕』（有斐閣、2006年）
　……契約に関する基本的な知識を学ぶことができる。初学者にもわかるよう、記述もやさしく書かれている。
* 新井誠＝秋元美世＝本沢巳代子 編著『福祉契約と利用者の権利擁護』（日本加除出版、2006年）
　……この章で取り上げている論点をほぼ網羅している。事業所に対するアンケートや契約書のサンプリング調査を行っており、具体的に理解することができる。

《注》

1）ADL（Activities of Daily Living）とは日常生活動作と訳されることが多い。食事・更衣・移動・排泄・整容・入浴など生活を営む上で不可欠な基本的行動を指し、ADLそれぞれについて自立／一部介助／全介助のいずれかであるか評価することで障害者や高齢者の生活自立度を表現する。
2）「第三者のための契約」とは代理権の正式な移行を行わずに、あたかも本人の正式な代理人のように契約を行うことである。確かに民法537条「第三者のためにする契約」という項目はあるが、本人の「受益の意思表示」がなければ本人へ契約の効力が及ばないとされている。

【原田　欣宏】

第14章 犯罪と社会福祉制度

Introduction

出所者の生活支援を考える――人とのつながりと再犯防止――

　F被告は刑務所を満期出所した8日後，JR下関駅に放火したとされる。「出所した人にノータッチでいいのかという問題を突きつけられた事件だ」と法務省の担当者は話す。社会に戻っても行き場のない人の再犯をいかに防ぐか。その模索が始まっている。「ぼくは奥田さんしかよれることが（原文ママ）とてもうれしく思います」「くれぐれもよろしくお願いします。お願いします。お願いします。」F被告の身元引受けを希望する北九州市の奥田知志牧師（43）のもとに，F被告から届いたはがきの文面だ。ホームレス支援に取り組む奥田さんは2月，下関署でF被告と面会した。「駅が焼けてたくさんの人に迷惑をかけた。今度（刑務所を）出たら，片っ端から謝って回れよ。一緒に回るから」。そう話しかけると，F被告は「行きます」。「人生で一番つらかったのはいつ？」と尋ねると，「刑務所から出てひとりぼっちの時」と答えたという。

(2006年9月25日付朝日新聞夕刊より抜粋)

I　犯罪者処遇と社会福祉の現状

1　犯罪者処遇の課題

　F被告は，2006年1月，刑務所を満期出所した8日後，山口県下関市のJR下関駅に放火したとされる。このように，生活苦から無銭飲食や万引きを繰り返す高齢者は増えており，結果的に高齢受刑者率の増加が問題になっている。しかも，高齢受刑者の増加は，刑務所の過密化にも拍車をかけている。刑務所の過密化のその他の理由としては，刑期の長期化が指摘されている。悪質な事件が増加したことに加え，裁判所が被害者感情を強く意識するようになったことや，罪を犯した人に対する社会全体の寛容度が低下したことが影響していると

考えられている。その一方で、政府も傍観しているわけではなく、施設の増設や法制度の整備に着手し、2000年以降、犯罪者の処遇は転換期を迎えている。

2 転換期を迎えた犯罪者の処遇──大きな流れをとらえる

(1) 少年犯罪に対する厳罰化

1997年頃から未成年者による凶悪事件が相次いで発生したことから、未成年者による犯罪に対する厳罰化の動きがある。2001 (平成13) 年には、少年事件の処分等の見直しを含む少年法の一部が改正された。その後も低年齢の少年による凶悪犯罪が相次いだことから、2007年にも少年法の一部が改正され、同年11月から施行されている。その内容は少年犯罪に対する厳罰化を示唆するものである[1]。

その一方で、14歳未満の凶悪犯罪（殺人、強盗、放火、強姦）が突然増加したという事実はなく、個々の事件の内容についても必ずしも凶悪化が進んでいるとはいえないということから、マスメディアよる過剰報道が、少年犯罪の凶悪化と増加を印象付けている可能性が高いという指摘もある。

(2) 犯罪被害者の位置付けの変化

犯罪により自らが直接被害を被った人や、遺族の声が頻繁に取り上げられるようになった。近代国家では被害者に代わり、国（検察官や裁判所）が被告人の犯した罪を追及して裁判をし、その結果に基づいて国が刑罰を科す仕組みになっている。しかし、このような国と被疑者・被告人の2極構造のなかで被害者が忘れ去られており、被害者の権利が蔑ろにされてきた反省から、犯罪被害者に適切なケアを提供するとともに彼（女）らの権利を尊重し、彼（女）らの声を刑事裁判に反映できるようにしようという動きがみられる。

(3) 再犯事件と処遇強化

性犯罪前歴者による女児誘拐殺人事件や保護観察対象者による乳児殺害事件など、保護観察中の再犯が相次いだことから、更生保護制度の見直しが図られた。更生保護制度に対する国民や地域社会の理解の獲得、官の役割の明確化、保護観察の有効性の強化が打ち出され、具体的には、保護観察処遇内容の充実、

就労支援・定住支援の強化，関係機関との連携強化等が提言されている[2]。

また，2004年に発生した女児誘拐殺害事件を機に性犯罪者処遇の充実を求める声が高まったことから，政府は，刑事施設や保護観察所[3]における性犯罪者処遇プログラムの本格的な実施に踏み込んだ。

(4) 障害をもつ受刑者や高齢の受刑者に対する処遇

刑務所内では高齢化が進んでおり，犯罪白書によると，全受刑者のうち60歳以上が占める割合は，2006年末現在で12.3％であるという。そのため一部の刑務所では，スロープや手すりを設置したり，懲役刑の労働時間を短縮したり，小さく刻んだ特別食を提供するなどの配慮もしているという。また，出所する際に，身寄りがなかったり，家族が引き取りを拒み，路頭に迷う者も多い。さらに，高齢であると体力的な問題もあるため就職も難しくなる。そのため，再犯を繰り返し刑務所に戻る高齢者が多くなるのである。このような高齢者の就職難を鑑みて，国は2002年に更生保護事業法を改正し，更生保護施設[4]への滞在期間を6ヵ月から最大1年に延長している。

同様の問題は，知的障害をもつ受刑者にも起きている。法務省が2006年10月に全国15庁の刑務所の受刑者2万7024名のうち知的障害がある者または疑われる者410名（すべて男性）を対象に行った調査によると，その70％が再犯であり，前回の受刑から再犯までの期間が3ヵ月以内だった者が32％を占めていた。自らを弁護するに足る十分な能力をもたない知的障害者が罪を犯すと，警察や検察に言われるがままに供述調書に署名してしまうケースが多いという。その結果，小さな犯罪でも立件され，服役を強いられる。また，服役している知的障害者の多くは，実社会で福祉の網から漏れ，生きるすべをもたないために，出所しても盗難や無銭飲食など比較的軽微な犯罪により，再び刑務所に舞い戻ってきてしまう。また，知的障害のある受刑者の場合，家族や親族に引受人になることを拒まれて仮釈放されず，満期まで服するケースも多いという。結果的に，本来福祉が担わなければならない保護の役割を，刑務所が肩代わりするようになっていた。そこで政府は，矯正施設と地域の障害者支援施設，グループホーム等との連携を強め，出所者に適切な福祉施設を斡旋する仕組みを試験的

に開始させた。受刑者が自立するということ，社会復帰するということはどういうことなのか，あらためて問われている問題ともいえるだろう。

(5) 民間刑務所の導入

刑務所の過剰収容とそれに伴う処遇の悪化を解消すべく，政府は刑務所の増設に着手しはじめた。民間資金やノウハウを活用したPFI刑務所は，「国民に理解され，支えられる刑務所」を目指すという理念に基づいている[5]。また，物資の導入や雇用など地域に一定の経済効果をもたらすとともに，民間市場の参入拡大による官製市場の開放をも，その狙いとしている。初犯で引受人のいる受刑者を対象とし，受刑者を完全に隔離するのではなく，普通の生活に近づけながらスムーズな社会復帰を目指す点が，従来の刑務所とは大きく異なる。

これらの刑務所では，障害者向け専用施設を設置し，作業療法や理学療法等のリハビリテーションを実施するなど，既存の刑務所では難しかった取り組みを，専門家の手を借りながら実施することになっている。公権力の象徴ともいえる刑務所にPFIが馴染むのか，今後注目していきたいところである。

本節では，転換期を迎えている行刑について項目別にみてきたが，全体として，民間の力のフル活用がその特徴として挙げられるだろう。これまでも更生保護においては，保護司[6]や更生保護施設等に依るところが大きかった。しかし，一連の改革により，更生保護だけでなくPFIが代表するような矯正における民間の力への期待が拡大した。それに伴い，国と民間とのさらなる協働が求められることとなった。

II 犯罪者の処遇にかかわる法律たち

ここでは，犯罪者の処遇にかかわるいくつかの法律について論じていくことにする。とはいうものの，犯罪者の処遇にかかわる法律は数多い。そこで，ここではとくに社会福祉と関係が深いと思われる法律についてみていくことにする[7]。

1 少年法

　20歳未満の人が罪を犯した場合の処遇について規定した法律が「少年法」である。少年法は，少年の健全な育成を期し，非行のある少年に対して性格の矯正および環境の調整に関する保護処分を行うとともに，少年および少年の福祉を害する成人の刑事事件について特別の措置を講ずることを法の目的に据えている（1条）。ただし，14歳未満は刑事責任が課されないため（刑法41条），触法少年または虞犯少年については，次項で論じる児童福祉法の措置が優先され，児童相談所を経由して家庭裁判所に送致される（**図表14-1**）[8]。

　家庭裁判所の審判により，保護観察所による保護観察，あるいは少年院または児童自立支援施設への送致，いずれかの保護処分が下される（24条）。ただし，家庭裁判所は，死刑，懲役または禁錮にあたる罪の事件について，刑事処分を相当と認めるときは検察官に送致され（20条），刑事裁判を受けることになる。ただし，少年法では罪を犯した年齢が18歳に満たない場合は，死刑と無期刑の緩和を規定している（51条）。

　第1条が示すように，少年法の主眼は少年の人格の可塑性を重視し，援助と教育によりその立ち直りを助けることにある。しかし，2007年の少年法改正により少年院送致可能年齢が14歳以上から概ね12歳以上へと引き下げられたことが象徴するように，少年犯罪に対する厳罰化が進んでいる。たとえば2007年の法改正前は触法少年に対して調査できるのは，法律上児童相談所や家庭裁判所に限られていた。これは触法少年の多くが被虐待体験を含む複雑な生育暦を有しており，福祉的・教育的な観点からの調査やケアが必要と考えられてきたためである。しかし，法改正により警察もまた触法少年に対して調査ができることとなった。これを指して，福祉分野への警察力の介入と危惧する声もある[9]。

2 児童福祉法

　14歳未満を対象とする児童福祉法では，児童が心身ともに健やかに生まれ，かつ，育成されるよう努めることを国民の義務とし（1条），児童が等しくその生活を保障され，愛護されるように（2条），児童の福祉を担当する公的機関の

第14章 犯罪と社会福祉制度

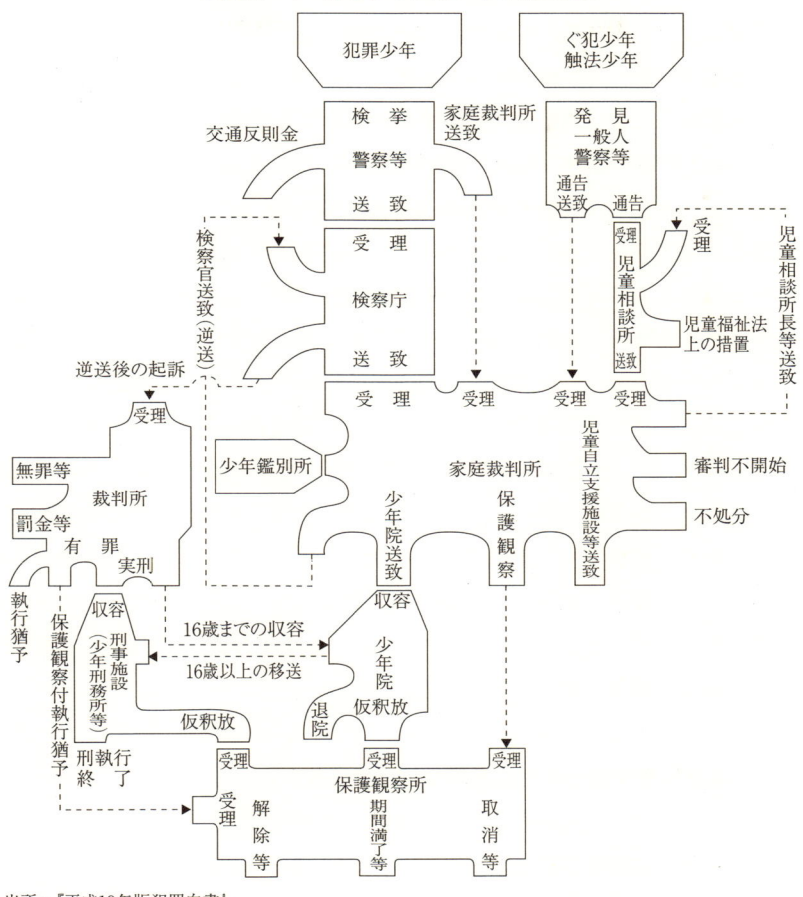

図表14-1 非行少年に対する手続の流れ

出所：『平成19年版犯罪白書』。

組織や，関係施設および事業に関する基本原則を規定している。このように，児童福祉法は触法少年や虞犯少年に対する保護や指導といった福祉的対応について規定している。

　家庭環境や保護者の監護能力の問題により，ある触法少年が要保護児童と認められる場合に，児童を補導した警察が都道府県の施設（福祉事務所または児童相談所）に通告する（25条）。通告を受けた都道府県は，児童を審判に付すること

が適当である場合には家庭裁判所に送致する（27条）。そして，家庭裁判所の審判の結果により，不処分，保護処分など児童の処分が決まってくる。

児童福祉法では，家庭環境やその他環境上の理由により生活指導が必要な児童や，保護処分となった児童の行き先の1つとなる児童自立支援施設（旧教護院〔44条〕）や児童養護施設[10]（旧養護施設〔41条〕）についても規定しており，これらの施設への入所措置も児童相談所の役割の1つとなっている（27条の2）。41条によると，児童自立支援施設においては，不良行為をした児童または将来不良行為を行うおそれのある児童，家庭環境その他の環境上の理由により生活指導等を要する児童を入所または通所させて必要な指導を行い，その自立を支援し，あわせて退所した者について相談その他の援助を行うことを目的としている。

しかし，2005年に東京都が児童相談所および児童自立支援施設を対象に行った調査によって，退所後半年間で約4割の子どもが高校や就職先を辞めており，子どもたちが地域に戻ってからの支援が，十分行われていない実態が浮き彫りにされた。制度上は，退所後のアフターフォローも児童自立支援施設の職員が行うことになっているが，実際は在籍中の児童への援助を第一に考えるため，退所児童への対応は後回しになっているという。退所後の児童を支える，地域支援体制の構築が求められている。

3 刑事施設及び受刑者の処遇等に関する法律

2005（平成17）年，約100年ぶりに監獄法が改正され，新たに「刑事施設及び受刑者の処遇等に関する法律」（以下，本法律という。）が成立した[11]。

今回の法改正の意義は，刑事施設内における人権侵害の大きな要因ともなっている密室性と行刑の閉鎖性を見直し，社会に開かれた刑事施設を目指し，行刑の社会化を進めることにある[12]。明治時代に施行された監獄法では，法の目的，行刑の理念，理念に基づく処遇方法等が明記されておらず，極めて不十分なものだった。そこで本法律では，1条において「刑事施設の適正な管理運営を図るとともに，受刑者等の人権を尊重しつつ，その者の状況に応じた適正な処遇を行うこと」と法の目的を明確に定めた。さらに本法律では，受刑者の権利

義務・職員の権限の明確化，受刑者の社会復帰に向けた処遇の充実，受刑者の生活水準の保障，外部交通の保障・拡充，不服申立制度の整備，行刑運営の透明性の確保を焦点に据えている。

なかでもとくに注目したいことは，受刑者の円滑な社会復帰に向けて，一部の受刑者の外部通勤作業や，外出・外泊制度を導入したことである[13]。このような外部通勤等は国際原則の要請でもあり，国連の被拘禁者処遇最低基準規則やヨーロッパ刑事施設規則等にもその必要性が記されている。実際にどの程度の受刑者に認められるようになるのかは未知数だが，一般市民が受刑者と接する機会は今後増えることが予想される。そこで問われてくるのが，地域社会がどのような態度で受刑者と接するのかということである。この課題は，後述するように，刑務所から仮釈放された更生保護対象者や満期出所者に対する地域社会の態度として引き継がれ，問われ続けることになる。

4　更生保護法

仮釈放された者や保護観察中の者による事件が，2004年以降相次ぎ，再犯防止の取り組みが問い直されることになった。法務省は2005年に有識者会議を設置し，保護観察処遇の充実や出所後の所在の情報確認の必要性，就労支援の充実等について議論した。この議論を受けて，2007（平成19）年に更生保護法が成立した[14]。

更生保護法の目的は，「犯罪をした者及び非行のある少年に対し，社会内において適切な処遇を行うことにより，再び犯罪をすることを防ぎ，又はその非行をなくし，これらの者が善良な社会の一員として自立し，改善更生することを助けるとともに，恩赦の適正な運用を図るほか，犯罪予防の活動の促進等を行い，もって，社会を保護し，個人及び公共の福祉を増進すること」とされている（1条）。この文言が示すとおり，この法律は再犯防止と対象者の更生という2つの目的をもつ。しかし，再犯防止のための過度な監視が，保護観察の基本である自由な社会内での対象者の更生を妨げる可能性もあり，この2つの目的を両立させていくことは容易ではない。

更生保護法のポイントとしては，以下のようなものが挙げられる。第1に，保護観察における遵守事項が整備された。たとえば一般遵守事項を規定した50条では，保護観察官や保護司による指導監督を受けることを義務化している。また，対象者ごとの遵守事項について明文化された。51条4項では，特定の犯罪傾向を改善するためのプログラムを受けることを規定している。

第2に，犯罪被害者等が関与できるようになった。具体的には仮釈放審理時の意見聴取や，保護観察対象者への被害者心情の伝達などがある。

第3に，社会復帰のための環境調整を充実させている。保護観察官や保護司は収容中から住居や就業先の確保に向けて準備できるようになった。未就労であると再犯に至る可能性が高いことから，仮釈放者の就労は重要な課題となっている。

5 医療観察法

2001年に大阪府で，児童8名が無差別に殺害されるという事件が起きた。この事件の犯人には過去に精神科入院・通院歴があったことから，触法精神障害者の処遇に関する適切な施策を求める世論が激高した。この事件を機に2003（平成15）年に成立した法律が，「心神喪失等の状態で重大な他害行為を行った者の医療及び観察等に関する法律」（以下，心神喪失者等医療観察法または本法律という）である[15]。本法律の対象になるのは，① 不起訴処分において対象行為（放火，強制わいせつ，強姦，殺人，傷害，強盗のいずれか）を行ったことおよび心神喪失または心神耗弱[16]であることが認められた者，② 対象行為について，心神喪失を理由に無罪の確定判決を受けた者，または心神耗弱を理由に刑を減軽する旨の確定裁判を受けた者である。

本法律により，「精神保健参与員」と，「社会復帰調整官」が新設された。特別職の国家公務員である精神保健参与員は，地方裁判所において心神喪失者等医療観察法の審判に関与し，裁判官と精神保健審判員（精神科医）による合議体に適切な判断を行うための専門的知識や有益な意見を提供することが求められている。一方，保護観察所に所属する社会復帰調整官は，精神保健福祉士その

第14章　犯罪と社会福祉制度

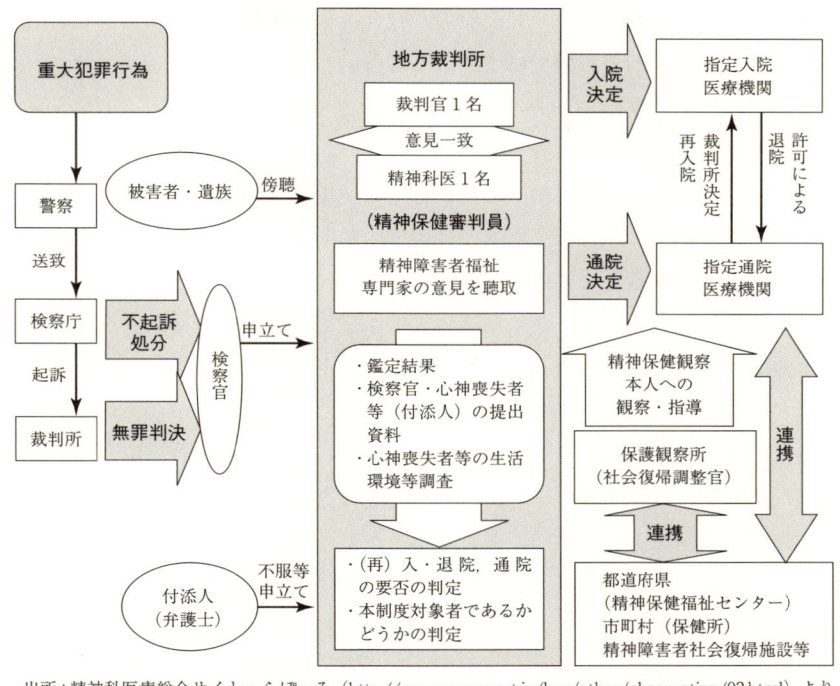

図表14-2　心神喪失者等医療観察法の概要図

出所：精神科医療総合サイトe-らぽーる（http://www.e-rapport.jp/law/other/observation/03.html）より。

他精神障害者の保健および福祉に関する専門的知識を有する者であり，対象者の社会復帰全般をサポートしていく役割が課されている（**図表14-2**）。

Ⅲ　応用への道標──「受刑者」から「市民」へ

1　「犯罪者」から「市民」へ

　イントロダクションで紹介したJR下関駅放火事件は，満期で出所した者が，出所後定住先も仕事もなく，ましてや地域に頼る人もおらず，犯行に至ってしまったケースである。ところが，Ⅰで論じたさまざまな転換が，満期釈放者の社会復帰の円滑化をもたらすのかと問われれば，疑問が残る。というのも，こ

れらの転換には，連続性の視点が不足しているように思われるからである。

　満期釈放者の場合，医療，社会保険，社会福祉等の社会保障，そして雇用にかかわる部分は，刑事政策ではなく，一般社会福祉立法の優先適用の原則（公共優先の原則）として，一般社会福祉政策に大きく委ねる形式がとられている。このことは，個人が満期釈放を機に「犯罪者」から「市民」へと位置付けが変わることを意味している。個人の位置付けの変更に伴い，刑事政策から福祉政策へと管轄が移行するわけであるが，現行の制度・政策においてはこの移行が円滑に運ばれているとは言い難い。

　保護観察対象者の場合，とくに就労支援などでは地域との連携が不可欠であり，さまざまな人々とのネットワークを要する。そして，保護司や保護観察官という「つなぎ役」が存在している。したがって，刑事政策から福祉政策への連続性の視点は比較的もちやすいだろう。しかし，満期釈放者の場合，保護観察制度の対象とはならない。そのため，更生保護会等の「つなぎ役」が存在しない場合は，出所者自らがつなぎ役を果たさなければならない。それが困難な場合は，F被告と同様の結末を招く可能性が高くなる。住所不定だと，現行の実務では生活保護も受けられず，憲法で保障されている最低限度の生活も難しい。実際，住居が得られないまま再犯に至るケースも多く，満期釈放者に対する住まい確保の支援は，就労支援と同様に不可欠である。刑事司法制度から社会福祉制度へのスムーズなバトンタッチが求められている。

2　罪を犯した者の社会保障制度

　さて，出所後の公共優先の原則についてふれたが，実際のところ罪を犯した者は受刑中も社会保障制度と，ある程度のかかわりを有している。以下では，受刑中の国民年金，国民健康保険，医療についてみてみよう。

　1999年5月，平塚市役所で，刑務所に服役中に保険料の免除申請をせず，納付期間が不足していた61歳の男性が，神奈川県平塚市役所で年金の支払いを巡り，同市の年金担当者を刺殺する事件があった。実際は，受刑者にも国民年金の被保険者資格があり，家族が本人に代わって保険料を納付するか（口座からの

自動引き落としを含む），入所時の所持金と作業報奨金から毎月保険料を納めることで，保険料を払い続けることはできる。それが難しい場合は，住所のある役所に申請書を提出すれば，保険料の納付が全額免除される。実際は，一部の受刑者を除き，免除申請をすることになるだろう。このような社会保障制度についての手続きについては，入所時に刑務所職員からの説明を受ける事になっているが，かつては受刑者に対しての説明が不十分であった[17]。

　また，国民健康保険については，国民健康保険法59条により，受刑中の療養の給付等は行われないことが規定されている。なお，受刑中の保険料（税）は基本的には免除される。具体的には受刑者本人または家族が，在監証明あるいは在所証明を市区町村の窓口に提示することで，受刑中の保険料（税）の免除が受けられる[18]。また，出所後に受刑期間中の保険料をさかのぼって納付することは求められない。ただし，免除方法の詳細は市町村により若干異なる[19]。

　矯正医療について「国は基本的に，一般社会の医療水準と同程度の医療を提供する義務を負い，そのために必要な医師，看護師その他の医療スタッフを各施設に配置し，適切な医療機器を整備し，被収容者が医師による診察を望んだ場合には，合理的な時間内にこれを提供する責任を負うと考えるべきである」という提言がなされている[20]。具体的には，たとえば受刑者に医療措置が必要になった場合，刑事施設の職員である医師・歯科医師による診療を行うこととなっている（刑事施設及び受刑者の処遇等に関する法律62条）。また，必要に応じて外部医療機関に協力を要請する場合もある（同法63条）。さらに，女子受刑者に関しては，刑事施設内での子の養育を期限付きで認めている（同法66条）。

　このように，受刑者の社会保障については，ある程度の権利が付与されている。しかし課題も少なくない。たとえば刑事施設内での精神科医療については，受刑者に対する精神面での配慮，医療スタッフの確保など，医療刑務所を含め，施設全般の向上が喫緊の課題となっている。また，未決拘禁者[21]については留置所に常勤医師がおらず，医療体制が整っていないこと，それまでに保険料を支払ってきても，雇用保険や健康保険が適用されないため，保険料の事実上の没収が生じてしまうこと等の問題がある。

◆コラム◆ はじまる裁判員制度

2009年5月までに裁判員制度が開始される予定である。国民から選ばれた6人の裁判員が刑事裁判（殺人などの重大事件）に参加し，3人の裁判官と一緒に被告人が有罪か無罪か，有罪の場合どのような刑にするかを決める制度である。この制度により，市民が司法に本格的に参加するようになる。これまでのように「自分の身を犯罪から守ること」だけでなく，どのようにして犯罪を減らすか，罪を犯した者にどのようにかかわっていくか等，犯罪や司法制度に対する一市民としての考え方が問われる時が来ている。もはや他人事では済まされない。

さらにその先へ　〜地域が支える社会復帰

本章をここまで読み進めるなかで，いま，犯罪者処遇において家族や地域との連携が強く求められていることが理解できたのではないだろうか。

たとえば，法務省は矯正施設や保護観察所における性犯罪者処遇プログラムの本格的な実施に踏み込んだが，保護観察所では，性犯罪者の家族に対してもプログラムを実施することになっている。その目的は，「対象者がプログラムを受講することへの協力を求める」「家族の苦痛を軽減し，対象者の更生の援助者としての役割をサポートする」となっている。

また，更生保護法により，対象者に対する仮釈放前からの環境調整や，就労支援の充実が重要な課題として認識されるようになった。しかし，実践的な課題は解決されていない。具体的には，マンパワーの問題がある。保護観察係属人員は，2006年末現在で2万2000名程度いるが，これらの人々を指導監督するのは，専門職者である650名程度の保護観察官（事務担当も含めると約1000名）と，それを支える保護司5万名程度である。また，出所者に対する地域社会の受け入れ態勢が未熟では，住居や就労先はなかなか見つからない。家族に対するサポートのあり方，NPOや協力雇用主や住宅提供者といった支援者間のネットワークの形成，開かれた地域社会の形成をどのように進めていくかといった課題の解決が求められている。

《参考文献》
* 日本弁護士連合会刑事法制委員会 編『Q&A心神喪失者等医療観察法解説』(三省堂，2005年)
  …… 医療観察法をQ&Aでわかりやすく解説しており，各種書式や資料も豊富。
* 法務省法務総合研究所 編『平成19年版犯罪白書 再犯者の実態と対策』(国立印刷局，2007年)
  …… 近年の日本の犯罪情勢や犯罪者処遇の実情を具体的なデータにより報告している。

《注》
1) 2007年の少年法改正では，国選付添人制度の充実も図られている。
2) 有識者会議による最終報告を受け，法務省は再犯防止とそのための処遇強化策を盛り込んだ「更生保護法」を成立させたのだが，最終報告で提言されていた就労支援や住居支援など社会復帰のための具体策は，法文中には盛り込まれていないことに注意したい。
3) 刑事施設には，刑務所，少年刑務所，拘置所が含まれる。保護観察所は更生保護の機関の1つで，地方裁判所の管轄区域ごとに置かれている。保護観察官が配置されており，保護観察の実施，更生緊急保護，犯罪予防活動の助長等の業務を行っている。
4) 更生保護施設とは，主に保護観察所から委託を受けて，保護観察または更生緊急保護の対象者を宿泊させ，食事を給する他，就職援助，相談・助言等の援助・指導をする民間の施設。
5) PFIはPrivate Finance Initiativeの略。公共施設等の建設，維持管理，運営等を民間の資金，経営能力および技術的能力を活用して行う手法のこと。
6) 保護司とは，保護司法に基づき，法務大臣から委嘱を受けた非常勤の国家公務員(実質的には，民間のボランティア)のこと。保護観察官(更生保護に関する専門的な知識に基づいて，保護観察の実施などに当たる国家公務員)と協力して，保護観察や犯罪予防活動に従事する。給与は支給されないが，活動内容に応じて，一定の実費弁償金が支給される。
7) ここで論じていない法律でも，たとえば少年院法，児童虐待防止法，DV防止法，保護司法，更生保護事業法など，社会福祉と関係の深い重要な法律はたくさんある。
8) 「触法少年」とは触法行為をした14歳未満の少年を指し，「虞犯少年」とは次の①～④のうちいずれかの事由があって，性格または環境から将来，罪を犯したり刑罰法令に触れる行為をするおそれがあると認められる行状のある20歳未満の少年を指す。①保護者の正当な監督に服しない性癖がある，②正当な理由がなく家庭に寄り付かない，③犯罪性のある人もしくは不道徳な人と交際し，またはいかがわしい場所に出入りする，④自己または他人の徳性を害する行為をする性癖がある。
9) 触法少年や虞犯少年に対する調査はこれまで任意で行われていたが，明文化されていなかった。少年法改正案のなかに盛り込まれていた虞犯少年に対する警察の調査権については，国会審議の過程で削除されることとなった。だが，2007年10月に改正された「少年警察活動規則」のなかに新たに明記されることとなった。
10) 児童養護施設は，保護者のいない児童，虐待されている児童その他環境上養護を要する児

童を入所させて，これを養護し，あわせて退所した者に対する相談その他の自立のための援助を行うことを目的とする施設である（児童福祉法41条）。年齢要件は，基本的には1歳以上18歳未満だが，場合によっては1歳未満の乳児の入所や，20歳までの延長も可能である。

11) 監獄法は，「刑事施設ニ於ケル刑事被告人ノ処遇等ニ関スル法律」と改められ，受刑者以外の被収容者の処遇などについて規定する法律として残されている。そもそも約100年にもわたり，監獄法改正が実現してこなかった背景には，代用監獄制度をめぐる意見の対立があったといわれているが，今回の法改正においても未決拘禁者等の処遇に関しては課題として残すこととなった。1908年に拘置所の不足から暫定的に発足した代用監獄制度（拘置所に代わって警察の留置場に被疑者を拘禁しておく制度）は，捜査にとっての便宜性および財政上の理由等から維持されているが，長期間にわたる深夜までの厳しい取調べによって無実の者が自白を迫られるなど，冤罪の温床になっているとの指摘もあり，早急に解決しなければならない課題となっている。

12) そもそも，法改正のきっかけの1つには，名古屋刑務所において刑務官が受刑者に暴行を加え，死傷させた事件があった。

13) ただし，刑期や処遇形態，必要性等の点からいくつかの条件が付けられており，すべての受刑者に認められているわけではない。

14) 更生保護法の成立により，犯罪者予防更生法と執行猶予者保護観察法は統合された。

15) 成立にあたっては，再犯予測の不可能性，重すぎる医療側の負担，医療・福祉の全般的な水準向上や整備の必要性等を内容とした反対声明が各種精神保健福祉関連団体から出された。

16) 心神喪失者とは，責任能力が完全に欠けている無責任能力者を指し，心神耗弱者に責任能力が著しく低い限定責任能力者を指す。刑法39条では心神喪失者の行為は罰しないとし，心神耗弱者の行為はその刑を軽減すると定めている。

17) 国民年金制度が始まった1961年に矯正局長名の通達で，受刑者に制度の説明をするよう指示が出されており，その後2000年にも，収容者の被保険者としての権利について，きちんと説明をするよう刑務所と拘置所に対し法務省から指導が出された。

18) 在監証明の提示については，とくに時期的な法律上の規定は設けられていないが，国民健康保険法110条1項では，保険料の還付を受ける権利は，2年を経過したときは，時効により消滅することが規定されている（国民健康保険税の場合は，地方税法18条3項により5年の時効が規定されている）。なお，受刑していない家族の保険料（税）は通常どおり納める必要がある。

19) 介護保険についても類似の手続きにより保険料は免除されるので，各市町村に問い合わせる必要がある。

20) 詳細は，名取俊也・南ゆり「刑事施設及び受刑者の処遇等に関する法律の概要」法律のひろば58巻8号（2005年）9－23頁参照。

21) 未決拘禁者とは，拘留中の被告人および被疑者のことを指す。

【深谷　　裕】

エピローグ：社会のなかで生きる権利

I 人権に根拠をもつ社会福祉

　本書のまとめとして,「人権」という価値を基礎におきながら, 社会福祉の法律が形成され, 政策が展開してきたこと, そして, その運用実態と改善の方向は,「人権」によって批判され続けなければならないことを再確認しておこう。ただし, ここで,「批判」するとは,「否定」するということを意味しない。既存のシステムや意識を, 根源的に見直し, 評価し, 調整し, 提案することをいう。このような思考の訓練をするために, 1章から14章までが書かれたのである。各章のイントロダクションで, さまざまな問題提起がなされていたことを思いだしてみよう。それらは, 近時の社会福祉法制の変容と権利侵害事例がからんでいたことを想起するであろう。そして,「生存権」や「平等権」などの基本的な人権概念を根拠としながら解決の糸口を見つけ出そうとしていたことも理解できたはずである。

　とりわけ, 貧困, 虐待, 犯罪, 傷病などの事例が, 何度も登場し読者に考えることを迫ったはずである。そこでは, 生活保護法（1946年）, 国民健康保険法改正（1958年）, 国民年金法（1959年）, 老人福祉法（1963年）などによって形作られてきた, 広い意味の社会保障法制（生活保護法, 身体障害者福祉法, 児童福祉法など福祉六法を含み, さらに社会保険関係の法律, 社会手当に関係する法律, 医療関係の法律を包含する法体系）が, 福祉元年（1973年）に一定の枠組みを定着させるかにみえたにもかかわらず, 1970年代の2度にわたる石油ショックを経て, 財政再建の時代に入り, 老人保健法の制定（1982年）や年金法の大改正（1985年）による財政調整が始まった。それでは足らず, いわゆる「バブル経済」の崩壊後, 介護保険法（1997年）の成立により, 社会福祉の世界もまた,「構造改革の時代」

231

に突入することとなった。その「社会福祉基礎構造改革」と呼ばれるものの頂点に社会福祉事業法（1951年）を大改定した「社会福祉法」の成立（2000年）があったのである。その流れは，介護保険法の改定（2005年），障害者自立支援法の制定（2005年），高齢者医療に関する法律の改定（2006年）へと続き，それらの動きが問題の背景として論じられていたのである。

　このような転換期において，「措置」から「契約」へというスローガンが語られ，従来の「福祉六法」といわれた法律群は，大きな変容を遂げることとなった。この時代の潮流のなかで，多くの権利侵害事例も発生しており，権利擁護システムの構築が叫ばれたのであった。「成年後見立法」の実施は2000年であり，社会福祉法制上の権利擁護システムも，このころから活動を始めるのである。また，児童虐待防止法の施行は，2000年であり，高齢者虐待防止法の施行は，2006年であった。読者には，各章の論述から，この10年間に行われた構造改革とそれに対峙する人権論とのせめぎあいを感じ取って欲しいのである。

II　構造改革と社会福祉

　公的介護保険が創設されてから一定の期間が過ぎ，多数の事業所が設置され，福祉の雇用市場も形成されたかに見えるが，そこで働く人々の労働実態や生活状況を観察するとき，育児や介護を社会的に支える基盤を作ったと本当に言えるのだろうか。グッドウィル・グループの経営する「コムスン」が，介護産業の寵児としてもてはやされていたにもかかわらず，人員の不正な水増しをして申請していたことや，介護報酬の不正請求に対して行われた「事業所指定」の取消しは，この社会保険制度の欠陥を露呈した。そこで，犠牲になったのは，コムスンで働く労働者であり，その利用者たちであった。政策と法は，何をなしえたのか。

　公的年金制度が，国および自治体の記録不備のゆえに，国民の信頼を失っていることは，2007年から2008年にかけての各種の報道から明らかであろう。「年金記録漏れ　全5000万件１年で照合」（中日新聞2007年６月５日付朝刊），「消え

た『厚生年金』深刻——記録改ざん　次々に発覚——」(朝日新聞2008年2月4日付朝刊)などの新聞記事を想起すれば充分であろう。このことは，政府の支持率を下げるという現象的な問題を引き起こしたというだけではなく，市民の国家への信頼を失わせ，年金制度の基盤となる公的責任の理念が根底から揺らいでいるということを意味する。この危機を乗り切ることができなければ，後世において，国民に対する国家の詐欺行為とも言われるべきものであり，若者に年金への加入・納付を呼びかけても虚しく聞こえるだけであろう。若者への説得力をもたないからである。これに対して，政策と法は，何をなしえたのか。

　医療制度もまた，解体の危機にある。2008年1～2月の総合月刊誌は，ほぼ同時期に，「医療崩壊」というキーワードを使って特集を組んだ。『中央公論』(中央公論新社) 2008年1月号の特集は，「医療崩壊の行方」，『世界』(岩波書店) 2008年2月号の特集は，「医療崩壊をくい止める」であり，また『現代思想』(青土社) 2008年2月号の特集は，「医療崩壊—生命をめぐるエコノミー」であった。救急医療を受けられずたらい回しにされるという事件が続き，また，数々の病院・診療所が閉鎖され，安心して子どもを産める体制を整備することに失敗した政府に，少子化対策や生活習慣病対策を語る資格はあるのだろうか。この事態に対して，政策と法は，何をなしえたのか。

　これらの事件や状況を生み出すきっかけとなったのは，小泉政権（2001～2006年）を中心とする，いわゆる構造改革であったと考えるが，そのひずみは，政権が交替してから顕在化してきたといってよい。つまり，構造改革路線の結果が効果を生じたころ登場した後継内閣は，そのつけを背負わされて短期間で消滅してしまった。

　このように，介護保険も，公的年金も，医療制度も，経済全体の大きな流れとかかわっており，産業界とのつながりで変化していくのであり，政治の動向とも密接に結びついているのである。社会福祉や社会保障を学習する方も，理念を学習するだけでなく，そのことを心の奥深くにとどめていただきたい。理想論だけでは，国家や政治家や雇用主や専門家から裏切られることさえもあるからである。人間の尊厳や人権の尊重を価値の基本に置くということは，上記

のような事態に対しても，冷静に分析し，社会福祉の世界で働く者，利用者，そして市民の皆さんの立場を守る側に立つことを意味するのである。

Ⅲ　社会福祉における権利と責任

　下記の図をもとに，さらに権利と責任について考察しておこう。

　家族との関係では，扶養義務という概念があり，家族のメンバーをある意味で拘束している。でも，それは裁判所によって認められる法的義務というよりも，世間体であったり，社会の目を気にするといった心理だったのかもしれない。そこでは，必ずしも，刑事責任や民事責任を問われることはなく，国家は家族内の扶養に関しては不介入を原則としていたともいえる。言い換えれば，国は国民の生活問題を家族に依存していたのであり，それによって富国強兵や経済成長を成し遂げてきたともいうことができる。

　ただ，これまでの時代には，前近代から続いていたかに思われる，この「世

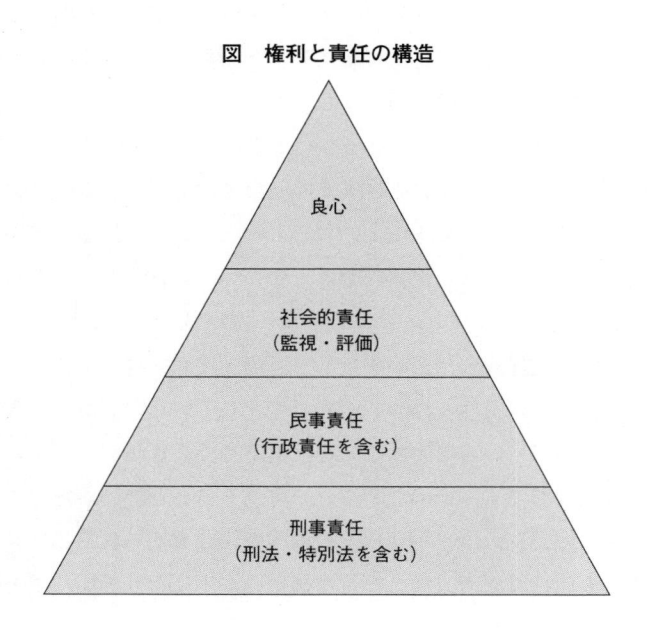

図　権利と責任の構造

（ピラミッド図　上から）
- 良心
- 社会的責任（監視・評価）
- 民事責任（行政責任を含む）
- 刑事責任（刑法・特別法を含む）

エピローグ

間」という観念が，強い強制力をもっていたのであるが，都市化と過疎化が同時に進行し，人と人との関係が希薄になり，顔の見えない関係性になるとき，人々は決して自由にはならず，「空気」という得体の知れない檻のなかで生きることとなってしまった。

　研究者が社会という概念を語るとき，近代の市民社会をイメージして用いるし，教育を受けた合理的人間像を前提にして，そのような個人がある種の盟約のもとに集合体を構成していると考えていることが多い。しかし，一般の市民にとっては，社会は，「世間」であり，それに変わる「空気」なのではないか。合理主義的な個人にとって，国家は個人の権利が侵害されたときに登場する刑罰権力であり，個人間の紛争を解決（民事責任のあり方を決める）する司法機関であるのだろうが，社会福祉にとって，刑罰や民事裁判は，無関係のことのように思われてきた。むしろ，「善意」や「相互扶助」という良識によって支えられていたといってもよい。貧しい人々，生活していくことが難しい人々のための救済といった意識が残っていたのであろう。

　けれども，社会福祉における権利と責任の構造を把握するためには，これまでの学習から明らかになったように，「世間」の圧力と対峙し，国家や専門家や商業主義的な産業がかもし出そうとする「空気」に対抗する力が必要なのである。国家（公務員を含む）や団体（企業のみならず，社会福祉法人やNPOを含む），専門職（社会福祉士，介護福祉士，ケアマネジャーなどを含む）の社会福祉に関する刑事責任や民事責任（行政機関の責任を含む）を明確にすることが必要であり，福祉サービス利用の権利を一般的に論じているだけでは足りないのである。むしろ，それぞれが人権を有する個人で構成される「社会」における人権相互の調整をしていかなければならない時代なのである。そのとき，国家，団体，個人それぞれが果たさなければならない，社会の一員としての責任や倫理的な良心というものも，問われることになるであろう。

　この図は，市民の権利性を裏打ちするために，あえて「責任」を国家や専門家の刑事責任，民事責任，社会的責任という言葉で表現したものである。社会福祉における権利と責任は，このような広い概念であることを，もう一度確認

して，まとめとしよう。

　最後に，編者・大曽根がかかわって作成した次のような文献にアクセスし，学びを深め，人権という価値の守り手となっていただくことを祈念して，本書の結びとしたい。

《参考文献》
* 大曽根寛『成年後見と社会福祉法制』（法律文化社，2000年）
* 小澤温＝大曽根寛　編著『障害者福祉論』（放送大学教育振興会，2005年）
* 武川正吾＝大曽根寛　編著『福祉政策Ⅱ――福祉国家と福祉社会のゆくえ――』（放送大学教育振興会，2006年）
* 大曽根寛　編著『社会福祉における権利擁護』（放送大学教育振興会，2008年）

【大曽根　寛】

事項索引

あ行

アファーマティブ・アクション … 133
アメリカ障害者差別禁止法 … 126
育児介護休業法 … 175
育児休業 … 176
移行期 … 43
意思能力 … 209
医師の指示 … 111
遺族基礎年金 … 99
一時保護 … 36
医療ソーシャルワーカー … 110
医療費適正化計画 … 71
医療扶助 … 145
インクルージョン … 126
ヴェバリッジ報告 … 78
NPO … 104, 149
オールドカマー … 156
お墓 … 104

か行

介護休業 … 176
外国人 … 154
外国人研修生制度 … 157
外国籍住民 … 155
介護扶助 … 145
介護保険制度 … 193, 202
介護保険法 … 99
雇用対策法 … 164
学生納付特例制度 … 49
学生無年金障害者 … 49
確定給付型企業年金 … 67
確定拠出年金 … 67
可処分所得スライド制度 … 65
家族 … 172

家庭内介護 … 84
寡婦年金 … 99
仮滞在許可制度 … 166
過労死 … 62
過労自殺 … 51, 62
危機介入 … 111
基準および程度の原則 … 144
救貧制度 … 78
教育扶助 … 145
共済年金 … 63
矯正医療 … 227
行政裁量行為 … 196
行政不服審査法 … 146
業務上災害 … 62
刑事施設及び受刑者の処遇等に関する法律
　… 222
契約 … 115
限界集落 … 116
健康保険 … 47
健康保険組合 … 68
健康保険法 … 97
権利能力 … 10, 94
権利の主体としての子ども … 14
権利擁護 … 205, 214
後期高齢者医療制度 … 69, 70, 81
公共性 … 105
交渉決定モデル … 130
厚生年金 … 63
厚生年金基金 … 67
厚生年金保険 … 47, 162
厚生年金保険法 … 99
更生保護施設 … 218
更生保護法 … 223
公的扶助 … 140
公的扶助関係法 … 101

合理的配慮 …………………………… 126
行旅病人死亡人取扱法 ………………… 103
高齢（の）受刑者 ……………………… 218
高齢社会対策基本法 …………………… 79
高齢者虐待 ……………………… 89, 110
高齢者虐待対応協力者 ………………… 117
高齢者虐待防止法（高齢者虐待の防止，高齢者の養護者に対する支援等に関する法律）
 ………………………………… 89, 116
高齢者居住法（高齢者の居住の安定確保に関する法律） ………………………………… 87
高齢者雇用安定法 ……………………… 81
高齢者の尊厳 …………………………… 91
高齢者保健福祉推進10ヵ年戦略（ゴールドプラン） ………………………………… 83
国際人権規約 …………………………… 157
国籍要件の撤廃 ………………………… 159
国民健康保険 ……………………… 56, 68, 227
国民健康保険法 …………………… 96, 163
国民年金 …………………………… 63, 161
 ──制度 ………………………… 48, 57
国民年金法 ……………………………… 98
国家責任 ………………………………… 121
 ──の原理 ……………………………… 143
孤独死 …………………………………… 104
雇用保険制度 …………………………… 60

さ　行

最低生活の原理 ………………………… 143
裁判員制度 ……………………………… 228
在留資格 ………………………………… 157
詐　取 …………………………………… 105
里　親 …………………………………… 28
里親制度 ………………………………… 183
三障害の統合 …………………………… 132
支援費（支給）制度 …………………… 128
資格期間 ………………………………… 57
自己決定 ………………………………… 214
自己実現 ………………………………… 200

自己責任 ………………………………… 118
死　産 …………………………………… 98
資産の活用 ……………………………… 144
事実婚 …………………………………… 181
市場の失敗 ……………………………… 190
次世代育成支援対策推進法 …………… 19
死体検案書 ……………………………… 94
失　業 …………………………………… 60
失　踪 …………………………………… 94
児童委員 ………………………………… 25
児童買春・児童ポルノ処罰法 ………… 33
児童虐待 …………………………… 34, 120
児童虐待防止法 ………………………… 36
児童自立支援施設 ………………… 220, 222
児童相談所 ……………………… 30, 37, 222
児童手当 ………………………………… 33
児童手当法 ………………………… 33, 177
児童の権利に関する条約 ……………… 28
児童福祉司 ………………………… 30, 114
児童福祉法 ………………… 13, 30, 101, 220
児童扶養手当法 …………………… 34, 178
児童養護施設 …………………………… 26
死　亡 …………………………………… 92
死亡一時金 ……………………………… 99
死亡診断書 ………………………… 93, 94
社会的な援護 …………………………… 86
社会的排除 ……………………………… 53
社会福祉基礎構造改革 ……… 122, 128, 203
社会福祉協議会 ………………………… 206
社会福祉士 ………………………… 118, 207
社会福祉法 ……………………………… 193
社会保険関係法 ………………………… 96
社会保障カード ………………………… 91
社会保障の個人単位化 ………………… 174
社会連帯 ………………………………… 105
若年者納付猶予制度 …………………… 49
住宅扶助 ………………………………… 145
受給権 ……………………………… 55, 95
受給権者 ………………………………… 95

受給資格	132
受刑者の社会保障	227
出産扶助	146
主任ケアマネジャー	118
障害者自立支援法	129
障害者の権利に関する条約	125
障害の社会モデル	124
償還払い	96
少子化社会対策基本法	19
少子化対策	19
譲渡の禁止	102
少年法	220
消費者契約法	209
消費者主権主義	131
所得保障	134
自立支援	141
――プログラム	147
自立生活	126
親　権	34
親権喪失宣告	32, 35
人工妊娠中絶	17
審査請求前置主義	146
心神喪失者等医療観察法（心神喪失等の状態で重大な他害行為を行った者の医療及び観察等に関する法律）	224
申請保護の原則	144
親　族	172
身体障害者手帳	100
身体障害者福祉法	100
鈴木訴訟	131
生活援助員（LSA）	87
生活困窮	84
生活扶助	145
――義務	181
生活保護制度の在り方に関する専門委員会	146
生活保護被保護世帯	45
生活保護法	143, 159
――の準用	160
生活保持義務	180
生業扶助	46, 146
青少年育成施策大綱	39, 40, 50
精神保健福祉法（精神保健及び精神障害者の福祉に関する法律）	52
成年後見制度	205
政府管掌健康保険	68
政府の失敗	191
世　帯	172
世帯単位の原則	144
世帯主	96
選択権	187
臓器の移植	103
早期発見，早期対応	111
葬祭費	97
葬祭扶助	102, 146
措　置	202
措置制度	186

た　行

第3号被保険者	64
第三者判定モデル	130
代　理	209
代理権	204
立入調査	36
脱退一時金制度	162
谷間の障害	132
他法の活用	144
地域包括支援センター	110, 112
知的障害をもつ受刑者	218
地方分権	122
地方分権一括法	117
嫡出子	12
DPI（障害者インターナショナル）	125
DV防止法（配偶者からの暴力の防止及び被害者の保護に関する法律）	179
同時死亡の推定	94
特別永住者	155
特別支援学校	44

特別支援教育	53
特別養護老人ホーム	202
特別療養費	57

な 行

ナショナル・ミニマム	121
難民	166
難民条約	157, 162
2015年の高齢者介護	112
ニート	41, 59
日本型福祉社会	182
日本版US-VISIT	164
入管法（出入国管理及び難民認定法）	157
ニューカマー	156
認定こども園	26
年金制度	80
能力の活用	144

は 行

パーソナル・アシスタンス	127
発達障害者支援法	51, 132
パラサイト・シングル	180
犯罪被害者	217
反発達論	136
PFI刑務所	219
非嫡出子	12, 181
必要即応の原則	144
被扶養者	47, 97, 173
被保険者	95
被保険者資格喪失届	97
被保険者証	95
被保護世帯	102
福岡市学資保険（中嶋）訴訟	46
福祉サービス	192
福祉サービス利用援助事業	206
物価スライド制度	65
不登校	50
扶養義務の優先	144
扶養者	211

フリーター	41, 59
ベーシック・インカム	135
保育所	26
保育所民営化	186, 189, 194
法定受託事務	117
法は家庭に入らず	175
ホームレスの自立の支援等に関する特別措置法	151
保健師	118
保険事故	55, 95
保険料免除期間	57
保護観察所	218, 228
保護司	219
保護の客体としての子ども	14
保護の補足性の原理	143, 144
母子及び寡婦福祉法	177
母子健康手帳	15
母子保健法	14
母体保護法	16
墓地，埋葬等に関する法律	92

ま 行

埋葬料	95
未支給年金	98
水際作戦	145
身元保証人	211
無差別平等の原理	143
無年金	48
無年金外国人	162

や 行

優生保護法	16

ら 行

リビングウィル	103
流産（人工流産を含む）	98
利用契約制度	186
利用制度化	128
両立支援	21

労災保険……………………………… 62
老人福祉法…………………………… 86

若者自立支援施策…………………… 41, 49
若者の自立支援……………………… 43

わ 行

ワーキング・プア………………… 62, 142

執筆者紹介

＊大曽根　寛（おおそね　ひろし）	放送大学教授	【プロローグ／エピローグ】
金川めぐみ（かながわ）	和歌山大学経済学部准教授	【第1章／第11章】
佐柳　忠晴（さやなぎ　ただはる）	東京福祉大学社会福祉学部教授	【第2章】
永井　順子（ながい　じゅんこ）	旭川大学保健福祉学部准教授	【第3章】
原　俊之（はら　たかゆき）	横浜商科大学商学部講師	【第4章・Ⅰ】
高橋　賢司（たかはし　けんじ）	立正大学法学部専任講師	【第4章・Ⅱ〜Ⅲ】
古川　隆司（ふるかわ　たかし）	追手門学院大学社会学部准教授	【第5章】
久塚　純一（ひさつか　じゅんいち）	早稲田大学社会科学総合学術院教授	【第6章】
山路　克文（やまじ　かつふみ）	皇學館大学社会福祉学部教授	【第7章】
岡部　耕典（おかべ　こうすけ）	早稲田大学文学学術院客員准教授	【第8章】
奥貫　妃文（おくぬき　ひふみ）	杉野服飾大学服飾学部講師	【第9章／第10章】
志賀　一彦（しが　かずひこ）	寝屋川市保険事業室（再任用）職員	【第12章】
原田　欣宏（はらだ　よしひろ）	高崎健康福祉大学健康福祉学部助教	【第13章】
深谷　裕（ふかや　ひろい）	早稲田大学社会科学総合学術院助手	【第14章】

（＊は編者，執筆順）

2008年6月10日　初版第1刷発行

ライフステージ社会福祉法
― いまの福祉を批判的に考える ―

編者　大曽根　寛

発行者　秋山　泰

発行所　株式会社　法律文化社
〒603-8053　京都市北区上賀茂岩ヶ垣内町71
電話 075 (791) 7131　FAX 075 (721) 8400
URL:http://www.hou-bun.co.jp/

© 2008 Hiroshi Osone　Printed in Japan
印刷：西濃印刷㈱／製本：㈱藤沢製本
装幀　仁井谷伴子
ISBN 978-4-589-03105-1

古橋エツ子編
初めての社会保障論
A5判・218頁・2415円

少子高齢化社会に突入したわが国の社会保障・社会福祉制度を、定義・理念、歴史的背景・経緯、今後の課題について、初学者むけにわかりやすく解説。社会福祉士などの国家試験にも対応できるよう配慮。

河野正輝・中島　誠・西田和弘編
社　会　保　障　論
四六判・348頁・2625円

社会保障の基本を学ぶための入門書。現行制度のしくみを概説するだけではなく、制度の基礎にある考え方や論理を解き明かすことにより、基本原則をしっかり学習できるよう工夫。国家試験受験者にも役立つ書。

橋本篤孝・古橋エツ子編集代表
介護・医療・福祉小辞典〔第2版〕
B6判・274頁・1890円

学者と専門家の共同執筆により介護に必要な基本的かつ重要な用語（約1500項目）を収録したコンパクトな辞典。試験対策だけでなく、介護現場で働く人にも最適。最近の法制度に対応して「地域支援事業」など用語を拡充。

佐藤　進・小倉襄二監修、山路克文・加藤博史編
現代社会保障・福祉小事典
A5判・222頁・2520円

各項目を1頁または2頁の読み切りで解説。複雑化する諸制度の関連や脈絡をたどれるよう各項目の設定を工夫し、現在進行形の動態を立体的にとらえる。社会保障・社会福祉のいまを批判的に検証した「読む事典」。

大曽根寛著
成年後見と社会福祉法制
―高齢者・障害者の権利擁護と社会的後見―
A5判・240頁・3045円

高齢者・障害者の権利侵害の実態と法的な問題点を踏まえ、権利擁護に向けた法的政策動向を批判的に分析し、今後のあるべき方向性として社会的後見制度を提起する。福祉の契約化にともなう、権利擁護の立法構想にも言及する。

―― 法律文化社 ――

表示価格は定価(税込価格)です